Hilke Holena

Homöopathie für Pferde

HILKE HOLENA

HOMÖOPATHIE FÜR PFERDE

Grundlagenwissen · Arzneimittelbilder
Konstitutionstypen · Heilanzeigen

BLV

Die Deutsche Bibliothek –
CIP-Einheitsaufnahme

Holena, Hilke

Homöopathie für Pferde : Grundlagenwissen, Arzneimittelbilder, Konstitutionstypen, Heilanzeigen / Hilke Holena. - München ; Wien ; Zürich : BLV, 1999
ISBN 3-405-15252-6

Bildnachweis

L. Lenz S. 2
E. Escher S. 8
Grafiken: Daniela Farnhammer

Umschlagfotos: Andy Crawford und Steve Garton (Vorderseite rechts und Rückseite)
Kirstin Timm (Vorderseite links)
Umschlaggestaltung: Sander & Krause, Werbeagentur, München

Layout und Herstellung: Manfred Sinicki

BLV Verlagsgesellschaft mbH
München Wien Zürich
80797 München

DTP: Satz + Layout Peter Fruth

Gesamtherstellung: Auer, Donauwörth

Gedruckt auf chlorfrei gebleichtem Papier

Printed in Germany · ISBN 3-405-15252-6

Inhalt

Vorwort

Seit eh und je faszinierten mich Pferde. Im Alter von elf Jahren saß ich das erste Mal im Sattel von Schulpferden eines renommierten Hamburger Reitvereines, wo nach den Richtlinien der klassischen Reitlehre unterrichtet wird. Damit die Nähe zum Pferd und seine Pflege nicht auf der Strecke blieb, wechselte ich den Reitbetrieb und erlebte gemeinsam mit manchem Warmblüter ereignisreiche Zeiten. Mein erstes eigenes Pferd war ein Hannoveraner, später folgte ein zweiter. Ab 1983 bot sich mir die Gelegenheit, Pferde unterschiedlichster Rasse in allernächster Nähe zu halten und züchterische Gedanken in die Tat umzusetzen.

Meine Ausbildung in der klassischen Homöopathie nach Hahnemann begann im Jahre 1982. Ich erfuhr eine gründliche Einführung in die Grundprinzipien und Arzneimittellehren der klassischen Homöopathie. Gleichzeitig konnte ich in einer homöopathischen Praxis zahlreiche Anwendungen sowie Heilungsprozesse miterleben und hatte außerdem das Glück, an Seminaren teilnehmen zu dürfen, die für Ärzte gedacht sind und deren Zutritt heilpraktisch orientierten Therapeuten untersagt ist. Die praktische Anwendung homöopathischer Arzneien an meinen und fremden Pferden verband sich mit einer Fortbildung zur Tierhomöopathin. Mein spezielles Interesse gilt der Konstitutionsbehandlung bzw. dem Erkennen von Arzneitypen, so daß meine am Menschen gesammelten Erkenntnisse eine gute Überleitung zur Konstitutionsbehandlung der Pferde ergaben.

Neben der klassischen Homöopathie liegt mir auch die Pflanzenheilkunde am Herzen, denn sie bewirkt bei Mensch und Pferd viel Gutes. Da der eine oder andere Arzneistoff der Homöopathie aus dem Reich der Pflanzen stammt, erfährt man durch die eingehende Beobachtung jeweiliger Heilpflanzen manches Wesentliche ihrer Eigenschaften. Insbesondere aus diesem Grund erschien die »Kräuterheilkunde für Pferde« vor der »Homöopathie für Pferde«, wobei sich beide Heilarten in ihrer Methodik gänzlich voneinander unterscheiden.

Ich hoffe, Sie finden im Sinne des Pferdes den Weg zur klassischen Homöopathie, sei es im Rahmen einer selbständigen Behandlung oder in Zusammenarbeit mit Tierärzten der Homöopathie, Heilpraktikern oder Tierhomöopathen.

Mein besonderer Dank gilt meiner Tochter Jitka für ihre unermüdliche Schreibarbeit und liebevolle Unterstützung. Dr. med. A. Holena, Dr. vet. G. Dreismann und Dr. vet. A. Strufe danke ich für ihre wertvollen Ratschläge und Hinweise. Für ihren Beistand und die Mitbetreuung meiner Pferde danke ich Anke, Christina, Joachim Brandt, Christine Lorenz, Kirsten Timm, Meike Garbers, Michael Jessen und Claudia Bayer.

Hilke Holena

Grundlagen der klassischen Homöopathie

① Homöopathie und Schulmedizin

Im Mitgliederverzeichnis des »Zentralverbandes homöopathischer Ärzte« sind rund 30 Tiermediziner und rund 2000 Humanmediziner mit dem Zusatz »Homöopathie« genannt. Das Erlangen dieser Zusatzbezeichnung »Facharzt der Homöopathie« bedingt ein dreijähriges Studium mit umfassender Abschlußprüfung – die Grundsteinlegung eines lebenslangen Lernprozesses, der von unzähligen Heilerfolgen begleitet sein wird. Es gibt einige Ärzte (z. B. praktische Ärzte, Internisten, Chirurgen, Orthopäden, Veterinärmediziner), die ihre karge Freizeit opfern, um sich dem umfangreichen Studium der Homöopathie zu widmen. Sie besitzen nicht nur klinische Beobachtungsgabe, sondern auch den Mut zur inneren Unabhängigkeit von allen Schulen und eine Aufgeschlossenheit für jedes und alles, was ihrer ärztlichen Tätigkeit dienen kann. Die sich daraus ergebenden Vorteile für kranke Menschen und Tiere sind vielseitig.

Insbesondere jenen Tiermedizinern, die im Dienste der Pferde stehen, fehlt nicht selten die Zeit für eine homöopathische Ausbildung, wobei es ihnen – mit Verlaub gesagt – häufig auch am Verständnis für die Naturheilkunde mangelt. Viele Tierärzte stehen Tag und Nacht im Einsatz, müssen oft schnelle Hilfe leisten und verfahren nach den Richtlinien der Schulmedizin. Das gezielte Eingreifen und kompetente Handeln schulmedizinisch arbeitender Tierärzte hat gewiß dazu beigetragen, daß zahlreiche Pferde aus Notlagen befreit werden und ihnen bei mancher Erkrankung geholfen wird.

Dennoch ist damit nicht gemeint, daß man mit homöopathischen Arzneien keine rasche und sichere Wirkung erzielen kann, ganz im Gegenteil! Gestern wie heute erbrachten homöopathisch arbeitende Tierärzte sowie Tierhomöopathen, ja selbst gut geschulte Pferdehalter den Beweis, was homöopathische Arzneien zu leisten vermögen. Es stellt sich die Frage, warum die Existenz der Homöopathie in der Tierheilkunde von einigen Veterinärmedizinern nicht anerkannt wird.

Andererseits beschäftigen sich verschiedene Tierärzte der Schulmedizin mit diesem Heilverfahren. wobei sie es sich im akuten Fall häufig nicht erlauben können, etwaige Überlegungen in die Tat umzusetzen. Zumal verlangen einige Pferdebesitzer den Einsatz von Arzneien der Schulmedizin.

Demgegenüber hat es den Anschein, daß einige Veterinärmediziner den Gebrauch z. B. von Antibiotika, Kortikoiden (Cortison), Hormonen usw. wie selbstverständlich handhaben. Es steht außer Frage, daß nicht zuletzt Antibiotika schon zahlreichen Pferden das Leben gerettet haben, doch belegen zahlreiche Studien, daß Chemotherapeutika gezielt bzw. im Notfall angewendet werden sollten.

Es ist eine Tatsache, da sich unsere Pferde im »Zeitalter chronischer Erkrankungen« befinden, sei es durch unterdrückende Maßnahmen der Schulmedizin, durch Umwelteinflüsse oder/und Haltungsbedingungen. Laut Aussage mancher Tiermediziner wurde ihre Bereitschaft, sanfte Heilverfahren anzuwenden, durch das fordernde, nervöse und/oder unsichere Auftreten einiger Pferdehalter unterbunden. Laut Aussage mancher Pferdebesitzer mangelt es einigen Veterinärmedizinern an Zeit, Aufklärung und/oder an Aufgeschlossenheit gegenüber einer – vielleicht kooperativen – homöopathischen Behandlung. In diesem Zusammenhang werden Mitleid, Unsicherheit, Autoritätshörigkeit, Unwissenheit und Einseitigkeit, Hektik, Mißachtung und ein Anspruchsdenken (z. B. Zucht-/Sport-/Schauveranstaltungen) mit eine Rolle spielen. Allein ein Blick hin zur Humanmedizin bestätigt (inzwischen verschreiben 70 Prozent aller Humanmediziner homöopathische Arzneien), daß wir im Sinne unserer Pferde etwas zügiger umdenken und selbstverantwortlicher handeln könnten.

An dieser Stelle möchte ich die Worte des Tierarztes Dr. G. MacLeod anführen, die, obwohl sie 1977 geschrieben wurden, nicht an Gültigkeit verloren haben: »... aber während sich in der Humanmedizin biologische Heilmethoden und damit auch homöopathische Medikamente steigender Beliebtheit erfreuen, je mehr iatrogene (iatrisch = ärztlich) Schäden zutage treten, hinkt der Umdenkprozeß in der Veterinärmedizin, wie mir scheint, noch etwas nach«. *(Pferdekrankheiten homöopathisch behandeln; Seite 13)*

Daß die Homöopathie rasch, gewiß und schadlos heilen kann, ist seit rund 200 Jahren bekannt. Dem von Dr. Hahnemann verfaßten Manuskript »Homöopathische Heilkunde der Haustiere« folgten später homöopathische Praxisberichte ausgezeichneter Tierärzte. Anfang 1940 schloß sich eine Gruppe von Veterinärmedizinern dieser Fachrichtung zusammen und führte planmäßige Erprobungen durch, die große Beachtung fanden. Die Zahl homöopathisch praktizierender Tierärzte wächst, und ihr steter Einsatz ist beispielhaft.

Bewundernswert ist auch das Engagement von Tierheilpraktikern sowie Tierhomöopathen, die sich voller Fleiß um das Wohlergehen der Pferde bemühen. Tierhomöopathen (deren Spezialgebiet die Homöopathie ist) absolvieren ein mindestens zweijähriges Studium mit folgender Abschlußprüfung durch den Ausbildungsleiter. Realschulabschluß/Abitur und eine abgeschlossene Berufsausbildung gelten als Vorbedingung. Nicht selten stehen Tierhomöopathen vor einer besonders schweren Aufgabe, denn ihnen werden Pferde vorgestellt, die mit verschiedenen Behandlungsmethoden in Berührung gekommen sind und zuweilen sehr tiefsitzende Erkrankungen aufweisen. Der Leistungsdruck kann enorm sein. Dennoch werden auf diesem Wege Pferde geheilt, die häufig einen erheblichen Leidensweg erleben mußten. Ich möchte betonen, daß die Homöopathie bei weitem nicht nur für chronische Krankheiten oder »aussichtslose Leiden« in Betracht kommt. Manche Pferdehalter ziehen sowohl den Tierarzt als auch den Tierhomöopathen zu Rate. Dieses Vorgehen kann angezeigt sein, wobei eine wechselseitige Verständigung notwendig und wünschenswert wäre.

② Der Weg zur klassischen Homöopathie

Viele Menschen finden den »Einstieg« in die Homöopathie durch Arzneien, die sich bei dieser oder jener Erkrankung bewährt haben. Speziell auf diesem Wege gelangen mehr und mehr Pferdehalter zu der Erkenntnis, daß die Homöopathie auch für ihre vierbeinigen Freunde geschaffen ist. Bewährte Heilanzeigen für Pferde sind als kleine Hilfestellung gedacht, die ihnen mitunter die richtige Arzneiwahl ermöglicht. Die Suche nach »Patentrezepten« ist von vornherein zwecklos.

»Macht's nach, aber macht's richtig nach«, schreibt Dr. S. Hahnemann in seinem *Organon der Heilkunst.* Sein Ausspruch, der in erster Linie seinen Kollegen gilt, erscheint schlicht und meint doch so vieles, was die hohe Kunst der klassischen Homöopathie ausmacht. Ein Fingerzeig für diejenigen Pferdefreunde, die den Weg hin zur klassischen Homöopathie suchen und sich dem Studium dieser Heilart widmen möchten, die bereits homöopathisch behandeln oder es im Laufe der Zeit lernen wollen.

Diese einzigartige Heilmethode beruht auf bestimmten Grundprinzipien, welche man – Schritt für Schritt – in Erfahrung bringen kann. Zudem lohnt es sich immer, ihre bedeutendsten Arzneien (Arzneimittelbilder) zu studieren, wobei man auch hier nur schrittweise vorgehen kann und die Feinheiten innerhalb der Arzneimittelbilder beachten muß. Für Ungeübte ist es sehr empfehlenswert, sich anfänglich ein, zwei oder drei homöopathische Arzneimittelbilder einzuprägen. Ein gründliches Vorgehen wird sich stets als sinnvoll erweisen und Ihnen die nötige Grundlage verschaffen, um Ihrem Pferd hier und dort zur Gesundung zu verhelfen. Sie sollten sich nicht von anderer Seite verunsichern lassen, denn in zahlreichen Haushalten ist der Umgang mit homöopathischen Arzneien inzwischen selbstverständlich geworden. Einige Menschen haben sich das nötige Wissen angeeignet, nutzen es für den eigenen Gebrauch und für ihre Angehörigen (womit auch Kinder gemeint sind) und stehen im einvernehmlichen Kontakt mit ihrem Hausarzt.

Diese Handlungsweise ist auch beim Pferd möglich und durchaus vertretbar, wobei das Selbstbewußtsein von Pferdehaltern eventuell dadurch beeinträchtigt wird, weil es ihnen an Wissen mangelt, weil aus bestimmten Gründen Panik verbreitet wird, weil der Vorwurf der »Unverantwortlichkeit« oder »gefährlichen Vorgehensweise« laut werden könnte, oder weil das Pferd als zu großes oder zu »fremdes« Tier in Erscheinung tritt.

Wer sein Pferd als Partner ansieht und es voller Mitgefühl betrachtet, wird immer verantwortungsvoll handeln, was auch die rechtzeitige Benachrichtigung eines fachkundigen Therapeuten miteinbezieht (wir werden im häuslichen Miteinander ähnlich vorgehen). Homöopathisch gut geschulten Pferdehaltern bleibt die Entscheidung, ob sie in diesem oder jenem Krankheitsfall selbständig behandeln oder einen Homöopathen um Rat fragen möchten. Das intensive und lebendige Studium der klassischen Homöopathie verstärkt die Aufmerksamkeit, das Einfühlungsvermögen und die Rücksichtnahme. Zugleich wird sich das Verständnis von »Gesundheit« und »Kranksein« wandeln.

③ Gesundheit/Kranksein

Die Kraft oder auch Dynamik, die den Pferdekörper »belebt«, ist instinktartig und entspringt dem Geist. Dr. Hahnemann nennt sie: LEBENSKRAFT. Der Unterschied zwischen Lebenden und Toten wird durch diese geistartige Lebenskraft bestimmt. Ohne Zweifel »wohnt« in jedem lebendigem Körper eine ihm eigene Kraft, die verstandeslos ist und sein »Dasein« ausmacht.
Im gesunden Zustand des Pferdes herrscht die Lebenskraft uneingeschränkt. Sie hält alle inneren und äußeren Lebensvorgänge in einem harmonischen Gleichgewicht. Im gesunden Organismus herrscht, sozusagen, »Ordnung« und Harmonie. Gesundheit bedeutet im eigentlichen Sinne Heilsein. Schädigende Einflüsse der inneren und äußeren Lebensvorgänge können den Organismus empfindlich stören, so daß das ursprünglich harmonische Gleichgewicht zunehmend in »Unordnung« gerät. Die Stärke und Dauer der schädigenden Einflüsse, die Konstitution und der Allgemeinzustand des Pferdes geben den Ausschlag, ob sich eine Erkrankung plötzlich zeigt oder langsam entwickelt. Es ist bemerkenswert, daß die Homöopathie nicht nur vom Organismus (= ein gegliedertes lebendiges Ganzes) spricht, sondern Mensch und Tier auch als individuelle Ganzheit von GEIST-SEELE-KÖRPER versteht.
Wenn wir Menschen krank werden, so empfinden wir unser Kranksein als ein ganz persönliches Geschehen mit der uns eigenen Symptomatik. Selbst dann, wenn Menschen von einer »Grippewelle« erfaßt werden, kann die jeweils betroffene Person recht unterschiedliche Symptome aufweisen. Auch das Pferd erfährt sein Krankwerden und Kranksein auf seine Weise – mit der ihm eigenen Symptomatik. Folglich kann man nicht von DER KRANKHEIT sprechen, sondern von DEM KRANKEN LEBEWESEN. Da sich das kranke Pferd nicht direkt äußern kann und da es uns anvertraut ist, sind wir aufgerufen, SEINE INDIVIDUELLEN KRANKHEITSANZEICHEN wahrzunehmen. Die Fähigkeit zur feinen Wahrnehmung ist manchen Menschen abhanden gekommen, sei es durch die Hektik des Alltags, durch den persönlichen Lebensweg oder andere Umstände. Dennoch wäre es möglich, das Wahrnehmen wiederzuerlangen und zu üben.
Heilen ist das Bemühen, den kranken Organismus dahingehend »anzuregen«, seine ursprüngliche Harmonie und Ordnung wieder herbeizuführen. Die Natur hat es so eingerichtet, daß jedes Lebewesen eine Kraft besitzt, die um Gesundung oder Heilwerdung bemüht ist. Zum Beispiel: Das für uns beängstigende, akute Fieber ist eine kraftvolle und gesunde Reaktion, welche die Abwehrvorgänge des Organismus unterstützt. Es ist der Ausdruck einer Anstrengung, die nicht von Siechtum zeugt, sondern naturgegeben regulieren möchte – wenn sie es darf.
Das Pferd kann auch andere, durch die Lebenskraft bestimmte Krankheitsäußerungen hervorbringen, wie z. B. Husten (mit Auswerfen von Schleim) oder Durchfall (Entleerung von Schadstoffen) oder Ekzeme (Hautausschlag), die womöglich durch unnatürliche Verfahren unterdrückt werden.

Die Schulmedizin bzw. Allopathie (Gegenmittel anwendende Behandlungsmethode) hält eine ganze Palette von »Unterdrückungsmaßnahmen« bereit, wie z. B. fiebersenkende, entzündungshemmende, pilztötende oder bakterienvernichtende Medikamente mitsamt aller Nebenwirkungen (die allein für sich schon allerhand »Kunstkrankheiten« erwirken). Auf diesem Wege kann ein Organismus in erhebliche Verwirrung geraten, und in einem irritierten Organismus kann sich eine Infektion halten und somit zur – nicht selten hartnäckigen – Erkrankung des Pferdes führen.
Die Homöopathie (homöo = ähnliches/pathos = Leiden) unterstützt den gesamten Organismus bei seiner Bemühung um Regulation und Selbstheilung. Die Arznei, die »ähnlich« ist, übt einen Reiz aus und erwirkt eine »Re-Aktion«. Reagieren ist ein aktives Geschehen – der erkrankte Organismus reagiert auf die seinem Leiden »ähnlichste Arznei«, indem er seine Selbstheilungskräfte mobilisiert, wobei die Reaktionslage des Pferdes mit diesem Geschehen eng verknüpft ist. Der aktive Prozeß einer Art »ordnenden Umstimmung« führt zur naturgegebenen Besserung der individuellen Krankheit und letztendlich zur Heilung.

④ Die Geburtsstunde der Homöopathie

Der Arzt Dr. F. Samuel Hahnemann lebte in einer Zeit, wo viele seiner Kollegen radikale Behandlungsmaßnahmen anwandten: Aderlaß, Schröpfen, Brennverfahren und vieles mehr. Er mißbilligte und kritisierte derartige medizinische Anwendungen, da sie seiner Meinung nach den Körper schwächen, die Lebenskraft beeinträchtigen und keine wirkliche Heilung brachten. Das Unterdrücken von Symptomen mit Arzneien der Allopathie (Schulmedizin) widersprach gänzlich seiner Auffassung von ärztlicher Heilkunst. Seine klugen Erkenntnisse, die heftig kritisiert wurden und werden, haben sich auf bedauerliche Weise bestätigt, denn wir befinden uns im Zeitalter chronischer Erkrankungen.
Dr. Hahnemann beherrschte sechs Sprachen und fand Einsicht in die unterschiedlichste Fachliteratur. Bei einer Übersetzung aus dem Englischen stieß er auf eine interessante Behauptung: Es stand geschrieben, daß die Chinarinde (des Chinarindenbaumes) Wechselfieber heilt. Wechselfieber ist der Ausdruck für periodisch auftretende Fieberanfälle mit starken Kopfschmerzen, Schüttelfrost, Gliederschmerzen, Magen- und Darmbeschwerden; diese Symptomatik ist auch typisch für die »Malaria«.
Im Jahre 1790 begann Dr. Hahnemann mit Selbstversuchen. Das heißt, er nahm täglich eine gewisse Menge der pulverisierten Chinarinde (Zweigrinde) ein. Es stellten sich bei ihm eben diese Symptome ein, die auch bei Menschen auftreten, welche an Wechselfieber erkrankt sind. Sobald Dr. Hahnemann die Arznei absetzte, verschwanden seine Symptome und er war wieder gesund. Dr. Hahnemann muß umfangreiche Kenntnisse, einen großartigen Verstand und feinen Spürsinn besessen haben. Mit seiner Entdeckung legte er den Grundstein für die Homöopathie.

1. Grundsatz der Homöopathie: **Was eine Arznei bewirkt, wird durch Prüfung am Gesunden ermittelt.**

Dr. Hahnemanns Folgerung: **Jedes wirksame Arzneimittel erregt im menschlichen Körper eine Art von »eigener Krankheit«.**

Selbstverständlich blieb es nicht nur bei den Prüfungen der Chinarinde. Die unterschiedlichsten Arzneistoffe überprüfte Dr. Hahnemann an sich selbst, seinen Familienmitgliedern und Freunden. Aufgrund seiner wissenschaftlichen Gründlichkeit veröffentlichte Hahnemann erst im Jahre 1796 seinen bahnbrechenden

2. Grundsatz der Homöopathie: **Um sanft, gewiß und dauerhaft zu heilen, wähle in jedem Krankheitsfall eine Arznei, die ein ähnliches Leiden für sich erregen kann, wie sie heilen soll.**

⑤ Hier prüft der Mensch für das Tier

Den 1. Grundsatz der Homöopathie – die Prüfung eines Arzneistoffes – müssen wir uns immer ins Gedächtnis rufen, denn er ist der Schlüssel für ein tieferes Verständnis, und schließlich haben wir Umgang mit lebenden Arzneistoffen der Homöopathie. Die Vorstellung der »Prüfung eines Arzneistoffes« braucht nicht graue Theorie zu bleiben, sondern kann sehr lebensnah sein. Allein im täglichen Leben begegnen wir einigen »harmlosen« Arzneistoffen, die auch in der Homöopathie verwandt werden und bedeutende Arzneien für Mensch und Tier darstellen.
Als kleines Beispiel: Was bemerken Sie nach dem übermäßigen Genuß von *Kochsalz* (eventuell Hitze, Durst, eine Stoffwechselbeschleunigung mit vermehrtem Appetit bei Gewichtsverlust) oder was spüren Sie nach mehreren Tassen Tee, der aus *Kamille* gebrüht wurde? Denken Sie nur an die Wirkung von starkem *Kaffee* oder *Schwarzem Tee!* Einige von uns »prüfen« (in etwa) die Droge Kaffee und können eine Reihe von Symptomen angeben, wie z. B. heftiges Herzklopfen, Überaktivität, Verdauungsstörungen, Kreislaufschwäche. Und manches Pferd, das ähnliche Symptome zeigte, erfuhr durch die homöopathische Arznei *COFFEA* (Kaffeebohne) eine Wandlung seiner Beschwerden. Durch die Herstellung der homöopathischen Arznei *CHAMOMILLA* (Kamille) wurden schon einige Pferde von ihren Leiden befreit. So gilt *NATRIUM MURIATICUM* (Kochsalz) als sehr vielfältiges Mittel der Homöopathie für Mensch und Tier.
Die zur Herstellung homöopathischer Medikamente verwendeten Arzneistoffe stammen aus dem Reich der PFLANZEN, TIERE und MINERALIEN. Hinzu kommen – als Ausgangsstoffe – Krankheitsprodukte (wie z. B. Tuberkelbazillen), Bakterienpräparate (wie z. B. gezüchtet durch Verwesungsprozeß), die als **NOSODEN** bezeichnet werden.

Es gibt rund 1500 geprüfte Arzneimittel der Homöopathie. Gestern wie heute finden Arzneimittelprüfungen statt, die nach strengen Richtlinien durchgeführt werden. Hinsichtlich der Behandlung von Pferden ist manch einer von Ihnen vielleicht irritiert, weil die meisten Arzneien an Menschen geprüft sind. Werten wir diese Tatsache positiv. Hier prüft der Mensch für das Tier. Uns ist – unter anderem – die Sprache gegeben, alle individuellen, sonderlichen und außergewöhnlich auffallenden Symptome zu nennen, die auf der geistigen, seelischen und körperlichen Ebene in Erscheinung treten. Aufgrund präziser Angaben entstanden und entstehen umfassende Arzneimittelbilder. Das aufopfernde Verhalten von Menschen, die Arzneien am eigenen Leibe sorgfältigst prüften und prüfen, ist hoch zu schätzen.

Homöopathische Arzneimittelprüfungen an Tieren waren und sind seltener, da man ihre Wehrlosigkeit – größtenteils – achtet. Dennoch wurden und werden Prüfungen an Tieren durchgeführt. Durch die Lehre von den Giften (Toxikologie) und durch unbeabsichtigte Vergiftungen konnte man auch bei Pferden eine Reihe von Symptomen feststellen und notieren (wie z. B. Arsen, Belladonna). Weitere Erkenntnisse entstanden und entstehen durch die homöopathische Behandlung des Pferdes. Wir sollten sie fortsetzen.

⑥ Ähnliches möge durch Ähnliches behandelt werden

homöo = ähnliches **pathos** = Leiden

Der 2. Grundsatz der Homöopathie ist das ÄHNLICHKEITSPRINZIP. Gerade das Ähnlichkeitsprinzip wird häufig nicht verstanden. Zur lebensnahen Verdeutlichung des 2. Grundsatzes habe ich die frische BRENNESSEL auserkoren. Sie wächst sehr oft in der Umgebung von Stallungen und man sieht auf einen Blick, daß der »Ausgangsstoff« der homöopathischen Arznei *Urtica urens* (Brennessel) von Leben erfüllt ist. Es ist immer zu betonen, daß wir mit »lebenden Arzneistoffen« Umgang haben, die aus dem Reich der Pflanzen und Tiere und Mineralien stammen.

Für die Prüfung am eigenen Leibe eignet sich die BRENNESSEL ausgezeichnet: Wir können sofort spüren und erkennen, daß sie imstande ist, **eine Art von »eigener Krankheit« zu erzeugen.** Wenn wir uns das frische Kraut der kleinen Brennessel guten Mutes kräftig über den nackten Arm streichen oder auf den Arm schlagen, so fühlen und sehen wir folgendes:

- Gefühl, als ob man von sehr vielen kleinen Nadeln gestochen wurde,
- Brennen, Prickeln; mehr oder weniger stark ausgeprägt,
- Rötung der berührten Hautfläche, auch sich ausbreitend,
- Bildung von Quaddeln, Frieseln auf der geröteten Hautpartie,
- Quaddeln sind oft rund, mal oval, selten länglich geformt,

- Quaddeln oder Frieseln, die einzeln sichtbar sind oder eine traubenartige Gruppierung bilden oder zusammenfließen,
- Juckreiz, mehr oder weniger stark ausgeprägt,
- nach der Berührung, besonders nach dem Kratzen schlechter, das Brennen nimmt wieder zu,
- Kaltwasserkompressen bessern,
- Wärmeanwendungen, Schwitzen verschlechtert,
- bei heftiger Reaktion stellt sich Müdigkeit ein mit dem Verlangen, sich hinzulegen, besser nach dem Liegen,
- etwa eine Stunde nach dem Versuch sind nun kleinere, rote Pickel zu sehen, die auch hier und dort zusammenfließen und wie rötlich flechtenartige Hautausschläge aussehen,

Brennessel

- nun ein Gefühl wie Prickeln, prickelnd-stechend,
- bei Bewegung des Armes verstärktes Prickeln, das Brennen kehrt wieder,
- Gefühl wie Taubheit im Arm,
- vermehrter Harndrang, gesteigerte Harnmenge,
- jeder Prüfende wird unterschiedlich stark reagieren.

Nun haben wir schmerzlich gespürt und anschaulich gesehen, daß die Brennessel eine Art von eigener Krankheit erzeugen kann, daß sie zweifellos Krankheitserscheinungen zutage bringt, die gerade in bezug auf die Haut ein »Bild« ergeben – die einiges »Wesentliche« der ***Brennessel*** aufzeigen, die uns das Arzneimittelbild von *Urtica urens* in etwa verdeutlicht.

Wo finden wir **Ähnliches** bzw. ähnliche Hauterscheinungen? – Wo stellt sich das Arzneimittelbild von *Urtica urens* mit vielen seiner Hauterscheinungen ähnlicher dar als zum Beispiel bei dem **KRANKHEITSBILD der Nesselsucht** (bzw. ein Pferd, das an Nesselsucht erkrankt ist)? Pferde, die nesselsuchtartige Hauterscheinungen bzw. die oben so anschaulichen Symptome aufweisen, können durch die homöopathische Arznei *Urtica urens* geheilt werden. Denn ... **wähle in jedem Krankheitsfall eine Arznei, die ein »ähnliches Leiden« für sich erregen kann, wie sie heilen soll!**

FALLBEISPIEL: Als die zweijährige, feingliedrige Fuchsstute »Cora« des Abends von der Weide kam, sah ihr Pfleger sofort, daß an beiden Seiten ihres Rumpfes und Halses einige Quaddeln deutlich hervortraten und unterschiedlich geformt waren und sich unregelmäßig ausgebreitet hatten. Offensichtlich steigerte das wiederholte Scheuern ihren Juckreiz. Die kühle Temperatur des Stalles (heißes Sommerwetter) und kalte Kompressen brachten Linderung. Die Stute wirkte müde und legte sich alsbald nieder. Den auslösenden Faktor ihrer nesselsuchtartigen Hauterscheinungen konnten wir nur erahnen: Sauerampfer, Insektenstiche, Futtermittelallergie (z.B. Kraftfutter, Gras, Klee)? Sie hatte keine Hormone und Medikamente erhalten (einige der entzündungshemmenden, schmerzstillenden Arzneien können als Nebenwirkung nesselsuchtartige Erscheinungen auslösen). Unter Berücksichtigung der ÄHNLICHKEIT ihrer KRANKHEITSANZEICHEN zu den ARZNEISYMPTOMEN von *Urtica urens,* erhielt »Cora« 2mal täglich 10 Tropfen dieser Arznei in der Potenz D4, woraufhin ihr Hautausschlag, Juckreiz und ihre Müdigkeit innerhalb von zwei Tagen gänzlich verschwanden und auch später nicht wieder auftraten.

Vorsicht: Es gibt noch einige homöopathische Arzneien mit nesselsuchtartigen Hauterscheinungen, wobei *Urtica urens* hier als bewährtes Mittel gilt. Das oben genannte Fallbeispiel kann das Prinzip »Ähnliches möge durch Ähnliches behandelt werden« verständlich machen. Die unter ärztlicher Aufsicht erfolgten Prüfungen der *Urtica urens* (Tinktur; unterschiedlich hoch potenzierte Urtinktur) erbrachten einige der aufgeführten Hautsymptome und weitere Erkenntnisse ihre Anwendbarkeit, wie zum Beispiel zur Steigerung des Milchflusses (D1–D8), zur Hemmung des Milchflusses (ab D30; z. B. Absetzen, Totgeburten), bei Rheuma (bes. im Zusammenhang mit Allergien) und hervorragend bei Arthritis urens (Gicht), wie bei bestimmten Formen der Hufrehe.

⑦ Gibt es »bewährte Heilanzeigen«?

Eine Reihe von homöopathischen Büchern der Humanmedizin oder Heilpraktik enthalten Arzneien, die sich bei bestimmten Krankheiten des Menschen gut bewährt haben. Hier blickt man auf rund zweihundert Jahre praktische Erfahrung zurück. Auch in der Kleintierpraxis wächst die Anzahl »bewährter Indikationen«, denn Hunde, Katzen, Hasen und viele andere Haustiere leben in unmittelbarer Nähe ihrer Menschen. Das häufig sehr innige Miteinander hat zur Folge, daß Menschen bei ihren Tieren zahlreiche, selbst sonderliche Krankheitsanzeichen bemerken und äußern können, was nicht nur die Arzneiwahl erleichtert, sondern auch die praktische Erfahrung enorm bereichert – bis hin zur vielfach bestätigten Anwendbarkeit von Arzneien.
Deutlich jünger und lückenhafter ist die Geschichte der angewandten Homöopathie in der Pferdeheilkunde. Dennoch gibt es auch hier »bewährte Heilanzeige«, wie z. B. *Arnica* bei Verletzungen der Weichteile, *Nux vomica* bei Fütterungsfehlern (Futterwechsel), *Arsenicum album* bei verdorbenem Futter/gefrorener, verdorbener Silage, *Calendula* bei blutigen Quetschwunden, *Urtica urens* bei Nesselsucht, *Pulsatilla* bei Magenüberladung (Überfressen), *Lachesis* und *Pyrogenium* bei septischen Prozessen, doch sollte man nicht vorschnell handeln. Zusammenstellungen von mehrfach bestätigten Heilanzeigen sind als kleine Hilfestellungen und Hinweise gedacht. Die Homöopathie – in ihrer großen Vielgestaltigkeit und Verschiedenartigkeit – läßt sich nicht schematisieren!

Potenzierung

Anschließend an Abschnitt ⑥, »Ähnliches möge durch Ähnliches behandelt werden«, folgt nun die Potenzierung eines Arzneistoffes. Zur Verdeutlichung bietet sich wiederum die Brennessel an. Gemäß des Ähnlichkeitsprinzips könnte man ein Pferd, das an Nesselsucht erkrankt ist, mit mehrfachen Gaben Brennesseltee oder -kraut behandeln. Diese Therapie (Pflanzentherapie) kann hilfreich sein – doch ist sie bei dieser Art der Darreichung durchaus in der Lage, unangemessen stark zu wirken. Nun ist die Brennessel weder ein ausgesprochen hochwirksamer noch giftiger »Rohstoff« von Mutter Natur, wie es manche andere Arzneistoffe der Homöopathie sind. Dennoch besitzt die Brennessel ihre ureigene Kraft, ob als »rohstoffliche« oder »feinstoffliche« Arznei.
Um schädliche Wirkungen zu vermeiden, um eine feine Dosierung zu ermöglichen und **um sanft, gewiß und dauerhaft heilen zu können** entwickelte Dr. Hahnemann eine Methode, die zur Herstellung homöopathischer Arzneien führt.
Diese Methode nannte er **POTENZIEREN** oder auch DYNAMISIEREN: Potentia = Können, Vermögen; Dynamis = Kraft. Durch das Potenzieren »weckt« man die Kräfte der lebenden Arzneistoffe aus dem Reich der Pflanzen, Tiere und Mineralien. Es ermöglicht auf diese Weise, daß selbst giftige »Rohstoffe« oder Krankheitsprodukte (Nosoden) sanft, gewiß und dauerhaft heilen können. Demnach sind Arzneien im tiefen und mittleren

Grad der Potenzierung »rohstofflich« und im hohen bis höchsten Grad der Potenzierung »feinstofflich«. Bis zum Erreichen der *Loschmidtschen Zahl* (etwa D23) ist der Arzneiausgangsstoff häufig noch stofflich nachzuweisen.
Potenzieren heißt, einen Arzneistoff **stufenweise VERDÜNNEN** UND **VERSCHÜTTELN** (kräftige Schüttelschläge) oder **VERREIBEN** (minutenlanges Verreiben). Durch Verschüttelung und Verreibung »weckt« man die Kräfte des Arzneistoffes Stufe für Stufe! Durch alleiniges Verdünnen wird man keine homöopathische Arznei erhalten. Die in der Homöopathie verwandten »Rohstoffe« werden unterschiedlich aufbereitet. Das heißt, vor dem Potenzieren gewinnt man Ausgangsstoffe wie die Essenz, Tinktur, Lösung und pulverisierte Substanz. Man bezeichnet sie als **Urtinktur** (Essenz, Tinktur, Lösung) oder **Ursubstanz** (pulverisierte Substanzen).

Dezimal-/Centesimal-/LM-Potenzen

Dezimal-Potenz

Zur Potenzierung eines Ausgangsstoffes wird ein Trägerstoff (Alkohol, Milchzucker) gebraucht. Bei der Dezimalskala beträgt das Durchmischungsverhältnis von Arzneistoff + Trägerstoff: **1 + 9 = 10**

- Das erste Gläschen enthält eine Durchmischung zu 1 Teil Ausgangsstoff und zu 9 Teilen Trägerstoff (D1). Ein Teil wird entnommen und in ein weiteres Gläschen gegeben, das mit (D2) gekennzeichnet ist. Bei geschlossenem Behälter folgen 10 kräftige Schüttelschläge, die, abwärts gerichtet, gegen eine feste, zugleich federnde Unterlage geführt werden. Wiederum wird 1 Teil entnommen, in ein neues Gläschen gegeben (D3) und es folgen 10 kräftige Schüttelschläge usw. – bis zu höchsten Potenzen.

Die Verreibung von unlöslichen Ausgangsstoffen plus Trägerstoff (z. B. Milchzucker) geschieht durch minutenlanges Verreiben, sinngemäß im Verhältnis der Dezimalskala.

- D-Potenzen werden beim Pferd häufig in tiefer und mittlerer Potenz oder auch in hoher Potenz gebraucht. Zur gegebenen Zeit haben sich Tiefpotenzen der Dezimalskala ausgezeichnet bewährt.

Centesimal-Potenz

Das Durchmischungsverhältnis – Ausgangsstoff + Trägerstoff – für die Centesimalskala lautet: **1 + 99 = 100**

Das erste Gläschen enthält eine Durchmischung zu 1 Teil Ausgangsstoff und zu 99 Teilen Trägerstoff (C1) usw. Das Verfahren der Potenzierung gleicht dem der Dezimalskala. Sinngemäß erfolgt das stufenweise, minutenlange Verreiben in der Centesimalskala (siehe Dezimalskala).

- C-Potenzen werden häufiger in hohen und höchsten Potenzen gebraucht. Sie wirken bei verschiedenen Erkrankungen des Pferdes außerordentlich sanft und rasch, wobei es auch gegenteilige Meinungen gibt.

Herstellungsvorgang von LM-Potenzen (entsprechend HAB 1, 5. Nachtrag 1991)
(HAB = Homöopathisches Arzneimittelbuch)

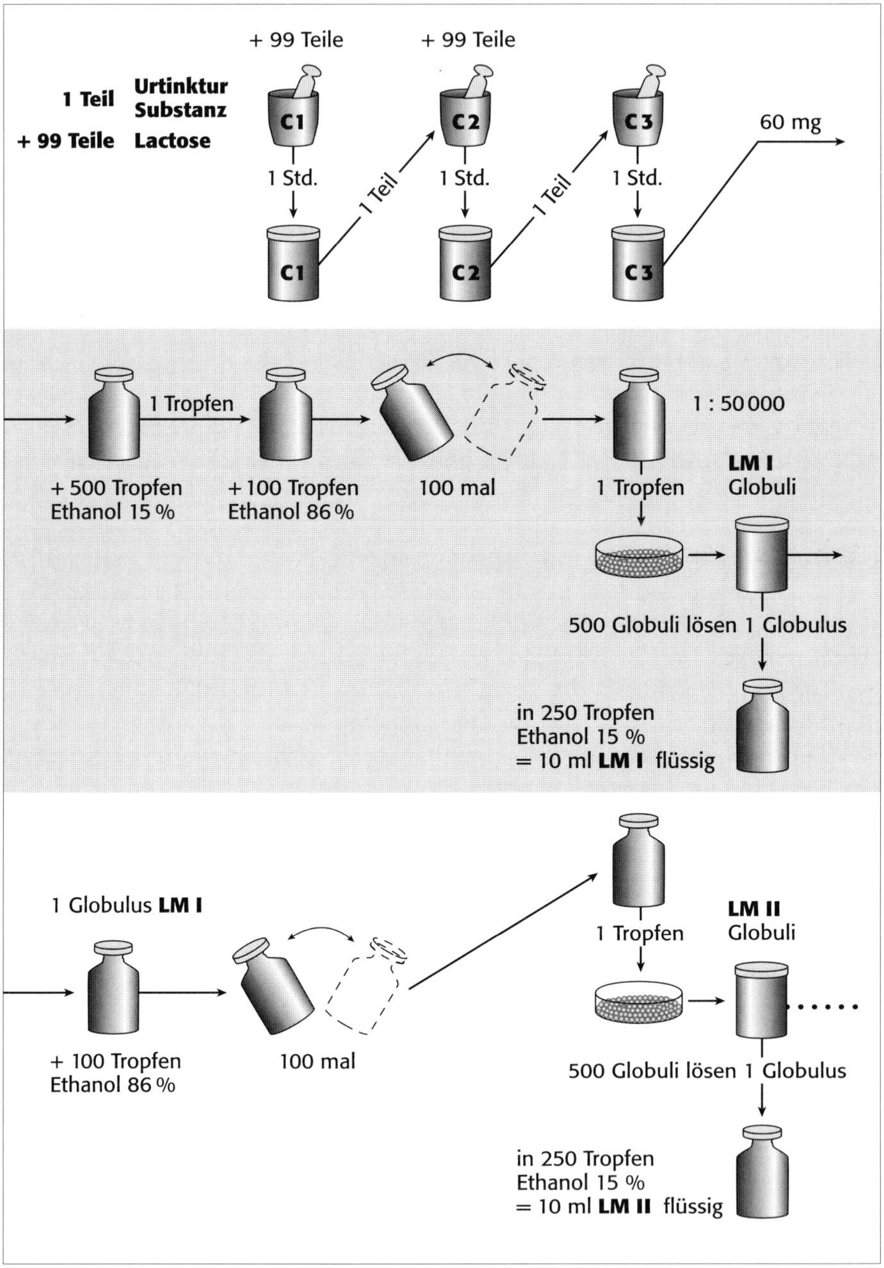

LM-Potenzen wurden von Dr. Hahnemann in seinen letzten Lebensjahren entwickelt und erfolgreich angewendet. In Frankreich, der letzten Lebensstätte von Dr. Hahnemann, waren und sind LM-Potenzen sehr bekannt. Erst in den 50er Jahren griffen homöopathisch orientierte Mediziner und Pharmakologen des deutschsprachigen Raumes das »Hahnemannsche Vermächtnis« auf. Heute haben LM-Potenzen ihren festen Platz in der Homöopathie. **Der Herstellungsvorgang von LM-Potenzen ist kompliziert und aufwendig.** Man muß sich einmal vorstellen, daß Dr. Hahnemann den Herstellungsvorgang von LM-Potenzen, welcher im *Organon der Heilkunst* aufgeführt ist, auf mühsamste Art und Weise – per Hand – vollbrachte. Man bezeichnet LM-Potenzen auch als 50.000er-Potenzen oder Q-Potenzen. Das »Q« steht für: Quinquagintamillesimal (aus dem Lateinischen).

- Genaugenommen zählt man LM-Potenzen mit zu den Hochpotenzen und schätzt ihre sanfte, gewisse und dauerhafte Wirkung. Die Art ihrer Herstellung macht es möglich, daß manche hochwirksame Arznei, wie z. B. *Arsenicum, Belladonna,* häufiger wiederholt werden kann.
- LM-Potenzen eignen sich sehr gut für die Behandlung der Pferde, wobei weniger erfahrene Menschen mit Bedacht eingeben bzw. wiederholen sollten.

Mehrglas-Potenzen – Einglas-Potenzen

Wenn für das Potenzieren – Stufe um Stufe – ein neues Gläschen verwendet wird, spricht man von MEHRGLAS-POTENZEN. Hierzulande werden hauptsächlich die von Dr. Hahnemann entwickelten Mehrglas-Potenzen hergestellt. Die Herstellung von EINGLAS-POTENZEN ist weniger zeitaufwendig, aber bei weitem nicht so exakt. Schritt für Schritt wird sie in einem Glas durchgeführt, wobei die Restmenge – nach Ausschütten des Glases – die Ausgangssubstanz für die folgende Potenz ist.

Von Menschenhand entstehen heute seltener homöopathische Arzneien. Hin und wieder führen Ärzte und Apotheker in der Praxis oder im Labor die Potenzierung jeweiliger »Ausgangsstoffe« durch. Große Firmen, wie zum Beispiel die DHU, haben sich auf die Herstellung von homöopathischen Arzneien spezialisiert. Die Auswahl und Überprüfung von »Rohstoffen«, das Herstellen von Ausgangsstoffen und das Potenzieren gehört ausschließlich in die Hände von Fachleuten.

⑨ Potenzwahl

Tiefe Potenzen: D1 bis D6. **Mittlere Potenzen:** D8 bis D21. **Hochpotenzen:** D30 und höher; C30 und höher. **LM-Potenzen:** gehören im Prinzip zu den Hochpotenzen; wirklich nur »sehr vage« könnte man eine LM 1 dem mittleren Bereich der Centesimalskala zuordnen.

Für die Potenzwahl bestehen wohl gewisse Richtlinien, die aber keine allgemeingültige Berechtigung haben. Für die Potenzwahl gibt es keine »Patentlösung«. Die von mir aufgeführten Dosierungen (Welche Potenz? Wie dosieren?), die Sie unter den einzelnen Arzneimittelbildern finden, gelten als grobe Richtschnur.

TIEFE POTENZEN haben eher eine **BEZIEHUNG ZUR KÖRPERLICHEN EBENE** als **zum Organ.** Die »Stofflichkeit« bzw. Materie eines Arzneiausgangsstoffes ist bei tiefpotenzierten Arzneien noch in hohem Maße nachzuweisen und liegt damit eher auf der Ebene der »Materie« – in Gestalt eines menschlichen oder tierischen Körpers, in bezug zum Organ. Ich verwende bewußt das Wort »Rohstofflichkeit« und »Materie« (zum besseren Verständnis von »Wellenlängen« innerhalb dieser Ebene). Tiefpotenzen können auf krankhaft verändertes Hautgewebe einwirken, bei Darmträgheit (Verstopfung) angezeigt sein, können Eierstockzysten zum Abheilen bringen, können bei Hufhornschäden angezeigt sein, können Eitergeschwüre zum Reifen und Abheilen bringen usw., aber keinesfalls schematisieren.

DOSIERUNG: Tiefpotenzen können jede halbe/volle Stunde (im akuten Fall) 1mal bis 3mal täglich gegeben werden, und zwar unter Berücksichtigung der Wirksamkeit des Ausgangsstoffes einer Arznei (z. B. darf das tiefpotenzierte Schlangengift der *»Lachesis muta«* nicht zu häufig wiederholt werden). Für weniger erfahrene Menschen sind Tiefpotenzen empfehlenswert, wobei man zuweilen nicht die richtige »Ebene einer Erkrankung« erreicht und keine Heilung erzielt. Man sollte immer flexibel bleiben.

MITTLERE POTENZEN sind häufig bei **FUNKTIONELLEN STÖRUNGEN** angezeigt, wirken häufig bei asthmoiden Leiden (z. B. akute Heustauballergie), können auch bei bestimmter Art einer Darmverstopfung wirken, sind bei manchen Durchfallerkrankungen empfehlenswert, können bei Schlundkrämpfen angezeigt sein, bei bestimmten Muskelbeschwerden wirken, bei Reizhusten angezeigt sein usw.

DOSIERUNG: Mittlere Potenzen sind nicht einfach zu dosieren, weil sie eben in der Mitte zwischen bestehender »Rohstofflichkeit« und zunehmender »Feinstofflichkeit« liegen. Man sollte sich besser an eine 1mal tägliche Gabe halten, bedächtig wiederholen oder selbige in Wasser verschüttelt (siehe S. 24) auch mehrmalig anwenden.

HOCHPOTENZEN sind sehr feinstofflich; sie bewegen sich auf der Ebene des Geistes, der Seele und des Körpers. Sie können im akuten Zustand durchaus angezeigt sein. Bei tiefsitzenden Erkrankungen (»vergeistigten«) bzw. chronischer Erkrankung werden feinstoffliche Arzneien bevorzugt, denn sie wirken sanft, tiefgreifend, gewiß und dauerhaft.

DOSIERUNG: In D30/C30 etwa 1mal tägl. über 1, 2 oder 3 Tage; danach sollte sich eine Wirkung zeigen (ansonsten Arzneiwahl überprüfen). Eine wiederholte Eingabe, ca.

nach Wochen bis Monaten, will gut überlegt sein. Auch jene Menschen, die weniger homöopathisch geschult sind, sollten auf Hochpotenzen nicht verzichten. Allerdings ist das Wiederholen von Hochpotenzen eine »feine Maßarbeit«.

LM-POTENZEN können verschiedene Ebenen ansprechen, bei mentalen, seelischen und körperlichen Störungen bzw. Erkrankungen wirken, können sowohl bei akuter oder weniger akuter (subakuter) oder chronischer Erkrankung angezeigt sein. Besonders ideal für sehr empfindlich reagierende Menschen und Tiere. LM-Potenzen bewegen sich im feinstofflichen Bereich und erlauben eine feine Dosierung.

DOSIERUNG: LM-Potenzen sind von LM 1 bis LM 30 (LM I bis LM XXX) erhältlich. Die Dosierung von LM-Potenzen ist eine Kunst, so daß sich weniger geübte Menschen besser an LM 1 bis LM 6 (sind auch rasch lieferbar) halten. Die 1mal tägliche Eingabe über 1–3 Tage oder 1mal wöchentlich wäre vorerst empfehlenswert. Wiederholungen sollten gut überlegt werden.

Zudem ist die REAKTIONSFÄHIGKEIT oder REAKTIONSLAGE des Pferdes zu berücksichtigen und zu beachten. Manche Pferdehalter brauchen vielleicht etwas Übung, wobei es von partnerschaftlichem Verhalten zeugt, wenn das kranke Pferd mit ebensoviel Mitgefühl beachtet wird, wie man es in eigener Person von anderen Menschen erwarten würde. Befindet sich das Pferd in einem schlechten Allgemeinzustand (akut oder chronisch), so können Hochpotenzen bzw. wiederholt eingegebene hochpotenzierte Arzneien mitunter eine Überforderung bedeuten. Das Auflösen bzw. Verschütteln von mittleren, hochpotenzierten Arzneien oder LM-Potenzen ist hier nicht selten hilfreich.
Es wäre noch zu erwähnen, daß manche Therapeuten(innen) eine Vorliebe für tiefe und mittlere Potenzen haben, andere hingegen verwenden überwiegend Hochpotenzen oder auch LM-Potenzen. Einige Therapeuten bleiben flexibel, was allein in Anbetracht der Art einer Erkrankung, der Individualität des Pferdes und der individuellen Eigenschaft der gewählten Arznei nicht verkehrt ist.

HOCHPOTENZEN wirken!

Verschiedene Tierärzte der Schulmedizin stellen die Wirkung von hochpotenzierten Arzneien in Frage. Die »Unfaßbarkeit« von feinstofflichen Arzneien bringt Ungewißheit und schafft auch Unbehagen. Ein gutes Beispiel bietet die Kinderheilkunde, denn unzählige Säuglinge und Kleinkinder wurden von ihren – teilweise sehr schweren – Erkrankungen geheilt; und zwar häufig gerade durch hochpotenzierte Arzneien! Der »Placebo-Effekt« (eingebildete Heilung) entfällt hier zweifellos.
Ein namhafter Facharzt der Homöopathie sagte einmal, daß Mediziner, welche die Wirksamkeit von Hochpotenzen anzweifeln, 1mal täglich und folgend über eine Woche »Sulfur« in D1000 einnehmen könnten. Vorsicht: Die Arbeitsfähigkeit wird stark beeinträchtigt sein!

⑩ Herstellungsformen homöopathischer Arzneien

dil.	–	Dilutio	–	**Lösung** (z. B. Tropfen)
tabl.	–	Tabuletta	–	**Tablette**
glob.	–	Globuli	–	**Streukügelchen**
trit.	–	Triturатio	–	**Verreibung** (z. B. Pulver)
Ø	–	steht für		**Urtinktur** oder **Ursubstanz**

1 Tablette entspricht etwa der Menge von **5 Streukügelchen**
1 Tablette entspricht etwa der Menge von **5 Tropfen** (einer Lösung)

Homöopathische Arzneien sind auch **in Form von Ampullen** erhältlich, die für **Injektionen** zur Verfügung stehen (unter die Haut, in den Muskel oder in die Vene).
Außerdem bekommt man in einer gut sortierten Apotheke (oder auf Bestellung) verschiedene **Salben,** die aus einer Mischung – homöopathischer Arzneistoff/Salbengrundlage – hergestellt sind. Neben der Urtinktur zur Eingabe findet man auch jene, welche für die äußerliche Anwendung bestimmt sind (z. B. *Ruta-Extern, Euphrasia-Extern*).
Bezugsquelle: Einige Apotheken haben ein großes Sortiment homöopathischer Arzneien, so daß Sie das gewünschte Mittel eventuell sofort erhalten. Selten gebräuchliche Arzneien müssen häufig bestellt werden, was ein bis drei Tage (mitunter auch eine Woche) dauern kann.

⑪ Wie verabreichen? – Wie dosieren?

Eine homöopathische Arznei kann auf unterschiedliche Art verabreicht und demzufolge vom Körper bzw. Organismus des Pferdes aufgenommen werden: durch die Schleimhäute der **Maulhöhle** bis hin zum **Magen** (Eingabe ins Maul; Futterbeigabe), durch die **Haut** (Einspritzung unter die Haut; äußerliche Anwendung), durch die **Blutbahn** (Injektion in die Vene) oder auch durch die **Milch** (Mutterstute zum Saugfohlen).

Verabreichungsarten

Tropfen (Dilutio) lassen sich praktisch und sicher verabreichen: entweder direkt in den Maulwinkel tropfen oder auf ein trockenes Stück Brot geben und dieses alsbald zufüttern. Selbst die Eingabe über das Kraftfutter hat sich häufig als richtig erwiesen. NACHTEILE: mögliche Unverträglichkeit von längerfristigen Brotgaben; geringere Haltbarkeit von Dilutio gegenüber Globuli oder Tabletten.

Tabletten, die häufig in niedriger Potenz zur Verfügung stehen, lassen sich mitunter nicht zuverlässig verabreichen. Wenn Sie gerade keine Tropfen oder Globuli zur Hand haben, dann drücken Sie die Tabletten tief in ein großzügig geschnittenes Apfelviertel und verfüttern selbiges. Unter Umständen können Tabletten auch in eine minimale Kraftfuttermahlzeit gegeben werden. Beide Verabreichungsarten haben häufig ihren Zweck erfüllt. NACHTEILE: mögliches Herausfallen einzelner Fruchtfleisch- bzw. Tablettenteilchen; ungenügende Zerkleinerung (z. B. bei Kaubeschwerden); verzögerte Aufnahme der Arznei.

Globuli (Streukügelchen) gehören unbedingt in die homöopathische Haus-/Stallapotheke, da sie in zahlreichen Potenzgraden erhältlich, sehr lange haltbar und vielfältig verabreichbar sind. Geübte Pferdehalter schieben ihrem Vierbeiner die Globuli in den Maulwinkel. Sie können auch ein Apfelviertel der Länge nach tief einritzen, die Globuli in die Einkerbung streuen und das Obststück verfüttern. Ich kann Ihnen versichern, daß sich die letztere Methode (bei sorgfältiger Ausführung!) sehr gut bewährt hat. Das Fruchtfleisch des Apfels nimmt die kleinen Streukügelchen alsbald auf; die meisten Pferde fressen Äpfel gerne und speicheln diese häufig gründlich ein, so daß die Arznei durch die Schleimhäute aufgenommen werden kann. Durch schlichte Auflösung in Wasser bzw. Verdünnung von Globuli oder Tabletten (zwecks Einspritzungen in das Maul) wird der Zustand einer homöopathischen Arznei uneinsichtig verändert.

Verschüttelung in Wasser erlaubt eine feine Dosierung, insbesondere von hochpotenzierten Arzneien zur wiederholten Eingabe. Dr. Hahnemann nannte sie die **»Plusmethode«.** Hier füllen Sie ein Glas in der Größe eines normalen Wasserglases (oder gleich großen Plastikbecher) 1/2 voll mit Wasser, geben 2–3 Globuli hinein, rühren mit einem Plastiklöffel (kein Metall!) minutenlang kräftig um, ziehen per Einmalspritze (ohne Kanüle) 2 ml bis 4 ml Flüssigkeit auf und spritzen sie dem Pferd schräg nach oben in seinen Maulwinkel. Der Glas- oder Plastikbehälter sollte verschließ- oder abdeckbar sein. Vor jeder neuen Eingabe muß die Flüssigkeit unbedingt kräftig verrührt werden (ähnlich, als ob man per Hand Schlagsahne verschlagen möchte)!
Andererseits können Sie auch ein kleines, verschließbares Gläschen verwenden, es mit 8–10 Eßlöffeln Wasser füllen, darin 1–2 Globuli auflösen und bei geschlossenem Deckel 10 kräftige Schüttelschläge ausführen (abwärts gerichtet auf ein dickes Lederpolster oder Buch schlagen). Vor jeder neuen Eingabe (2–5 ml) müssen 10 kräftige Schüttelschläge gemacht werden. Durch die Beigabe von wenigen Tropfen 10–15prozentigen Alkohol wird eine »Wasserverschüttelung« haltbar.

- Die Plusmethode erlaubt bei akuter Erkrankung die stündliche oder mehrmals tägliche Eingabe von Hochpotenzen, im chronischen Krankheitsfall eine tägliche oder dreimal wöchentliche Verabreichung. Bei chronischer Erkrankung ist nicht selten ein ansteigender Potenzgrad (neue Zubereitung) angezeigt, wobei der Rat eines Fachkundigen empfehlenswert wäre.

Injektion erfolgt entweder unter die Haut (sbc.), in den Muskel (i. m.) oder in die Vene (i. v.). Die zu verabreichende Menge der Injektionslösung einer homöopathischen Arznei, die etwa zwischen 2 ml und 5 ml liegen kann, wird vor Ort entschieden, und zwar unter Berücksichtigung des Zustandes des Pferdes, der Art seiner Erkrankung und des Arzneiausgangsstoffes.

Dosierung

Hinsichtlich der Dosierung von homöopathischen Arzneien für Pferde erlebt man immer noch eine Zuteilung, die sich nach dem Körpergewicht des Tieres richtet. Diese Art der Dosierung stammt aus dem schulmedizinischen Bereich, wo die Größe der Dosis einer allopathischen Arznei in Beziehung zum Krankheitsfall steht – mitsamt einer Bemessung nach dem Gewicht (und Alter) des Tieres.

»Wenig ist viel« schrieb Dr. Hahnemann zur Dosierung homöopathischer Arzneien. Getreu seiner Lehre wird man bemüht sein, die geringste Dosis zu wählen, unabhängig vom Körpergewicht! Zum Beispiel erhält ein 4 kg leichter Säugling in der Regel die gleiche Dosis einer homöopathischen Arznei wie ein 100 kg schwerer Erwachsener: **entweder 1–2 Globuli oder 1–2 Tropfen oder 1 Tablette.** Die Wirkung einer homöopathischen Arznei liegt nicht unmittelbar in der Größe ihrer verabreichten Menge, sondern in ihrer Kraft (Dynamis), die durch das Potenzieren erreicht wird. Nach Eingabe der homöopathischen Arznei folgt die überaus bedeutsame Überlegung, ob oder wie häufig diese wiederholt wird oder ob eine andere homöopathische Arznei angezeigt ist. Was für den Menschen gilt, hat auch beim Pferd Gültigkeit. Es ist ohne Bedeutung, ob ein Pferd über oder unter 500 kg Gewicht wiegt, denn für die Dosierung homöopathischer Arzneien gelten weder die Maßstäbe der Schulmedizin noch anderer Therapiearten (z. B. Pflanzenheilkunde). Es darf nicht davon ausgegangen werden, daß sich durch Erhöhung der Dosis eine raschere oder verbesserte Wirkung erzielten läßt. Im Gegenteil! Eine allzu große Gabe der angezeigten Arznei kann mitunter Schaden anrichten bzw. den Heilungsverlauf verwirren und/oder umkehren und/oder zunichte machen, was insbesondere bei mittlerer und vor allem hoher (und auch LM-Potenz) Dosierung zu beachten wäre. Hierzu gehört auch die bedächtige Wahl der Wiederholung einer Arznei und die Häufigkeit des Arzneiwechsels.

Die Erfahrung hat gezeigt, daß dem Pferd während einer Eingabe Teilmengen der Arzneiform verloren gehen können. Auch die Art und Sorgfalt der Verabreichung ist von Bedeutung. Daher möchte ich als grobe Richtlinie folgende Dosis empfehlen:

entweder **5–8 Globuli** oder **5–8 Tropfen** oder **1–2 Tabletten.** Zur Wasserverschüttelung können 1–2 Globuli verwendet werden.

Anmerkung: Die homöopathische Arznei hat keine »entgegen«gesetzte Wirkung wie die Arzneimittel der Allopathie (Schulmedizin). Homöopathische Arzneien ersetzen keine unmittelbar fehlenden Stoffe wie z. B. Mineralsalze.

⑫ Suche die Arznei, die ähnlich ist!

Ergänzend zu Abschnitt ⑥, »Ähnliches möge durch Ähnliches behandelt werden« (siehe S. 15), folgt die Beschreibung der Arzneisuche, die »ähnlich« ist. Dieser Vorgang ist für viele Pferdehalter unverständlich. Um den Hergang einer Arzneifindung selbständig oder mit einem Therapeuten nachzuvollziehen, sind Sie als Pferdebesitzer schon aufgerufen, Ihren Vierbeiner sehr aufmerksam zu beobachten. Die Bezeichnung seiner Erkrankung per Diagnosestellung, wie z. B.: »Es leidet an Entzündung des Vorderfußwurzelgelenks« (bzw. Karpalgelenks), ist zu **allgemein!** Zudem ist die Aussage: »Mein Pferd geht klamm oder lahm« auch zu **allgemein,** denn jene Feststellung und Aussage wäre für diesen Krankheitszustand nicht gerade sonderlich oder außergewöhnlich.
Was in der Homöopathie zur Mittelfindung besonders zählt, sind **sonderliche, ungewöhnliche, auffallendere und eigentümliche** (charakteristische) **MERKMALE** und **SYMPTOME** der Krankheit des Pferdes. Wie in Abschnitt ③, »Gesundheit/Kranksein« (siehe S. 12), beschrieben, ist das Kranksein ein individuelles Geschehen. So wird man das Pferd als ganzheitliches Individuum betrachten und zwar mitsamt seinen ihm eigentümlichen Merkmalen und Symptomen. Obwohl sein Körper vielleicht mächtig anzusehen und zu erfassen und zu untersuchen ist, tritt es uns zweifellos in Gestalt von Geist-Seele-Körper entgegen – schließlich wollen wir Menschen auch dergestalt beachtet, verstanden und gesehen werden.
Zurück zum Beispiel einer Karpalgelenkentzündung des Pferdes und zur Mittelfindung: Zu beachten ist **1.** das **WO,** der Ort oder die Örtlickeit (Lokalisation) der Erkrankung und zudem noch **wo** (auf welcher Seite) sie erscheint (rechts, links, beidseitig, vorne, hinten, von rechts nach links wandernd?). Das WO, die körperliche Örtlichkeit, läßt sich nicht immer bestimmen (denken Sie z. B. an Husten, wo ein Therapeut nicht immer feststellen kann, wo der Ort der Beschwerde des Pferdes sitzt. Kehlkopf? Rachen?).
2. gehört zur Mittelfindung auch das **WARUM** und **WESHALB** (der Auslöser seiner Erkrankung). Zum Beispiel: Wurde es getreten, eingequetscht, durch tiefe Einstiche verletzt? Bestehen längerfristige Fütterungsfehler, trat seine Entzündung infolge von Durchnässung auf oder infolge von unterdrückten Hautausschlägen?
Neben dem WO und dem WARUM, WESHALB ist **3.** das **WIE** von Bedeutung, z. B. wie geschwollen: hart, teigig, wassersuchtartig (Ödem), warm, heiß? Sind Geräusche zu hören und klingen diese knirschend oder knackend? Sehr wichtig ist **4.** das **WODURCH** und **WANN** (die Bedingung bzw. Modalität): z. B. geht klamm oder lahm zu Beginn der Bewegung? Besser durch fortgesetzte Bewegung? Schlechter oder besser durch Bandagieren/Massieren? Besser oder schlechter durch Wärme/Kälte oder durch Beugen/Strecken? Plötzlicher Beginn? Jeden 2. Tag vermehrte Lahmheit? Morgens/nachmittags/abends schlechter oder besser?
Wenn Sie nunmehr **1., 2., 3.** und **4.** erkennen (auch durch Diagnosestellung des Therapeuten) und äußern können, sind Sie auf dem besten Wege zum sogenannten **VOLL-**

STÄNDIGEN SYMPTOM. *In der Homöopathie gibt es den anschaulichen Hinweis, daß ein Stuhl auf 3 Beinen »wackelig« steht, doch auf 4 Beinen steht er »vollständig« sicher. Dieser Hinweis gilt vorwiegend für die Behandlung von Menschen, und wir können uns wortgewandt äußern. Beim Pferd müssen wir uns mitunter mit einem »dreibeinigen Hocker« begnügen.* Die Bedingung (Modalität) bzw. das **Wodurch, Wann** gehört unbedingt zur »vier- oder dreibeinigen Vollständigkeit«.

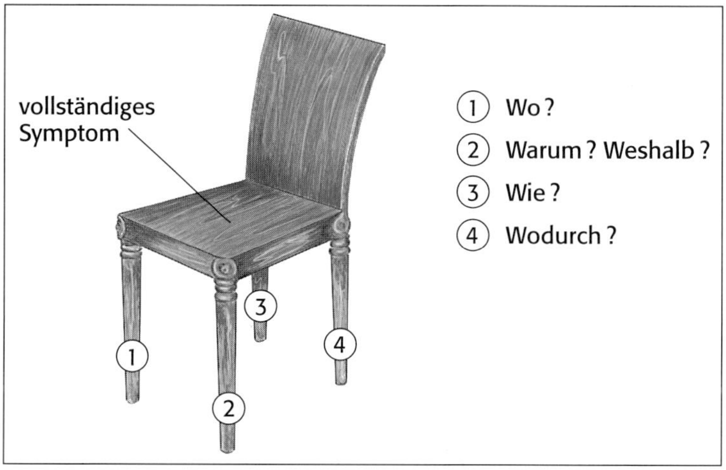

Abbildung 3

Ich hoffe, daß anhand der Brennessel (siehe S. 15) verdeutlicht werden konnte, daß durch eine Arznei eine Art von »eigener Krankheit« erzeugt wird und daß die durch sorgfältige Prüfungen an Gesunden erzeugten Symptome einer jeweiligen Arznei zum jeweiligen **Arzneimittelbild** führen. Beim Lesen der jeweiligen Arzneibilder werden Ihnen bestimmt diese und jene Symptome oder Merkmale auffallen, die im **Vergleich zum Krankheitsbild** bzw. zu den Krankheitserscheinungen Ihres Pferdes stehen. Zum vollständigen Symptom (siehe oben) gehören alle jene Symptome oder Merkmale Ihres Pferdes, die »wertvoll« sind, die eigentümlich, sonderlich und/oder ungewöhnlich auffallend sind. Die Homöopathie, ob für Mensch oder Tier, sollte nicht als eine »Symptomen-Vergleichsmethode« verstanden werden, was gerade im Rahmen der Computertechnik mitunter der Fall ist. Insbesondere bei einer Konstitutionsbehandlung des Pferdes wird sich das eifrige Studium der homöopathischen Arzneimittellehre und das Nachschlagen in diesem oder jenem REPERTORIUM (wo fast alle Symptome aufgeführt sind, die durch Arzneiprüfungen hervorgegangen sind) soweit als sinnvoll erweisen, da man seine Gedankengänge zwischen den Zeilen nicht selten vervollständigt.
Die homöopathische Behandlung sollte eine Diagnosestellung nicht ausschließen (sowie auch Laborwerte etc.). Da manche Pferdehalter eigenständig therapieren möchten, wäre es vielleicht eine gute Lösung, das Pferd vorab oder während der Behandlung untersuchen zu lassen. Einige Tierärzte sind hier sehr aufgeschlossen.

FRAGESTELLUNG ZUR HOMÖOPATHISCHEN THERAPIE

KRANKENVORGESCHICHTE Frühere Krankheiten, Verletzungen, Operationen, Impfungen, medikamentöse Behandlung, Entwurmung; sonstige Angaben.

FÜTTERUNG Welche Art? Eventuell Futterzusätze, Kräutermischungen etc.

AUSLÖSENDER UMSTAND

WARUM, WODURCH, WESHALB? (Ätiologie)

Zum Beispiel: Folgen von Überfütterung, (Magenüberladung), Folgen von Verletzung (Schlag, Stoß, Prellung, Quetschung, Biß, Stich), Folgen von Schreck, Schock, Folgen von Impfung, von Medikamentenmißbrauch, von Sonnenbestrahlung (Brand, Hitzschlag), von Durchnässung, von körperlicher Überanstrengung. Folgen von unterdrückten Hautausschlägen u. v. m. Der auslösende Faktor sollte immer berücksichtigt werden.

ORT DER BESCHWERDE

WO? (Lokalisation)

Wo sitzt die Beschwerde (z. B. Auge, Kniegelenk, Lunge, Blinddarm, Kehlgang, Oberschenkel, Gebärmutter)? Zum Beispiel: auch Zyste am linken Eierstock, Hautpilz auf der rechten Körperseite, Hufgeschwür hinten links; besonders wertvoll, wenn mehrere Beschwerden einseitig auftreten.

Wenn man bevorzugt nach schulmedizinischen Richtlinien verfährt, verleitet die Lokalisation einer Beschwerde mitunter zur übereilten Arzneimittelwahl. Jedoch – beim vollständigen Symptom hat die Lokalisation zweifellos ihre Bedeutung. Es gibt einige Arzneien, die eine auffallende Seitenbeziehung aufweisen (links, rechts), was ein wichtiger Hinweis sein kann.

ART DER BESCHWERDE

WIE, WELCHER ART?

Zum Ort der Beschwerde (z. B. Haut, Gliedmaße, Huf, innere Organe) gehört die Art der Beschwerde. Zum Beispiel: Farbe, Beschaffenheit und Geruch von Absonderungen. Ist der Auswurf gelb, schleimig und süßlich riechend? Ist der Durchfall hellbraun, wässrig, übelriechend, der Hautausschlag weißlich, klebrig und von käsigem Geruch? Wie ist die Pulsfrequenz? Wie fühlt sich die Schwellung am Fesselkopf an? Für die Mittelfindung ist die Art der Beschwerde sehr wichtig. Wird ein Tierarzt der Homöopathie oder ein Tierhomöopath hinzugezogen, so kann man als Pferdehalter vorab bereits verschiedene Beobachtungen notieren.

ART DER EMPFINDUNG

WAS, WIE? (Sensation)

Beim Pferd entfällt dieser Bereich, der beim Mensch sehr wertvoll ist, größtenteils, weil es nicht direkt äußern kann, WAS es empfindet, und gar nicht, WIE etwas empfunden wird. Es kann uns z. B. nicht mitteilen, sein Kehlkopf fühle sich so an, als ob ein Splitter darin säße, ob irgendein Schmerz z. B. bohrend, stechend oder klopfend ist. Wer über die Homöopathie für Menschen zu den Pferden gefunden hat, wird das WAS und auch das WIE ab und an miteinbeziehen.

In der Lehre der Tierhomöopathie wird dieser Bereich oft ausgeklammert. Dennoch verlassen Sie sich auf Ihre Sinne. Beispielsweise litt ein Pferd an seinem Ekzem, welches wohl derartig brannte, daß die davon ausgehende Hitze auf einige Zentimeter zu spüren war. Vor allem durch diese Sensation und weitere Merkmale erhielt es die heilsame Arznei »Sulfur«.

GEMÜTSSYMPTOME

Sie nehmen in der klassischen Homöopathie einen sehr großen Raum ein, sind hoch zu bewerten und gehören unbedingt zur Homöopathie für Pferde. Allerdings werden die Gemütssymptome eines Pferdes nur sensiblen Pferdehaltern oder -therapeuten offenbar. Zum Beispiel: Angst beim Alleinsein, klebt am Stall, Furcht vor Annäherung (Mensch, Artgenosse), Furcht in der Dämmerung, webt nur dann, wenn sich sein Mensch nähert, Überempfindlichkeit der Sinne gegenüber diesem und jenem, nervös vor einem Gewitter usw.

Hiermit innig verknüpft ist das individuelle **»WESEN«** eines jeden Pferdes, seine Wesenszüge, sein Charakter. Zum Beispiel: Ist es von vornehmer, zurückhaltenderer Natur, besitzt es Dominanz, Heißblütigkeit oder Feigheit, ist es ein ruhiger und williger Typ, zeigt es Aufgewecktheit und lernt spielend, wirkt es unsicher und nervös, ist es mutig, tapfer und voller Übermut?
Wenn sich durch die homöopathische Behandlung das seelisch-geistige (manche sagen auch »mentale«) Befinden eines Pferdes deutlich bessert, so ist dieser Hergang hoch zu bewerten. Sein mentales Wohlbefinden steht über seinen körperlichen Leiden (z. B. es besteht noch ein Hautausschlag, aber das Pferd ist nun wieder fröhlich und ausgelas-

sen). Nach einer positiven Heilungstendenz der Gemütsverfassung folgt nicht selten die Besserung körperlicher Symptome. Wir Menschen kennen diesen Vorgang aus eigener Erfahrung.

DIE BEDINGUNG (Modalität), das WODURCH, WANN? ist äußerst wichtig, weil gerade beim Pferd die Bedingung ein guter Wegweiser zur Mittelfindung sein kann. Hier heißt es gut beobachten! **Wodurch** werden die derzeitigen Beschwerden gebessert oder verschlechtert?: z. B. durch Wärme/Kälte, äußeren Druck/Massage/andere Beengungen, Bewegung/Ruhe, anfängliche Bewegung/fortgesetzte Bewegung, welche Haltung (beugen, strecken), kühles/heißes Wetter, Sturm, Nord-West-Ostwind, Meeresaufenthalt, Musik, Stimmen in der Nähe, fließendes Wasser, saures Obst, Brot/süße Backwaren/Zucker? **Wann** werden die Beschwerden besser oder schlechter: morgens, vormittags, mittags, nachmittags, abends, nachts? Wann, um welche Uhrzeit: immer um 9 Uhr morgens? In diesen Bereich gehören das periodische Auftreten, wie: z. B. jeden Tag, jeden 2. Tag, jeden 7. Tag? Immer zur selben Stunde, in jedem Frühjahr oder Herbst?

⑬ Anwendungsdauer Arzneiwechsel/Gegenmittel

Wurde – gemäß des Ähnlichkeitsprinzips – die richtige Arznei gewählt (in Übereinstimmung mit der angemessenen Potenzwahl), so hüte man sich vor zu häufiger Wiederholung. Allzu schnell kann der Organismus des Pferdes »überreizt« und »überfordert« sein, rasch kann Verwirrung und Unordnung entstehen, ja, man kann selbst eine unzuträgliche Unterdrückung von Beschwerden erwirken. Wie bereits auf S. 12 beschrieben, herrscht in jedem lebenden Körper eine Lebenskraft, die um Selbstheilung bemüht ist. Hier gilt es, eine fein abgestimmte Reaktion zu erwirken, was nicht selten eine hohe Kunst ist. Man könnte diesen Reaktionsvorgang »sehr vage« mit der reiterlichen Hilfengebung vergleichen. Feine und gezielt abgestimmte IMPULSE bewirken oft mehr als z. B. »ständig klopfende Schenkelhilfen«, wo das Pferd allmählich nicht mehr auf »feine Hilfen« reagiert, sondern allmählich »abstumpfen« wird. Diese Darstellung soll nur eine vorsichtige Verdeutlichung sein, denn gerade die Wirkungsweise feinstofflicher Arzneien entzieht sich unserer Kenntnis.
Aber deutlich merkbar ist, daß manche Pferde rascher auf die richtig gewählte Arznei reagieren und andere hingegen gemächlicher. Einerseits wäre die Konstitution und/oder Reaktionslage des Pferdes zu berücksichtigen, zum anderen die Eigenschaft der homöopathischen Arznei. **Sobald eine Besserung der Beschwerden ihres Pferdes merkbar ist, sollte die Arznei abgesetzt werden.** Zeigt eine tatsächlich gut gewählte Arznei keine Wirkung, so kann häufig ein Potenzwechsel hilfreich sein. Es ist auch zulässig, in Abständen von mehreren Tagen einen Arzneiwechsel vorzunehmen, denn letztlich trifft man

nicht immer die richtige Arzneiwahl, was auch erfahrenen Homöopathen passieren kann. Ein steter Arzneiwechsel, insbesondere von Hochpotenzen, ist zu vermeiden. Hinsichtlich der Potenzwahl, des Potenzwechsels und der Häufigkeit einer Wiederholung der Arznei hat wohl jeder Homöopath seine eigene Meinung und Erfahrung. Es wäre noch anzumerken, daß es in der Homöopathie Arzneien gibt, die sich gut ergänzen, sich untereinander »feindlich« verhalten und in ihrer Wirkung gegenseitig behindern können. So finden Sie unter jedem Arzneimittelbild **Gegenmittel.** Sie können die Wirkung der eingegebenen Arznei aufheben oder Unordnung in den Heilungsverlauf bringen. Dieses sollten Sie beachten, wenn KOMPLEXMITTEL verabreicht werden. Solche Mittel enthalten sechs, acht bis vierzehn homöopathische Arzneien (oft in unterschiedlicher Potenz). Beim Lesen der Zusammenstellung von verschiedenen Komplexmitteln wird deutlich, daß sich diese und jene enthaltende Arznei als »Gegenmittel« gegenüberstehen.

⑭ Erstreaktion/Heilungsverlauf

Nach homöopathischer Arzneigabe kann eine Erstreaktion auftreten, die auch als eine Art »Erstverschlimmerung« bezeichnet wird. Eine Erstreaktion bedeutet eine »übersteigerte Reaktion« des kranken Pferdes auf eine Arznei, die seinem ursprünglichen Leiden ähnlich ist – eine Verschlimmerung der dem Pferde eigenen Krankheit. **Eine Erstreaktion kann wenige Stunden andauern, seltener ein bis zwei Tage.**
Sie zeigt insoweit die Richtigkeit der Arzneiwahl und kann durchaus als erfreuliches Zeichen gesehen werden. Eine Erstreaktion zeigt aber auch, daß die Wahl der Potenz gegenüber der Reaktionslage des Pferde nicht unbedingt angemessen war. Bei der Behandlung von chronischen Erkrankungen sind übersteigerte Erstreaktionen eher unerwünscht. Hier sollte eine Überforderung vermieden und eine feine und sanfte Dosierung angestrebt werden.

Zunahme der Beschwerden – Heilungsverlauf

Der Prozeß einer Heilung verläuft immer individuell. Doch müßten Sie wissen, daß er einen gewissen Weg nehmen sollte, damit eine Heilung erfolgen kann. Ein wahlloser, richtungsloser Heilungsverlauf schafft keine Harmonie oder Ordnung im lebenden Organismus, sondern kann Verwirrung stiften und bis hin zur Unterdrückung von Symptomen führen. Zu Beginn und im Verlauf einer homöopathischen Therapie kann es zur **ZUNAHME DER BESCHWERDEN** des Pferdes kommen, wie z. B. **verstärkte Absonderungen** der Schleimhäute (z. B. vermehrter Schnupfen), **Zunahme von Hautausschlägen** (vermehrtes Heraustreten von Ausschlägen, vermehrte Absonderungen; wobei eine übersteigerte Reaktion nicht richtig wäre). Eine Zunahme der Beschwerden braucht Sie

nicht zu beunruhigen, denn ein solcher Vorgang hat in diesem Zusammenhang seine Berechtigung. Es wäre gut, wenn der Homöopath von einer Zunahme der Beschwerden in Kenntnis gesetzt wird.
Der behandelnde Mensch muß erkennen, WO die Beschwerden auftreten (Ort) und WOHIN sie sich verlagern (Richtung). Erscheinen die Beschwerden in Richtung nach außen, so nimmt die Heilung weitgehend den richtigen Weg. Tritt z. B. ein Hautausschlag zurück und das Pferd erkrankt statt dessen an Husten oder asthmoiden Leiden, so spricht man in der Homöopathie von einer »Unterdrückung«, was einen ungünstigen Verlauf zeigt. Selbst erfahrene Homöopathen können mitunter die falsche Arzneiwahl treffen, da zahlreiche Arzneimittelbilder – untereinander – gewisse Ähnlichkeiten aufweisen. Hier muß dann eine erneute Fragestellung und Arzneiwahl oder auch ein Potenzwahl erfolgen. Daher ist es unbedingt notwendig, daß der Homöopath von einem ungünstigen Heilungsverlauf unterrichtet wird.
Bereits Dr. Hahnemann wies eindringlich darauf hin, wie eine Heilung verlaufen sollte. Jahre später formulierte Dr. Constantin Hering das wegweisende **Heringsche Heilungsgesetz:**

HEILUNGSVERLAUF

Von innen nach außen Von den inneren lebensnotwendigen Organen in Richtung nach außen. Zum Beispiel: Ein asthmoides Leiden (asthmatische Atmung aufgrund einer Heustauballergie) konnte geheilt werden, doch trat im Verlauf der Therapie eine Schuppenflechte auf, die allmählich abheilte.

Von oben nach unten Zum Beispiel: Eine chronische Bindehautentzündung klingt mit homöopathischer Therapie gänzlich ab, woraufhin ein wiederholt rückfälliges Hufgeschwür erneut auftritt und zum Abheilen gebracht wird.

Von jetzt zu früher Zum Beispiel: Eine Konstitutionsbehandlung wird erforderlich, weil das Pferd stets Reizhusten hat und keine Therapie erfolgreich war. Im Verlauf der Behandlung bessert sich der Husten entschieden, danach tritt Durchfall auf, der vor einem Monat vehement unterdrückt wurde (Heilung erfolgt). Danach erscheint ein Abszeß am Hals, der vor einigen Monaten einmal aufgetreten war (behandelt wurde) und nun geheilt werden konnte.

⑮ Konstitutionsbehandlung

Neben der Therapie akuter Krankheiten kennt die klassische Homöopathie die Konstitutionsbehandlung. Unter Konstitution versteht man die Gesamtheit oder »Ganzheit« der individuellen, charakteristischen Merkmale und Symptome von Geist-Seele-Körper des Menschen – und hier des Pferdes.

Man spricht auch vom **KONSTITUTIONSTYP.** Eine Behandlung nach der Konstitution kommt vorwiegend bei chronischen Erkrankungen in Betracht. Auch Verhaltensstörungen, »Unrittigkeit« oder »Untugenden« des Pferdes können durch eine Konstitutionsbehandlung behoben werden. Die Behandlung nach der Konstitution des jeweiligen Pferdes steckt noch in den Anfängen. Sie erfordert eine gute Kenntnis der Arzneimittellehre, ein geschultes Auge, eine feine Beobachtungsgabe und die nötige Sensibilität. Wer die Erkenntnisse von Konstitutionsbehandlungen über die praktische Anwendung am Menschen erlebt hat, wird beim Pferd manches Wesentliche rascher erkennen. Es sind häufig große bzw. sehr vielfältige Arzneien der Homöopathie, die als **KONSTITUTIONSMITTEL** bezeichnet werden. Im Reich der Pflanzen, Tiere und Mineralien findet man einige Arzneistoffe, die ein reiches Spektrum an Eigenschaften besitzen, die durch die Prüfung am Gesunden eine große Fülle sonderlicher, eigentümlicher, ungewöhnlicher und charakteristischer Symptome und Merkmale an Geist-Seele-Körper erzeugten und dazu führten, daß uns heute wahrlich »bildhafte« Arzneitypen gegenüberstehen.

Kleine homöopathische Arzneimittellehre

AUFGEFÜHRTE
HOMÖOPATHISCHE ARZNEIEN UND IHRE ABKÜRZUNGEN

Abrot.	–	Abrotanum	(S. 37)
Acid. form.	–	Acidum formicicum Formica rufa	(S. 38)
Acon.	–	Aconitum	(S. 40)
Apis	–	Apis	(S. 41)
Arn.	–	Arnica	(S. 42)
Ars.	–	Arsenicum album	(S. 44)
Bell.	–	Belladonna	(S. 47)
Bellis per.	–	Bellis perennis	(S. 49)
Bry.	–	Bryonia	(S. 50)
Calc.	–	Calcium carbonicum	(S. 52)
Calend.	–	Calendula	(S. 55)
Camph.*)	–	Camphora (natürlicher Kampfer)	
Cham.	–	Chamomilla	(S. 56)
Coff.	–	Coffea	(S. 57)
Coloc.	–	Colocynthis	(S. 58)
Dros.	–	Drosera	(S. 60)
Dulc.	–	Dulcamara	(S. 61)
Euphr.	–	Euphrasia	(S. 62)
Graph.	–	Graphites	(S. 63)
Hekla.	–	Hekla Lava	(S. 66)
Hep.	–	Hepar sulfuris	(S. 67)
Hyperc.	–	Hypericum	(S. 68)
Ign.	–	Ignatia	(S. 69)
Kali-bi.	–	Kalium bichromicum	(S. 71)
Lach.	–	Lachesis	(S. 72)
Led.	–	Ledum	(S. 74)
Lil.-t.	–	Lilium tigrinum	(S. 76)
Lyc.	–	Lycopodium	(S. 77)

Lyss.	–	Lyssinum = Hydrophobinum	(S. 81)
Merc.	–	Mercurius	(S. 82)
Nat-m.	–	Natrium muriaticum	(S. 84)
Nat-s.	–	Natrium sulfuricum	(S. 87)
Nux-v.	–	Nux vomica	(S. 89)
Op.	–	Opium	(S. 91)
Phos.	–	Phosphorus	(S. 92)
Podo.	–	Podophyllum	(S. 95)
Puls.	–	Pulsatilla	(S. 97)
Pyrog.	–	Pyrogenium	(S. 101)
Rhus-t.	–	Rhus toxicodendron	(S. 102)
Rumx.	–	Rumex	(S. 104)
Ruta	–	Ruta graveolens	(S. 105)
Sep.	–	Sepia	(S. 107)
Sil.	–	Silicea	(S. 109)
Spong.	–	Spongia	(S. 111)
Staph.	–	Staphisagria	(S. 112)
Stram.	–	Stramonium	(S. 114)
Sulf.	–	Sulfur	(S. 116)
Thuja	–	Thuja	(S. 120)

*) **Camphora** (Kampferbaum, natürlicher Kampfer) ist ein häufiges Gegenmittel homöopathischer Arzneien. Im Hinblick auf eine Kräuterzufütterung nenne ich Ihnen Heilpflanzen, die kampferähnliche Stoffe enthalten (nach Dr. G. Madaus): Andorn, Baldrian, Kalmus, Krause Minze, Lavendel, Moorkreuzblume, Pfefferminz, Rainfarn, Rosmarin, Salbei, Wacholder, Wermut und in den Arnikablüten, der Alantwurzel, Sarsaparillaewurzel.

Abrotanum
Eberraute; Familie der Korbblütler. Aus den frischen Blättern.

ALLGEMEINES: ABROTANUM ist eine wichtige Arznei für Pferde. Geradezu ins Auge springt *Abmagerung bei gutem Appetit, bei ausreichender Fütterung* sowie *Leistungsminderung, Teilnahmslosigkeit und ein müder Augenausdruck.* ABROT. hilft besonders jenen Pferden, die einfach nicht gedeihen wollen (man denke auch an Fohlen) oder trotz regelmäßiger Wurmkuren und guter Fütterung an Gewicht verlieren und womöglich zudem unter Verdauungsbeschwerden leiden. Beispielsweise erhielt eine magere, teilnahmslose, nervöse Stute mit aufgetriebenem Bauch und rückfälligem Durchfall ABROT. (C30, 3malig), woraufhin sie sich rasch erholte (sie wurde und wird regelmäßig mit handelsüblichen Wurmkuren behandelt). ABROT. hat eine tiefgreifende Wirkung auf den Verdauungstrakt, die Lymphdrüsen, Blutgefäße und Haut. Darüber hinaus gilt es als ausgezeichnete Arznei bei chronischer Arthritis urica (Gicht) und Rheuma. Bei stellvertretenden Erkrankungen (z. B. gestoppter Durchfall, statt dessen Rheuma) ist ABROT. eine anerkannte Arznei.
ARZNEIMITTELBILD (wichtige Symptome): GEMÜT/VERHALTEN: matt, müder Augenausdruck, nervös, ängstlich, reizbar, Magerkeit, gieriger Appetit, Kräfteverlust, aufgetriebener Bauch. *Fohlen wollen nicht gedeihen,* trotz guter Nahrung. NABEL: Fohlen: Hautausschlag um den Nabel herum. *Krankhafte Nabelveränderungen.* VERDAUUNGSTRAKT: Darmkatarrh (weniger akut oder chronisch). Heißhunger oder Appetitlosigkeit. **Durchfall** *fortbestehend oder wechselhafte Kotbeschaffenheit* (z. B. von knolligen Kotballen zu breiigem, flüssigem Kot und umgekehrt). Durchfall (oder wechselhafte Kotbeschaffenheit) *mit Abmagerung im Zusammenhang mit langwährender Verwurmung* (Stallwechsel, wiederholte Wurmkuren, Abmagerung, bestehende Verdauungsbeschwerden, wirkt insbesondere bei Folgeschäden durch den Spulwurm). **Koliken** mit enormer Gasbildung, eher von kurzer Dauer (schlechter: bei Bewegung, durch Kälte). BEWEGUNGSAPPARAT: **Muskulatur** *druckschmerzempfindlich,* besonders im Bereich Schulter, Rückenlende. Verspannungen (Bewegungsstörungen), besonders im Bereich Hüfte, Oberschenkel. *Rheumatische Beschwerden*, schlechter durch Kälte, Nässe, feuchtkaltes Wetter. HAUT: *kleinste harte, weiße Knötchen im Kopfbereich*, Juckreiz. Pustelartiger Ausschlag, Juckreiz. *Furunkel.*

- FOLGEN VON unterdrückten Symptomen: Unterdrückter Durchfall (z. B. durch medizinische Kohle) führt zu rheumatischen Beschwerden; auch Niedergeschlagenheit. Atemwegsinfektion infolge unterdrückter Hautausschläge (z. B. durch Cortison); Herzerkrankungen nach Unterdrückung von rheumatischen Beschwerden (z. B. durch synthetische Antirheumatika).

MODALITÄTEN (Wodurch, Wann?): Verschlimmerung durch Kälte, naßkalte Witterung, Nebel.

HEILANZEIGEN: Magerkeit bei gutem Appetit. Magerkeit, Verdauungsbeschwerden bei langwährender Verwurmung (unterstützend). Mangelhaftes Gedeihen (Fohlen). Nabelveränderungen, krankhafte. Magenkatarrh. Darmkatarrh. Gaskolik. Muskelbeschwerden. Gelenkrheuma. Arthritis. Hufrehe, chronisch. Eiterblasen.

Anmerkung: ABROTANUM wirkt nicht wurmtötend, sondern nach dem Prinzip der Ähnlichkeitsregel und wird demgemäß seine Wirkung zeigen. Allerdings wurde nach der Eingabe der D1 ein Abgang von Eingeweidewürmern (bes. Gattung Spulwurm) beobachtet, wobei regelmäßige Kotproben immer empfehlenswert sind. Tief potenziertes Abrotanum (D1) enthält gewisse Mengen von »(Ur)Substanzen« dieser Pflanze, die in der Pflanzenheilkunde als Entwurmungsmittel bekannt ist.

DOSIERUNG: In D1 (2–3mal tägl.) zur Millieuumstellung des Darmes bei Verwurmung mit Abmagerung. Ansonsten sind D4 bis D8 (1–3mal tägl.; abwarten) empfehlenswert. Bei chronischen Leiden und schlechtem Allgemeinzustand des Pferdes hat sich D30 oder C30 (1mal tägl. über 2–3 Tage; Wiederholung abwarten) gut bewährt. Bei chronischer Hufrehe D2, D4 oder D6 (2–3mal tägl.), ansonsten die nächst angezeigte Arznei wählen.

GEGENMITTEL: Camph., Nux-v.

Acidum formicicum
Chemisch reine Ameisensäure; **Rote Waldameise.**
Vergleichbar mit
Formica rufa
Rote Waldameise; aus den ganzen ungeflügelten Ameisen; enthält neben Ameisensäure Sekrete weiterer Drüsen.

ARZNEIMITTELBILD (wichtige Symptome): GEMÜT/VERHALTEN: sehr wechselhafte Gemütsverfassung, Leistungsbereitschaft: gesteigerte Arbeitsfreude, Übermut, reizbar, Arbeitsunlust, niedergeschlagen, sehr matt. Ruht/liegt bisweilen sehr viel. ATMUNGSORGANE: **Husten** Anfälle, heftig, trocken, kaum Auswurf. **Atmung** erschwert, mühsam (schlimmer durch Bewegung, besser im Freien). *Asthmoide Leiden* aufgrund einer Allergie/im Zusammenhang mit Muskel-/Gelenkrheuma. VERDAUUNGSTRAKT: **Verstopfung** *erschwerter Kotabsatz, häufig mit Gasabgang.* Neigung zu reichlicher Gasbildung und alleiniger Abgang von Gasen. HARNWEGE: häufiger Harndrang. *Schmerzhaftes Harnlassen* (Stöhnen etc.). **Harn** eiweißhaltig, auch blutig, *sehr übelriechend.* BEWEGUNGSAPPARAT: *plötzlich auftretende rheumatoide Beschwerden* (Muskeln/Gelenke) *mit Bewegungsdrang* trotz Schmerzen bzw. Steifigkeit. **Gelenke** *entzündet, rheumatoide Prozesse.* Typisch sind *wandernde Gelenkbeschwerden*: von links nach rechts und in umgekehrter Reihenfolge zurück, von einem Gelenk zum nächsten. Ist ein betroffenes Gelenk beschwerdefrei, so erkrankt ein weiteres (Steifigkeit, auch Schwellung der Gelenke). **Muskulatur** *Plötzlich auftretende Verspannung einzelner Muskelgruppen.* Zucken, Rucken einzelner Muskelgruppen. *Häufiges Gliederstrecken und Gähnen mit allgemeiner Mattigkeit.* HAUT: *nesselsuchtartige Ausschläge, heftiger Juckreiz.* Haarausfall. *Hauterkrankungen im Zusammenhang mit rheumatoiden Beschwerden,* mit Arthritis urica (Gicht), im Zusammenhang mit einer übermäßigen Ansammlung von Harnsäure im Blut (aufgenommene eiweiß-/purinhaltige Stoffe/Verbrennungsprozeß/ Zerfall – unter anderem Bildung von Harnsäure). Hier habe sich unter anderem bewährt: Abrot., Colchicum (D6), Nat-s., Lyc., Urtica urens (D1, D2).

MODALITÄTEN (Wodurch, Wann?): Besserung: durch Druck, bei milder Witterung, mitunter durch Wärmeanwendung. Muskelbeschwerden durch leichte Bewegung besser. Verschlimmerung: Kälte, Nässe, Kaltwaschung. Atmungsbeschwerden verschlimmern sich durch Bewegung.

HEILANZEIGEN: Kehlkopfkatarrh. Bronchitis, chronisch-obstruktive. Allergiebereitschaft. Harnwegsinfekt. Nierenfunktionsstörung, chronisch. Arthritis. Gelenkrheuma, akut, chronisch. Arthrose. Muskelrheuma, akut, chronisch. Hufrehe, chronisch. Nesselsucht. Ekzem (trocken, schuppig).

- Acidum formicicum wird häufig als sogenanntes »Umstimmungsmittel« verwendet (z. B. bei Ekzemen), wobei man darüber die Ähnlichkeitsregel nicht aus den Augen verlieren sollte.

DOSIERUNG: D3; D4; D6; D8 (2–3mal tägl.) oder D30; C30 (1mal tägl. über 2 Tage, Wiederholung abwarten). Auch aufsteigend zu D200 oder C200 (1malig, Wiederholung abwarten).

VERGLEICHE: Apis, Ars., Dulc., Rhus-t., Urtica urens.

GEGENMITTEL: Camph., Nux-v.

Anmerkung: Manche Tierärzte verwenden Acidum formicicum oder Formica rufa **in Form der Injektion,** und zwar unter Berücksichtigung der Ähnlichkeitsregel (Symptome des Kranken/Arzneimittelbild). Art und Dauer einer Erkrankung bestimmen die Potenzhöhe und Abstände der Wiederholung, wobei hier jeder Therapeut nach seinem Ermessen handeln und auch unterschiedliche Injektionsverfahren bevorzugen wird. Gebräuchlich ist die Einspritzung »unter die Haut« (sbc.) oder »in einen Muskel hinein« (i. m.). Mitunter wird die potenzierte Arznei direkt in angezeigte Akupunkturpunkte gespritzt, da sich diese Methodik bei verschiedenen Erkrankungen bewährt hat. Neben Acidum formicicum und Formica rufa ist folgende Rezeptur bekannt: **Acidum formicicum ex Formica rufa** (Säure aus dem Sekret der Ameise).

Im Rahmen einer EIGENBLUTBEHANDLUNG (Umstimmungstherapie) können, je nach Symptomenbild, die oben genannten oder weitere homöopathische Arzneien in Betracht kommen. (Allein das reine Eigenblut, noch besser in potenzierter Form, bringt oft schon Umstimmung). Zu diesem Zweck entnimmt der Tierarzt dem Pferd eine gewisse Menge Blut (aus der Drosselvene), reichert das Blut gegebenenfalls mit der angezeigten homöopathischen Arznei an (häufig im Verhältnis 1:1) und spritzt selbiges umgehend in einen Muskel hinein. Im Verlauf einer Eigenblutbehandlung können beim Pferd Erstreaktionen auftreten, deren Verlauf man besser in Ruhe abwarten sollte. Bei heftigen Erstreaktionen käme in Betracht, ob das Mischungsverhältnis und die Potenzhöhe (auch die Wiederholung der Therapie) angemessen gewählt wurden.

Aconitum
Aconitum napellus, **Blauer Sturm-** oder **Eisenhut;**
Familie der Hahnenfußgewächse. Aus der frischen, blühenden Pflanze mit Wurzelknolle.

ARZNEIMITTELBILD (wichtige Symptome): Die meisten ACON.-Erkrankungen sind von ängstlicher Unruhe begleitet. ACONITUM ist bei *akuten Erkrankungen mit »stürmischem Beginn«* angezeigt, noch ehe sich örtliche Veränderungen oder Absonderungen bilden (z. B. hohes Fieber) und selbst der Tierarzt noch keine eindeutige Diagnose stellen kann. Vieles bei ACON. ist *stürmisch, sehr unruhig, hart und heftig, trocken, heiß, ohne Schweiß* – zuweilen mit *Hitze und fühlbarer Kälte einzelner Körperteile*. Nicht umsonst heißt ACON.: Sturm- oder Eisenhut. ACON.-Symptome *kommen sehr geschwind, sind sehr heftig, bessern sich mit dem Ausbruch von Schweiß*. Um das hochgradig akute Stadium von ACON. bzw. dessen Anzeige nicht zu versäumen, wäre rasches Überdenken und Handeln vonnöten. GEMÜT/VERHALTEN: ACON. kann Störungen heilen, die infolge von *Schock* entstanden sind, wie z. B. ein schwerer Sturz, Unfall, erschreckendes und lebensbedrohliches Erlebnis. Hier hilft ACON. sowohl bei plötzlich erfolgten als auch tiefsitzenden *Schockerlebnissen* (z. B. Stromschlag, Unfall). AUGEN: lichtscheu, gerötet, entzündet. Tränenfluß oder Trockenheit. KOPF: *Gesichtsnervlähmung*. ATMUNGSORGANE: **Nase** häufiges Prusten, oft fehlender Ausfluß. **Schnupfen** *fehlt oder wäßrig-heiß*. **Kehlkopf** berührungsempfindlich. **Husten** heiserer Klang. **Auswurf** *fehlt oder sehr erschwert.* HERZ: **Puls** schnell, voll, kräftig, hart, auch unregelmäßig. *Enorme Unruhe*. Kreislaufschwäche (bis hin zum Kollaps). VERDAUUNGSTRAKT: **Koliken** geradezu *stürmischer Beginn*, rücksichtsloses Hinwerfen (schlimmer: durch Berührung des Bauches, Kotpressen), sehr ruhelos, viel Durst. *Plötzliche Kolik infolge von Schock, Schreck* (heftiger Erregung). HARNWEGE: Harnlassen erschwert, Unruhe (wie umhergetrieben). Harnverhalten. Auch häufiges Harnen, Harn kann blutig aussehen. GESCHLECHT (w): *Zur Verhütung des Verfohlens nach Schock* (Unfall etc.). BEWEGUNGSAPPARAT: *stürmisch auftretende Gelenk-/Muskelbeschwerden* besonders im Bereich Schulter, Knie, plötzliche Steifigkeit, sehr berührungsempfindlich. Schlimmer durch kalten Wind, Luftzug. HAUT: *akute Entzündung* (Unterhautzellgewebe, Phlegmone), Fieber, ängstliche Unruhe. FIEBER: trockene Hitze, viel Durst, Ruhelosigkeit, auch fühlbare Kälte einzelner Körperpartien. SCHWEISSAUSBRUCH *bringt allgemeine Besserung*, heißer Schweiß.

- Akute Entzündungen können infolge von Schock auftreten.
- Erkältung, vor allem Husten durch trockenen Wind, Nord-/Ostwind.

MODALITÄTEN (Wodurch, Wann?): Verschlimmerung durch warmes Wetter, Luftzug, Berührung, Geräusch, Musik, Lichteinfall; morgens, nachts. Besserung durch reichlichen Schweißausbruch.
SEITENBEZIEHUNG: Eher rechts als links. Bei Nervenlähmungen häufiger links.
HEILANZEIGEN: Katarrh, hochakut: Nasen-, Rachen-, Kehlkopf. Bronchitis, hochakut. Lungenentzündung, hochakut. Entzündung, hochakut: Herzinnenhaut, Herzbeutel. Nervöse Herzleiden (Beruhigungsmittel). Magen-, Darmkatarrh, hochakut. Zahnungsdurchfall. Harninfekt, hochakut. Harnverhalten. Kreuzverschlag. Gelenkentzündung, hochakut. Muskelrheuma. Nervenlähmung, akut. Phlegmone, akut.
DOSIERUNG: Bei fieberhaften Infekten D4 bis D6 (1–2mal stündl.), bis zum Schweißausbruch. Wenn Tiefpotenzen nicht zur Hand sind, D30 oder C30 in Wasser verrührt über den Tag verteilt eingeben ($^1/_2$ gefülltes Wasserglas, gut auflösen, verrühren, ca. 6mal je 1 ml). Es muß das akute Infektstadium (und die Symptomatologie) beachtet werden, ansonsten die nächst ähnlichste Arznei. Folgen von Schock ab D30; C30 (1–2malig, abwarten) und gegebenfalls D200; C200 (1malig) nach 3–5 Wochen wiederholen.
VERGLEICHE: Bell., Apis, Bry./ Ars., Pyrog., Phos./Folgen von Schock: Ign., Op., Stram.
GEGENMITTEL: Cham., Coff., Nux-v., Sulf.

Apis

Apis mellifica, **Honigbiene;** Familie der Hautflügler. Aus dem ganzen Körper der Honigbiene (Arbeiterin).

ALLGEMEINES: APIS-Symptome *treten plötzlich auf, mit Schwellung*. Typisch sind *teigige, verschiebliche, prallgefüllte Ödeme, die sich heiß anfühlen*. Die sichtbaren Entzündungen an Haut oder Schleimhäuten haben ein blaßrotes, glasiges, wachsartiges Aussehen. Auch *Zysten* (häufig rechts) gehören mit zum APIS-Bild. Führend ist: *äußere Wärme verschlechtert, Abkühlung bessert.* **ARZNEIMITTELBILD** (wichtige Symptome): GEMÜT/VERHALTEN: sehr übermütig, ausgelassen, *reizbar. Überaktives oder ziemlich heftiges Verhalten*, »wie von der Biene gestochen«. *Neigung zum Schlagen*. Stark erhöhte oder herabgesetzte Empfindlichkeit bei Berührung. Sinken der Kräfte, niedergeschlagen. *Plötzliche kollapsartige Schwäche* (mit Muskelzittern), verzögerter Schweißausbruch, schläfrig, benommen. KOPF: glasiger Blick (Kopf gesenkt, aufgesetzt, angelehnt). *Zähneknirschen wiederholt, kurzzeitig* (auch ohne ersichtlichen Grund). **Zungengrund,** *Zyste*. Blaßrote, glasige Bläschen. *Plötzliche Schwellung (Ödem) im Kopfbereich*. AUGEN: **Lider** *geschwollen*; blaßrot; verklebt. **Bindehaut** *gerötet, voller dunkler Adern*. Tränenfluß, fühlbar heiß. **Hornhaut** wie mit einem Häutchen überzogen; verstreute dunkle rauchige Wolken; einige kleine Geschwüre. HERZ: Puls schnell, sehr hart. Kaum fühlbar. ATMUNGSORGANE: **Nase** häufiges Prusten, trocken oder wäßrig. **Husten** heftig, trocken, krampfhaft, in Anfällen; schlimmer im Liegen, besser durch **Auswurf,** *der sich schwer lösen will.* **Atmung** mühsam, beschleunigt mit Unruhe. MAULHÖHLE: *Schwellung* (wässrig, gelb-wäßrigen Inhalts) der Schleimhäute, blaßrot-glasig. **Rachen** *kann kaum oder gar nicht schlucken.* Wenig Durst! *Speichelfluß.* Schwellung in der Kehlgangsregion. VERDAUUNGSTRAKT: *Poltern, Rumpeln im Bauch;* **Durchfall** gußartig, schleimig. *Leib berührungsempfindlich.* Durchfall bei Zahnung. HARNWEGE: *schmerzhaftes Harnen* (Stöhnen, Unruhe etc.), Drang, doch es geht kein oder wenig Harn ab. GESCHLECHT (w): *Verfohlen im 2., 3., 4. Trächtigkeitsmonat.* **Eierstöcke** *Zysten, häufig rechts.* Äußere Genitalien *ödematöse Schwellung, Juckreiz.* (m): **Hoden** *ödematöse Schwellung* (häufig rechts). BEWEGUNGSAPPARAT: **Gelenke** *entzündliche Prozesse* mit Anschwellung (Ödeme), *sehr warm, sehr schmerzhaft* (jegliche Wärmeanwendung verschlimmert). **Schleimbeutel** warme, teigige, auch pralle, oft sehr druckschmerzhafte Schwellung. HUF: Ansammlung von blutiger Jauche, milchweißem Eiter, sehr druckschmerzhaft. **Hufwand** vermehrt *warm, sehr druck-/klopfempfindlich.* HAUT: *Quaddeln, blaßrote Schwellungen, Bläschen, starker Juckreiz. Große derbe Erhöhungen der Haut* (wie nach Insektenstich). Anschwellung mit drohender Eiterung. FIEBER: weniger kräftig. Erst Schaudern, dann Hitze mit **Schweiß,** *riecht wie Moschus, übelriechend.*

MODALITÄTEN (Wodurch, Wann?): Verschlimmerung: durch Wärme, warmen Stall, Berührung, Druck. Nachmittags. Besserung: durch kalte Anwendungen, kalte Luft.

SEITENBEZIEHUNG: sehr häufig rechts, seltener links.

HEILANZEIGEN: Unter anderem *akute Entzündung der serösen Häute* (z.B. Gehirn, Brust-/Bauchfell, Herzbeutel, bindegewebige Innenschicht der Gelenkkapsel). Verhalten (ausgelassen, heftig bis rasend). Dummkoller. Entzündung, akut: Bindehaut, Hornhaut, Regenbogenhaut. Hornhautgeschwür. Zungengrundzyste. Zahnungsdurchfall. Entzündung, akut: Maulschleimhaut, Rachen, Kehlkopf, Bronchien, Lunge, Herzbeutel. Brust-/ Bauchödem. Magen-Darmkatarrh, akut. Harnwegsinfekt, akut. Abortneigung. Sterilität. Eierstockzysten. Hodenödem. Arthritis. Entzündung: Sehnen, Sehnenscheiden (Ödeme). Genickbeule. Stollbeule. Piephacke. Kreuzgalle. Hufgeschwür, akut. Hufrehe, hochakut. Phlegmone, akut. Nesselsucht. Ekzem, akut. Insektenstich.

DOSIERUNG: Häufige Anwendung in D3 bis D8 (2–3mal tägl.). Anderenfalls kann man D30 (1malig) geben und dann LM 6 oder LM 8 (1mal tägl.) verabreichen, bis zur Besserung. Bei Hufrehe siehe unter Aconitum. Bei Phlegmone (akut) in D3, D4 (stündl., 2–3mal tägl.); gut beobachten, sonst sofort neue Arzneiwahl.

VERGLEICHE: Acon., Bell., Rhus-t., Ars., Lyc./ Lach. (Eierstockzysten links).

GEGENMITTEL: Lach., Led., Phos., Rhus-t

Arnica

Arnica montana, **Bergwohlverleih;** Familie der Korbblütler. Aus dem getrockneten Wurzelstock mit Wurzeln.

ARZNEIMITTELBILD (wichtige Symptome): GEMÜT/VERHALTEN: sowohl ein *melancholischer als auch phlegmatischer Nerventyp*. Eher zurückhaltend. *Zeitweilige oder beständige Absonderung vom Herdenverband*, zeigt mitunter ein abweisendes Verhalten, will seine Ruhe. *Überempfindlich gegen Berührung*, zuweilen Unruhe, Flucht bereits bei Annäherung (Mensch, Tier). Abweisendes oder sonderliches Verhalten aufgrund zurückliegender Verletzungen (z. B. Einreiten, Sturz, Kopfverletzung). ATMUNGSORGANE: **Kieferhöhlen** entzündet. *Zahnbettverletzungen*. Folgen von Zahnoperationen. **Nase** Ausfluß: grünlich, schleimig, auch blutig, Nasenbluten, dunkelrot; infolge Verletzung, Anstrengung. **Husten** anfallsartig (schlimmer durch *Gähnen, nervöse Erregung*, Überanstrengung, morgens, abends). **Auswurf** schwer löslich, schleimig, blutgestreift. HERZ: beschleunigt/stark erhöhte Herzfrequenz. **Puls** *schnell, hart, schwach, unregelmäßig*. Druckschmerzhaftigkeit in der Herzregion. *Stauungen (Ödeme)* an verschiedenen Körperbereichen *infolge von Herzleiden*. VERDAUUNGSTRAKT: *Mundgeruch wie faule Eier*. **Blähungen** reichlich, *Geruch wie faule Eier*. **Durchfall** schleimig, gelblich, blutgestreift. HARNWEGE: *Harnverhalten infolge von Überanstrengung, stumpfer Verletzung*. Harnen schmerzhaft. **Harn** rostfarben. GESCHLECHT(w.): *Folgen von Verletzungen der Geburtswege* (Blutung, Sepsis, Gliedmaßenödeme). *Gebärmutterblutung* infolge mechanischer Verletzung (Deckakt, Untersuchung). *Euterentzündung* infolge Quetschung, Zerrung. (m.): Verletzung der äußeren Geschlechtsteile durch Schlag, Zerrung (z. B. Deckakt). **Penis** Bluterguß. BEWEGUNGSAPPARAT: **Gelenke, Muskel, Sehnen, Sehnenscheiden** *Folgen von Überanstrengung, Folgen von stumpfer Verletzung* (Prellung, Schlag, Quetschung). Auch Verletzung der Weichteile. *Schleimbeutelentzündung* infolge von Druckeinwirkung (z. B. alten Blutergüssen). HAUT: **Wunden,** durch *stumpfe Verletzungen, Druckeinwirkung, Schürfung, Stich, Riß, Biß*. Bei Abszessen (Eitergeschwür) wäre Arnica beim chronischen Verlauf (alleinige Therapie/unterstützend) bzw. Fäulnisbildung durch Giftstoffe selten angezeigt: siehe unter Phlegmone. *Bluterguß*. Hautausschläge mit Schwellung (*dunkelrot, rotbläulich*), mit Hitze. *Kleinste, fleckförmig umschriebene Blutungen* in Haut oder Schleimhaut. *Zahlreiche kleine, druckschmerzhafte Furunkel* (bilden sich nach und nach).

- FOLGEN VON allen Verletzungen mit Blutung, Bluterguß.
- FOLGEN VON Überanstrengung.
- Überaus empfindlich gegen Berührung, Druck; besonders bei Schmerzen.
- Nervenschmerzen/-lähmigkeit infolge von stumpfen Verletzungen.
- Große Mattigkeit während oder nach Infekten, Blutverlusten, vermehrter körperlicher Arbeit.

MODALITÄTEN (Wodurch, Wann?): Verschlimmerung durch Bewegung, (auch Bewegungsdrang trotz Schmerzen), Berührung, Erschütterung (z.B. Transport). Morgens, abends. Besserung durch Ruhe.

SEITENBEZIEHUNG: rechts, links, links oben und rechts unten.

HEILANZEIGEN: *Blutstillungs- und Resorptionsmittel. Ausgezeichnet vor und nach operativen Eingriffen*. Zur Ausheilung der Geburtswege. Zur Verhütung der Geburtsrehe.

Blutergüsse, Gewebsschäden, Schwellungen (infolge stumpfer Verletzung, Druckeinwirkung). Satteldruck. Stollbeule. Karpalbeule. Piephacke. Hasenhacke. Muskel-/Gelenkerkrankungen (durch Verletzung, Überanstrengung). Sehnen-/Sehnenscheidenleiden infolge stumpfer Verletzungen, Überanstrengung. Kieferhöhlenentzündung. Husten (mit blutgestreiftem Auswurf). Herzleiden infolge Überanstrengung. Herzmuskelentzündung. Herzmuskeldegeneration. Magen-/Darmkatarrh, akut. Durchfall (riecht wie faule Eier). Blutharnen. Euterentzündung (durch Zerrung, Prellung). Penishämatom (Schlag). Kreuzverschlag. Ekzeme (auch durch äußere Arnikatinktur). Furunkel.
DOSIERUNG: D4; D6; D8 (2–3mal tägl.) vorwiegend bei akuten Erkrankungen, obgleich die D30; C30 sehr empfehlenswert ist (z. B. 1mal tägl. über 3–4 Tage). Zur Geburtsnachsorge, zur Verhütung der Geburtsrehe wirkt D200 oder C200 ausgezeichnet (sofort 1mal tägl. über 2 Tage). Hochpotenziertes Arnica nicht zu häufig wiederholen. Ansonsten kann man eine Hochpotenz in Wasser verrühren (1/2 gefülltes Wasserglas), diese Menge über 2 Tage verteilt ca. 6malig eingeben; Wiederholung länger abwarten. Bei chronischen Erkrankungen, langwährenden Folgen von Verletzungen gerne ab LM 6 (1–3malig), dann übergehen auf C30 (1–2malig) und Wiederholung abwarten.
VERGLEICHE: Bellis-per., Calend. (Quetschung, Prellung), Hyperc. (Nervenverletzg.), Staph. (Stichwunden), Symphytum (Knochenverletzg.), Ars., Lach., Pyrog. (Fäulnisprozeß, Sepsis). Apis, Bell., Bry., Led., Rhus-tox. (allgemein).
GEGENMITTEL: Acon., Ars., Camph., Ign.

Arsenicum album
Arsen ist ein stahlgraues, metallähnliches und natürlich vorkommendes Element aus dem Reich der Mineralien. Durch Erhitzen arsenhaltiger Erze wird Arsentrioxyd gewonnen, auch »Weißarsenik« (album = weiß) genannt. Weißarsenik dient zur Herstellung der homöopathischen Arznei. *Bis D3 verschreibungspflichtig.*

ALLGEMEINES: ARSENICUM ist eine großartige und tiefgreifende Arznei der Homöopathie, die, unter Berücksichtigung ihrer hervorstechenden Allgemeinsymptome, überaus bemerkenswerte Heilerfolge bringt. ARS. besitzt ein umfangreiches Wirkungsspektrum, nimmt Einfluß auf sämtliche Zellen des Organismus, kann *bei akuten und chronischen Entzündungen aller Schleimhäute, asthmoiden Leiden, verschiedenen Herzerkrankungen/Herz-Kreislauf-Beschwerden, anämischen Zuständen (Blutarmut), Stoffwechselstörungen, septischen Prozessen aller Art, schweren Folgen von verdorbenem Futter, Hautleiden aller Art und Geschwüren mit örtlichem Gewebszerfall* angezeigt sein. Zudem wirkt ARSENICUM auf das *Nervensystem* (z. B. Nervenschwäche) und nicht zuletzt bei *großer Erschöpfung/schleichendem Gewichtsverlust infolge von schweren Erkrankungen.* **ARZNEIMITTELBILD** (wichtige Symptome): GEMÜT/VERHALTEN: gehört zum Nerventyp der Sanguiniker: rasch erregbar, rasch überreizt, mitunter schnell verunsichert.

Sehr gelehrig, bei guter Gesundheit enorm leistungswillig. *Rastlos, muß sich bewegen können, Tendenz zu zwanghaften Verhaltensweisen (Verhaltensstörungen).* Kann bei schmerzhaften Zuständen, auch beim Aufbrennen der Eisen oder bei Tierarztbesuchen in Panik geraten. *Krank durch den Verlust eines Freundes.* Neigung zur Abmagerung oder/und großer Erschöpfung infolge nervöser Überreizung (oder anderweitigen Leiden). *Nervosität, Angst beim Alleinsein, in der Dämmerung, bei Gewitter.* KOPF: **Bewegung** unruhig *auf und ab, von einer Seite zur anderen.* Nervöse Zuckungen. AUGEN: Schwellung um die Augen. **Tränenfluß** *wundmachend.* **Sehkraft** vermindert, lichtscheu. ATMUNGSORGANE: **Schnupfen** *wäßrig, wundmachend,* auch nur rechtsseitig. **Husten** *trocken, das Pferd ermüdend, pfeifende oder/und rauhklingende Geräusche* (schlimmer: um Mitternacht, durch kalte Luft, Trinken von [eis]kaltem Wasser). **Auswurf** *schaumig, schleimig,* reichliche Menge, *sehr übelriechend.* **Atmung** erschwert, sehr mühsam *mit Ruhelosigkeit trotz Schwäche* (Geräusche: Giemen, Pfeifen). *Verstärkte Bauchatmung. Asthmoide Leiden infolge unterdrückter Hautausschläge.* HERZ: heftiges Herzklopfen mit Schwäche/Unruhe. **Puls** rasch, schwach, unregelmäßig. VERDAUUNGSTRAKT: sehr durstig, *trinkt häufig und immer nur wenige Schlucke.* Heißhunger oder appetitlos. **Durchfall** *wäßrig, schleimig, riecht wie Aas oder Eiter;* hellbraun, braungelb, auch dunkel, auch Blutbeimengung (schlimmer nach dem Fressen, durch *Eiswasser, vereistes/verdorbenes Futter,* Obst). Kennzeichnend sind: häufiger Absatz geringer Mengen, enormer Gestank, Schwäche (auch mit Unruhe), rasche Abmagerung. Durchfall bei Zahnung/Zahnwechsel. **Kolik** rücksichtsloses Hinwerfen, *sehr erregtes und ruheloses Wälzen, anhaltender Lagewechsel* (ängstliche Unruhe ist auffallend). Zusammenkrümmen, Aufstehen, *rastloses Umherwandern mit Vorwärtsdrang im Stehen* (Atemnot, Stöhnen sind möglich). *Darmstörungen sind von hektisch-nervöser Unruhe und Schwäche begleitet!* GESCHLECHTSORGANE(w): Ausfluß reichlich, bräunlich, gelb; *wundmachend, sehr übelriechend;* (m): **Penis** *Geschwüre:* (erhabene Ränder), sich zersetzend, ausbreitend, sehr widerlicher Geruch. BEWEGUNGSAPPARAT: ***Gelenk****entzündung* (bes. Hüfte, Sprunggelenk, Fessel, Ellenbogen, Vorderfuß). Bewegungsstörungen der Hinterhand (Ischias-Syndrom), häufiger rechts (schlimmer durch Kälte). ***Muskel****rheuma/-verspannungen* (bes. Rücken-, Oberarm-, Ellenbogen-, Kniebereich). *Periodisches Auftreten von Gelenk-/Muskelbeschwerden* ist möglich, in Begleitung von Ruhelosigkeit. *Wäßrige, stinkende Bläschen (Hinterhand).* HUF: Fäulnisbildung, sehr übelriechende Wucherungen, Absonderungen. **Hufhorn** *kleine Querfurchen.* HAUT: *zahlreiche, trockene Schuppen. Hautverdickung. Krustenbildung mit stinkender Eiterung. Nässende, blutige Ausschläge. Heftiger Juckreiz, fühlbar heiße Hautausschläge. Ekzeme schlechter durch Aufenthalt am Meer. Nesselsucht. Furunkel. Geschwüre (sehr druckschmerzhaft) mit aashaft stinkender, jauchiger Absonderung.* Phlegmone im septischen Stadium (aashaft stinkende, faul-wäßrige, auch blutige Absonderung. *Geschwüre mit der Tendenz zum Gewebszerfall* (vergleiche Lach, Pyrog.). FIEBER: Große Hitze, enorme Ruhelosigkeit, mit viel Durst oder fehlendes, schleichendes, auch wechselhaftes Fieber. SCHWEISSBILDUNG kaum, vermehrt, reichlich (Geruch: säuerlich, faulig).

MODALITÄTEN (Wodurch, Wann?): Verschlimmerung: durch Kälte, Streß (Schmerzen, Alleinsein, Gewitter), Meeraufenthalt, abends, nach Mitternacht. Besserung: durch Wärmeanwendung, Bewegung, frische Luft.

- Regelmäßige Wiederkehr der Symptome: alle 2, 4, 8 oder 14 Tage ist möglich.

HEILANZEIGEN: Nervenschwäche. Angstzustände. Zwanghaftes Verhalten. Verhaltensstörungen. Hornhautentzündung. Ausschlag (Aphthen) der Maulhöhlenschleimhaut. Zahnfleischentzündung. Kehlkopfentzündung. Pferdegrippe. Herpesvirus. Bronchitis; akut. Bronchitis, chronisch-obstruktive. Asthmoide Zustände. Heustauballergie. Lungenentzündung. Herzmuskelentartung. Herzrhythmusstörungen. Magenkatarrh, akut, chronisch. Darmentzündung; akut, chronisch. Zahnungsdurchfall. Fohlenruhr. Futtermittelvergiftung. Leberentzündung. Scheiden-, Gebärmutterentzündung. Eierstockzysten. Penis: Bläschen, Geschwür. Muskelrheuma. Arthritis, chronisch. Hufgeschwür. Strahlfäule. Hufkrebs. Phlegmone (im septischen Stadium). Ekzem. Mauke. Schuppenflechte. *Neben einigen Leiden* (z. B. COB) ist ARSENICUM ein Hauptmittel bei hartnäckiger Nervenentzündung (Neuritis). Durch entzündete periphere Nerven kommt es auch zur Störung in der von dem Nerv versorgten Muskulatur. Die Modalitäten sind zu berücksichtigen.

DOSIERUNG: Bei akuten Infekten, Organerkrankungen, septischen Prozessen, Fäulnisbildung: D6 bis D8 (stündl.; 2–3mal tägl.; absetzen bei Besserung!). Bei chronischen Erkrankungen, nervösen Leiden, Verhaltensstörungen sind D30; C30 (über 1, 2 oder 3 Tage je 1mal tägl.) empfehlenswert. Gegebenenfalls nach Wochen, Monaten in D200; C200 (1–2malig) wiederholen. LM-Potenzen (in 6, 8, 12) sind auch hilfreich (1mal tägl., ca. über 1 Woche; gut abwarten). Bei asthmatischen Zuständen: in D12 (1mal tägl.) oder ab D30.

ERGÄNZT **durch:** Lach., Pyrog. (sehr bewährt bei septischen Prozessen mit sehr übelriechenden Absonderungen).

VERGLEICHE: Calc., Hep., Lach., Lyc., Merc., Phos., Pyrog., Rhus-t., Sil., Sulf.

GEGENMITTEL: Champh., Graph., Hep., Merc., Nux-v., Sulf.

TYPISIERUNG VON ARSENICUM

Den klassischen ARSENICUM-Typ findet man häufig unter den Vollblütern und jenen Warmblütern, die hoch im Blut stehen. Allein von ihrem äußeren Erscheinungsbild her verkörpern sie »Adel«. Pferde dieses Typs sind überwiegend feingliedrig mit aristokratischem Kopf, aufmerksamen Augen, feiner Äderung und feinseidigem Haarkleid. Auch ihr Nervenkostüm ist fein, so daß sie oft »angespannt«, leicht »erregbar« und »rastlos« wirken. Gesattelt und getrenst steht das nervige ARS.-Pferd kaum wie ein Denkmal, sondern vornehmlich »in den Startlöchern«. Es »fordert« geradezu das freie Geläuf, eine Forderung, die manchen unter Zeitdruck stehenden Reiter überfordern kann. Von ihrer Natur her sind ARS.-Pferde meistens (überaus) schnelle Sprinter, wobei sie für fast jede Disziplin des Reitsports geeignet sein können. Der »Wetteifer« scheint diesem Typ ebenso im Blut zu liegen wie eine gewisse »Zielstrebigkeit«. In seinem »präzisen« und »konstanten« Bewegungsablauf gleicht er sozusagen einer gut geölten (Hoch)leistungsmaschine.

Es versteht sich von selbst, daß man die gesteigerte Erregbarkeit dieses Typs berücksichtigen muß, denn das »reaktionsschnelle« und »mimosenhafte« ARS.-Pferd kann rasch aus seinem inneren Gleichgewicht geraten und krankheitsanfällig werden. Zudem neigt es zur »Ängstlichkeit« bis hin zu Panikattacken (bes. beim Alleinsein, im Schmerzzustand, bei Gewitter, mitunter beim Hufbeschlag). Vor allem braucht das ARS.-Pferd die »Sicherheit« und Gelassenheit eines Menschen (nicht selten auf eine Person fixiert) sowie die Nähe von Artgenossen, die freundlich sind (z. B. Boxenhaltung).
Unter widrigen Bedingungen tritt die für ARSENICUM typische (giftige) »Reizbarkeit« oder »Bosheit« (Beißen, Schlagen) zutage – oder es zeigt »erzwungene« bzw. »zwanghafte« Verhaltensweisen (Zäheraspeln an den Boxstäben, Koppen, sonderbare Gebärden), die bis hin zur Selbstzerstörung führen können. Es scheint, daß der ARS.-Typ überaus anhänglich und schutzbedürftig ist, daß er gerne sein Bestes gibt (braucht viel Bewegung) und »die Nase vorne hat«, wobei er durch verschiedene Unsicherheiten in einen enorm »ruhelosen« und nervlich überreizten Zustand geraten kann, wo alles und jeder mit »Mißtrauen« beäugt wird.
Die charakteristischen Merkmale von ARSENICUM findet man im Grunde bei vielen Pferderassen (selten beim reinen Kaltblut). Temperament und Schnelligkeit wird man kaum vermissen. Beim robust gehaltenen ARS.-Pferd ist zu beobachten, daß selbst sein dicker Winterpelz feinseidig und wie »geordnet« aussieht, denn genüßliches Wälzen auf schmuddeliger Erde (womöglich auf feuchtkalter) widerstrebt ihm weitgehend. Dafür frißt es voller »Habgier« und »Hast« und wird kaum dicker. Es hält sich exakt bzw. auf die Minute genau an die Fütterungszeiten sowie an den ihm zugewiesenen Futterplatz (Kraftfutter), und keiner darf die Grenzen seines Bereiches überschreiten. Im Herdenverband ist das ARS.-Pferd häufig der »Drahtzieher«. Nach dem Motto: »Wer rastet der rostet« spielt es den unermüdlichen »Antreiber« mit der Tendenz, weniger zu schwitzen als manche seiner erschöpften Artgenossen. Hinter diesem rastlosen Spieltrieb verbirgt sich auch die für ARSEN typische Suche nach einer »respektablen« und gesicherten »Zugehörigkeit«, was besonders dann auffällt, wenn dieser Pferdetyp in einen neuen Herdenverband kommt. Dem freilaufenden ARS.-Pferd reicht es offenbar nicht, daß sich seine Artgenossen in der Nähe befinden oder daß es ab und an toben kann. Nein, es sucht und findet immer einen Weg, diesen oder jenen gutmütigen Kameraden »in Besitz zu nehmen« (zu beanspruchen). Dieser Vierbeiner wird solange bedrängt, gepackt und vorangetrieben, bis er schließlich und endlich dem ARS.-Pferd treu und ergeben zur Seite steht.

Belladonna

Die Tollkirsche; Familie der Nachtschattengewächse. Aus der frischen Pflanze ohne Wurzel während der Blütezeit.

ARZNEIMITTELBILD (wichtige Symptome): GEMÜT/VERHALTEN: sowohl ein *leichterer bis zartgliedriger Körperbau, vollblütiger Typ* (rasch nervös, überregt, überreizt) als auch ein *etwas massiverer Körperbau, phlegmatischer Typ*, doch mit der Neigung zur plötzlichen (Über)erregung. BELL. ist im gesunden Zustand eher frohgemut, feinsinnig, umgänglich und kooperativ, wobei es beim Krankwerden (auf welcher Ebene auch immer) »plötzlich« äußerst reizbar, »hitzköpfig«, auch ungebärdig bis boshaft werden kann. BELL. kann *plötzlich »rot« sehen*. Tendenz zum plötzlichen *Durchgehen* (heftig, aber nicht »rauschartig«). *Beißen/Schlagen* (in der Erregung/bei Annäherung/ohne direkt ersichtlichen Grund). Kann sich *wie »toll« verhalten* (Übermut, Überreizung, tobsüchtig) – kann sich auch *plötzlich wieder abregen* (weniger dauerhafte Überregung). **Typische Entzündungserscheinungen von BELLADONNA** (Organ, Körperbereich): Große *Hitze*, heftige *Rötung* (beim Pferd seltener sichtbar), *Schwellung*, *starkes Pochen* (fühlbar: Körperregion, Schlagader). **BELL.-Krankheiten** *treten plötzlich, mit einem Schlag auf, nehmen einen heftigen Verlauf, enden plötzlich und können unter Umständen später wiederkommen*. KOPF: wechselhafter Gesichtsausdruck, geweitete Pupillen, starrer Blick voller Angst. Vorstehende Augäpfel, funkelnder Blick, bedrohlich. Entspannter, frohgemuter Ausdruck (Augen, Gesicht). *Krampfartige Bewegung der Gesichtsmuskeln*, vor allem rechts (z. B. Grimassen, Zittern, sonderliche Kaubewegung). *Zähneknirschen*. Zahnung/Zahnwechsel erschwert. Augen: **Bindehaut** *gerötet*, Tränenfluß, *sehr lichtscheu*, berührungsempfindlich; auch hochrot und trocken. **Lider** rot, heiß, geschwollen. OHRSPEICHELDRÜSE: fühlbare Hitze, Schwellung, überaus druckempfindlich. ATMUNGSORGANE: **Schnupfen** *schleimiger Ausfluß*, auch blutgestreift, auch fehlender Schnupfen. Nasenbluten. **Kehlkopf** *Schluckbeschwerden*. Atemnot. *Druck löst Husten aus*. *Pfeifende Geräusche*. **Schlundkrämpfe**, beim Trinken läuft das Wasser aus den Nüstern. **Husten** *trocken, heiser, kurze Anfälle* (wie im Kehlkopf sitzend); *kurz, bellend, hohl* (wie tief aus der Brust kommend), schlechter durch Bewegung, abends). **Auswurf** fehlt häufig oder blutgestreift. **Atmung** erschwert, schnell, ungleichmäßig. Hörbar stoßweises Ausatmen. HERZ: heftiges Herzklopfen mit Unruhe, Erregung. **Puls** schnell, kräftig gefüllt. VERDAUUNGSTRAKT: **Durst** *häufiges Trinken von kleinen Schlucken*; oder wenig Durst. **Koliken** *treten plötzlich auf, vergehen plötzlich, treten nach einer Pause wieder auf. Sehr berührungsempfindlich im Anfall* (bis bösartig), in den Pausen ist Berührung möglich. **Leib** aufgetrieben, gespannt, *plätschernde Geräusche*. Heftiges Krampfen, Wälzen, kräftig angezogene Gliedmaße. *Auch Hunde-Sitz-Haltung* (heftiges, wildes bis tobsuchtsartiges Verhalten, in Intervallen). Dabei gerötete Bindehaut, Pupillen häufig erweitert, starrer Blick, heiße bis dampfende Schweiße. **Durchfall** häufig bei Zahnung/Zahnwechsel. HARNWEGE: schmerzhaftes, häufiges Harnen (Unruhe). **Harn** hell, dunkel. Harnverhalten. GESCHLECHT (w): **Gebärmutter** *Plazenta löst sich nicht oder unvollständig ab* (Geburtsfolgen). **Euter** *entzündet*, heiß, überaus berührungsempfindlich. BEWEGUNGSAPPARAT: **Muskulatur** Verspannungen (plötzlich kommend, gehend, den Ort wechselnd), vor allem im Bereich Hals, Rücken, Oberschenkel. **Gelenke** *entzündet, plötzliche Hitze, Schwellung, Druckschmerzhaftigkeit* (bes. Ellenbogen, Fessel-, Krongelenk der Vorhand, Hüftgelenk). Auffallend kalte Gliedmaßen bei Organerkrankungen (z. B. Magen-Darm). HUF: **Hufwand** vermehrte Wärme, starke Pulsation, druckklopfempfindlich. HAUT: -entzündung mit plötzlicher Hitze, Rötung (wenn sichtbar), Schwellung. Papeln. Pusteln. FIEBER: plötzlich auftretendes Fieber, heftige Hitze, Durst. SCHWEISS: heiß, bis dampfend.

- Bei Folgen von Sonnenbestrahlung (Sonnenbrand, Hitzschlag).

MODALITÄTEN (Wodurch, Wann?): Verschlimmerung: durch Kälte, Zug, Licht, Geräusche, Berührung, Aufregung. Nachmittags, nachts. Besserung: durch Wärme, Ruhe.

SEITENBEZIEHUNG: häufiger rechts, aber auch links.

HEILANZEIGEN: übererregt. Beißen. Schlagen. Tobsucht. Hitzschlag. Hirnhautentzündung, akut. Gesichtsnervlähmung. Entzündung: Bindehaut, Regenbogenhaut, akut. Zahnwurzelentzündung, akut. Ohrspeicheldrüsenentzündung, akut. Nasenkatarrh, akut. Entzündung: Rachen, Kehlkopf; akut. Stimmbandlähmung. Schlundkrampf. Asthmoide Leiden. Magen-Darmkatarrh, akut. Blinddarmentzündung, akut. Verstopfung (Blind- od. Dickdarm). Kolik. Harnwegsinfekt. Harnverhalten, Euterentzündung, akut. Eierstockzysten (rechts). Kreuzverschlag. Muskelrheuma, akut. Arthritis. Phlegmone, hochakut.

DOSIERUNG: Bei akuter Entzündung D4–D8 (2–3mal tägl.); bis zur Besserung. Darmkatarrh, Darmanschoppung, Kolik sofort D4 oder D6 (jede 1/4 Stunde, bis zu 4 Gaben, Tierarzt, Mittelwechsel siehe unter Verzeichnis der Heilanzeigen). Bei fehlender Tiefpotenz kann D30; C30 in Wasser verrührt 2–3malig, je 1 ml eingegeben werden (1/2 gefülltes Wasserglas, gut verrühren). Bei Verhaltensstörungen, Nervenleiden, Muskelbeschwerden kann D30, C30 sehr gut wirken (1–2mal, abwarten, nicht zu häufig wiederholen). Sowie LM 6 (1 mal tägl.) gut beobachten und nicht zu häufig wiederholen.

ERGÄNZT **durch:** Belladonna ist häufig das Akutmittel von Calcium carb.

VERGLEICHE: Acon., Apis, Bry., Lach., Nux-v., Stram. (wildes, tobsüchtiges Verhalten).

GEGENMITTEL: Acon., Camph., Coff., Hep., Merc., Puls.

Bellis

Bellis perennis, **Gänseblümchen;** Familie der Korbblütler. Aus der ganzen, frischen, blühenden Pflanze mit Wurzel.

ARZNEIMITTELBILD (wichtige Symptome): KOPF/HALS: *Akne* (Eiterpusteln) im Kopfbereich, Juckreiz. **Ohrspeicheldrüse** *chronisch entzündet infolge Quetschung* (Ganaschenzwang). AUGEN: **Bindehaut** entzündet (im Zusammenhang mit Schnupfen). MAULHÖHLE: *Polypen* (aus Schleimhaut aufgebaute Geschwulst). Wunden infolge Quetschung. **Zunge** Wunden infolge Quetschung. NASE: **Schnupfen** fließt *reichlich, wäßrig*, wundmachend. VERDAUUNGSTRAKT: **Kolik** nach der Aufnahme von *Äpfeln* (besser durch Zusammenkrümmen, Bewegung, Rauhfutter). Rülpsen, Mundgeruch (sauer). *Ungewöhnlicher Heißhunger*. Großer Durst. Rumpeln, Kollern im Bauch (besser

durch Bewegung). **Durchfall** plötzlich eintretend (bes. tagsüber) und *schmerzlos* (gelblich; faulig riechend). Kolikartige Schmerzen nach Bauchoperation (Staph.). GESCHLECHT (w): *Koliken bei Gebärmutterleiden* (wie Wehen). *Gebärmutterbluten* infolge Verletzung (Arn.). *Eutergeschwür* (bösartig) infolge Verletzung. BEWEGUNGSAPPARAT: *Muskel-/Gelenkbeschwerden* infolge Quetschung, Prellung, Verrenkung, Überanstrengung (besser durch Wärme). *Blutergüsse*. *Rheumatische Beschwerden*, besser bei fortgesetzter Bewegung, durch Massage. Rheuma alter, altgedienter Pferde. HAUT: Furunkel im Eiterungsstadium. Kleine fleckförmig umschriebene Blutungen (Ekchymosen). *Hautrisse, Schnittwunden* (blutend oder eiternd). *Quetschwunden*.
MODALITÄTEN (Wodurch, Wann?): Verschlimmerung: durch Kälte, nach Durchnässung, durch Äpfel (Magen/Darm). Frühmorgens, am Tage (Durchfall), nachts. Besserung: Wärme, Reiben, Massage, bei Bewegung, fortgesetzter Bewegung (Rheuma).

- FOLGEN VON Quetschung, Prellung, Verrenkung.
- FOLGEN VON operativen Eingriffen im Bauchbereich.

HEILANZEIGEN: Akne (Eiterpusteln) im Kopfbereich. Polypen in der Maulhöhle. Zungenwunden infolge Quetschung. Ganaschenzwang. Bindehautkatarrh, akut (im Zusammenhang mit Schnupfen). Nasenkatarrh, akut (Fließschnupfen). Kolik. Darmkatarrh mit Durchfall. Gebärmutterleiden (mit Kolik). Gebärmutterbluten (infolge Verletzung). Eutergeschwür, bösartig (infolge Verletzung). Muskel-Gelenkbeschwerden (infolge Quetschung, Prellung, Verrenkung). Rheuma, besser durch fortgesetzte Bewegung. Rheuma alter Pferde. Furunkel (im Eiterungsstadium). Hautblutung (Ekchymosen), kleine fleckenförmige Blutergüsse. Wunden (Quetschung).
DOSIERUNG: Bei Folgen von Quetschungen der jeweiligen Körperpartie wäre D4, D6 oder D8 angezeigt (2–3mal tägl.) sowie bei Hautwunden, Furunkeln, Bindehautkatarrh, Darmkatarrh, Gebärmutterleiden. Muskelrheuma und Folgen von Quetschungen können mit D30, C30 behandelt werden (1mal tägl. über 2–3 Tage, beobachten).
VERGLEICHE: Arn., Calend./Rhus-t., Puls. (besser durch fortgesetzte Bewegung).
GEGENMITTEL: Champh.

Bryonia

Bryonia dioica, **rote Zaunrübe;** Familie der Kürbisgewächse. Aus dem frischen Wurzelstock vor der Blütezeit.

ARZNEIMITTELBILD (wichtige Symptome): GEMÜT/VERHALTEN: *beharrliche, bodenständige, launenhafte Pferde*, die bei höheren Leistungsanforderungen (oder neuen Lektionen) unsicher, gehemmt, reizbar und/oder sehr unleidlich werden können. *Will seine Ruhe*; ist sehr heimatorientiert. *Häufiges Einzelgängertum* (Herde, Auslauf etc.), wenig anhänglich dem Menschen gegenüber. *Strebt gerne in Richtung seines Stalles, seiner Heimat*; will mitunter nicht auf der Weide/Auslauf (ohne ersichtlichen Grund) bleiben, sondert sich ab. *Verweigert plötzlich, überraschend und hartnäckig die Mitarbeit beim Training* (wie überfordert, auch Trägheit). **Wesentliches von BRYONIA:** *»Starrheit«* (wenig »Feinsinnigkeit«) auf der mentalen Ebene, *Trockenheit der Schleimhäute* (wenig Absonderungen), *viel Durst*, »Starrheit« der körperlichen Beweglichkeit durch allerhand Gelenk-/Muskelleiden (jede Bewegung verschlimmert), *gehemmte Funktion einzelner Organe* (z. B. Leber, Magen, Darm), *äußerer Druck bessert* häufig. *Rechtsseitigkeit* (oft). KOPF: *Kaubeschwerden* (Zähne). Sonderliche Kaubewegung (vor-/zurückschieben des Unterkiefers). ATMUNGSORGANE: **Schnupfen** fehlt häufig oder rasche Krustenbildung. *Fließschnupfen bei Fieber*. **Husten** *trocken, hart, krampfhaft* (schlechter: bei kräftiger Bewegung, beim Fressen, wenn es in den warmen Stall kommt; besser im Freien). **Auswurf** fehlt oder *zäher Schleim*, der sich erst nach einigen harten Hustenstößen löst (wie Gelatine; rostfarben; blutgestreift). **Atmung** *hält kurzzeitig den Atem an* bei Einengung des Leibes (Sattel), bei Bewegung, gehend auf der rechten Hand. Atemnot bei Bewegung, beim Gehen in einem warmen Stall. VERDAUUNGSTRAKT: **Durst** *nimmt große Schlucke bei längeren Pausen*. Launenhafte Freßlust (Lyc.). **Mundgeruch** übelriechend. **Kolik** krampfartiges Wälzen, zieht die Gliedmaßen unter den Bauch, liegt bevorzugt auf der rechten Körperseite. (Schlechter durch *Bewegung*; Berührung. Kolik infolge Entzündung mit Darmanschoppung, Besserung (eher kurzweilig) durch Kotabsatz. **Durchfall** *nach dem Fressen von Birnen*. BEWEGUNGSAPPARAT: **Gelenke** entzündet, geschwollen, steif (häufig Fesselgelenk, Vorhand, Schulter, Knie, Sprunggelenk). Verschlimmerung: durch Bewegung, Erschütterung (Transport), Kälte; Wärme bessert. Gelenkrheuma. ***Muskel****rheuma*, Steifigkeit der Muskeln (häufig Hals-/Schulter-/Ellenbogen-/Kniebereich). Verschlimmerung: bei Bewegung, aber auch Bewegungsdrang. *Folgen von Verstauchungen der Gelenke*. **Sehnen, -scheiden** *entzündlicher Prozeß mit Erguß* (akutes, subakutes Stadium). HAUT: entzündlicher Ausschlag, Bläschen, Pusteln. *Folgen von unterdrückten Hautausschlägen*. FIEBER: nimmt abends, nachts zu; schleichend. Schweißausbruch bringt allgemeine Besserung (reichliches Schwitzen, saurer Geruch).

MODALITÄTEN (Wodurch, Wann?): Verschlimmerung: durch Aufregung, jede Bewegung, Berührung, warme Witterung und Räume (Atmung), doch warme Wickel bessern; durch kalten Wind, nach dem Aufstehen vom Liegen (Bewegungsapparat). Morgens, nachmittags, abends. Besserung: durch Heraustreten von Absonderungen, Liegen auf der erkrankten Körperseite, äußeren Druck (ausgenommen Leib).

- Neben der typischen Verschlimmerung durch Bewegung kann es mitunter vorkommen, daß Bewegungsdrang mit Besserung der Beschwerden besteht.

SEITENBEZIEHUNG: sehr häufig rechts, seltener links.

HEILANZEIGEN: Kleben. Stätigkeit. Trainingsverweigerung (ungewöhnliche). Ganaschenzwang. Zahnschmerzen. Katarrh, akut: Nase, Rachen. Husten (trocken). Bronchitis, akut. Asthmoide Bronchitis. Herzbeutelentzündung. Leberentartung. Magenkatarrh. Magenüberladung. Darmentzündung. Blinddarmentzündung. Verstopfung. Kolik. Gelenkentzündung (Arthritis). Gelenkrheuma, akut. Muskelrheuma, akut. Sehnen-, -scheidenentzündung, akut, weniger akut. Entzündlicher Hautausschlag (Exanthem).

DOSIERUNG: D4 bis D8 (1–3mal tägl., bis zur Besserung). Bei Sehnen(scheiden)entzündung auch D3, D4 (1–3mal tägl.). Bei asthmoiden Leiden kann mitunter die D12 (1mal tägl.) hilfreicher sein. In jeglichem akuten Zustand auch D30, C30 in Wasser verrrühren (10 Glob., 1/2 gefülltes Glas, je 1ml/je 10 Tropf. über 1–2 Tage eingeben; gut beobachten). Bei chronischen Leiden und Verhaltensstörungen gerne C30 (3malig über 3 Tage; abwarten), nach Wochen aufsteigend zu C200 (1malig; abwarten).
ERGÄNZT **durch:** Phos. (Bronchitis/bei gleicher Potenz).
VERGLEICHE: Bell., Cham., Coloc., Nat-m., Nux-v., Rhus-tox.
GEGENMITTEL: Acon., Camph., Cham., Coff., Ign., Nux-v., Puls. Rhus-tox.

Calcium carbonicum
Chemisch reines Kalkpräparat. Aus den inneren, schneeweißen Teilen der zerbrochenen Schale der Auster.

ARZNEIMITTELBILD (wichtige Symptome): GEMÜT/VERHALTEN: gemäßigtes bis ruhiges Temperament; beharrlich; dickköpfig. Standortbezogen (Stall, Herde), Mitläufer. Gleichmut, auch Mutlosigkeit. Furchtsam in der Dämmerung. Unausgeruht, leicht gereizt bei Vollmond, Neumond. Überraschend aufgeregt, heftig bei Überforderung, ungewohnten Situationen (lernt langsam). Träge, bedächtig, auch beständiger Fleiß. Kann auf festen Druck (Sattel, Gurt etc.) heftig reagieren. AUGEN: entzündet, akut, *in Perioden wiederkehrend*, chronisch. Lichtscheu. **Absonderung** Tränen, *Schleim, Eiter*. **Lider** geschwollen, *verklebt*; Geschwüre, *Warzen*. **Hornhaut** Flecke, Trübung, *Geschwüre!* Hornhautschäden infolge Fremdkörperverletzung. **Linsentrübung.** OHREN: *Ekzem* in der Ohrmuschel, hinter dem Ohr, am Ohransatz (nässend), Juckreiz. *Warzenähnliches Gewächs* hinter/vor/unter der Ohrmuschel, dem Ohransatz. ATMUNGSORGANE: **Schnupfen** gelb, *weißlich-gelb; rötlich-gelb; übelriechend*. **Kehlgangslymphdrüsen** geschwollen. **Husten** trocken, heftig, einige kurze Hustenstöße (durch Luftzug, kalte Luft, Naßwerden). **Auswurf** gelblich, schleimig; schmutzig-schaumig; zäh-klebrig; Geruch, *säuerlich*. VERDAUUNGSTRAKT: nimmt schnell an Gewicht zu, frißt langsam, aber viel; frißt Unverdauliches. **Bauch** aufgetrieben, gespannt. Druck (Gurt, Sattel, Geschirr) macht Beschwerden. **Kot** wechselhafte Beschaffenheit (fest oder dünnflüssig; fest und dünn gleichzeitig; enthält mitunter Unverdautes). *Kot riecht sauer, käsig*. **Verstopfung,** Kolikneigung infolge Verstopfung (Sandkolik ist möglich). *Neigt zu rascher Verwurmung*. **Durchfall** durch Aufregung, Überanstrengung (Umstellung, Turnier etc.), *im Zahnwechsel*. GESCHLECHT (w): stille Rosse. Sexualtrieb, wenig bis stark ausgeprägt. **Scheide** *Zysten*. **Ausfluß** reichlich, stoßweise, *dick-milchig*, gelb, Juckreiz. (m): *sehr starker Trieb*, bei weniger stürmischem Deckverhalten. *Auffallend matt* (oder reizbar) nach dem Deckakt. Auch *unvollständige Erektion* (infolge von Angst, Überanstrenung). **Penis** *Condylome*. BEWEGUNGSAPPARAT: *Rückenschwäche* (degenerative Erkrankung der Wirbelkörper,

Bandscheiben). **Gelenke** entzündet, eher chronisch (schlimmer: Kälte, Nässe, Anstrengung oder infolge von –). **Muskel**schwäche, Muskelrheuma (häufig Schulter-/Oberarm-/Kniebereich). Neigung: *krampfartiges* Anziehen einer Gliedmaße. *Schlecht heilende* Knochenbrüche. HUF: -**horn** *hart, spröde und brüchig*; deformiert. **Saumband** Risse, Entzündung. *Übelriechende* Wucherung (Hufbereich). *Verknöcherung* des **Hufknorpels.** HAUT: Quaddeln, Bläschen, Pusteln, Juckreiz. *Schorfe, Schuppen* (weißlich, mehlig). *Neigt zur Eiterung*, Abszeßbildung. *Unheilsame* Wunden. Geschwüre (gut-/bösartig). *Warzen* (mitunter viele kleine). FIEBER: anfallsweise. SCHWEISS: reichlich, riecht sauer.
MODALITÄTEN (Wodurch, Wann?): Verschlimmerung: durch körperliche Überbeanspruchung (je nach Kondition), psychische Überforderung, Kälte, Nässe, feuchtkaltes Klima, bei Vollmond, Neumond. Morgens (!), nachmittags, abends, nachts. Besserung: durch trockenes Wetter, Liegen auf der erkrankten Seite.
HEILANZEIGEN: Stätigkeit. Kleben (Stall). Bocken. Bindehautkatarrh, akut, chronisch. Hornhaut: Entzündung, Flecken, Geschwüre. Periodische Augenerkrankungen. Linsentrübung. Gehörgangsentzündung. Katarrh: Nase, Kieferhöhle, chronisch. Bronchitis, chronisch-obstruktive (asthmoide Bronchitis). Verstopfung. Kolik (-neigung, Sandkolik). Fohlendurchfall. Scheide: Entzündung, Zysten. Stille Rosse. Erektion unvollständig. Peniscondylome. Rückenschwäche. Arthritis. Arthrose. Hahnentritt. Hufhorn-, Saumbandschäden. Hufknorpelverknöcherung. Hufgeschwür. Mauke. Ekzem, chronisch. Furunkel. Schuppenflechte. Warzen. Geschwüre (gut-/bösartig).
DOSIERUNG: Potenziertes Calcium carb. dient nicht der Kalkzufuhr! Calcium carb. ist ein tiefgreifendes Konstitutionsmittel, das langanhaltend wirkt. Örtliche Knochen-, Gewebs- oder Organerkrankung in D4–D8 (1–3mal tägl.; gut beobachten) oder LM 6, 8 (1mal tägl. oder jeden 2. Tag; gut beobachten, bei Besserung absetzen). Ansonsten D30, C30 (1–2malig über 1–2 Tage, abwarten) und, wenn angezeigt, D200; C200 (1malig) folgen lassen (lange, mehrwöchige Abstände einhalten!).
ERGÄNZT **durch:** Belladonna ist oft das Akutmittel von Calc. carb. Im Rahmen einer Behandlung bestimmter chronischer Erkrankungen wird häufig folgendermaßen vorgegangen: von Sulfur zu Calc. carb. zu Lycopodium. Sie sollten bemüht sein, Calcium nicht vor Sulfur zu verabreichen.
VERGLEICHE: Graph., Hep., Puls., Sil., Sulf.
GEGENMITTEL: Bry., Camph., Nux-v., Sep., Sulf.

TYPISIERUNG VON CALCIUM CARBONICUM

Es heißt, CALCIUM carb. steht für den Beginn des Lebens, da es den Kalkstoffwechsel aktiviert, was vielen Fohlen und Jungtieren zugute kommen wird (potenziertes Calcium carb.).
Zahlreiche Fohlen entsprechen dem CALCIUM-carb.-Typ. Sie gehören zu den »Spätentwicklern«, die in ihren ersten Lebenstagen nicht selten mit durchgetretener Fessel (Fesselgelenk) gehen, die eben »wenig elastisch« sind, sondern eher voller »Bedächtigkeit« und »Gemütsruhe« ihre Umgebung erkunden. Das CALC.-carb.-Fohlen wird »brav« seiner

Mutter folgen (auch mal einer Ersatzmutter), wobei es seine »Nahrungsquelle« niemals aus den Augen verliert und sich überhaupt manches »Freßbare einverleibt«. Allerdings erstreckt sich die »gemächliche Reaktionslage« des CALCIUM-Typs auch auf seine Verdauungsorgane (Verstopfung). Zudem scheint es, daß sich Eingeweidewürmer im Darm dieses Typs geradezu heimisch fühlen.
Spätestens bei Impfungen bzw. »Einspritzungen« offenbart sich die »Bockigkeit« des CALCIUM-Fohlens, welche manchen kräftigen Halter in überraschende Positionen befördern kann. Ein junges CALCIUM-Pferd kann seinem Typ ein Leben lang treu bleiben, wobei die Möglichkeit besteht, daß sich seine »wesentliche Verfassung« im Laufe der Zeit verändert und andere typische Merkmale aufweist (z. B. durch Veranlagung, Krankheit, bestimmte Einwirkungen).
CALCIUM carb. kann bei Pferden jeglichen Alters und jedweder Rasse angezeigt sein. Der CALCIUM-Typ ist ebenso »vielschichtig« , »undurchlässig« und »standortbezogen« wie die (in und mit ihrer Schale) lebende Auster, welche »nach und nach« eine kostbare Perle entstehen läßt. Das CALCIUM-Pferd ist eher »friedlich« und häufiger »wohlgenährt« (frißt für sein Leben gerne; selbst Sand), wobei es auch Pferde gibt, die enorme Futtermengen vertilgen und dennoch schlank bleiben. Häufig frißt und kaut es »langsam«. Fast immer besteht »Frostigkeit«, was sich in der kalten Jahreszeit durch raschen, dichten Haarwuchs bemerkbar macht (gut »geschützt«). Das überforderte bzw. überanstrengte CALCIUM-Pferd wird sein »dickes Fell« nur zögernd oder sehr spät wechseln. Dieser »bodenständige« Typ, der häufig große Hufe hat, liebt schon seinen »Trott«: die ihm »gewohnte Umgebung« (z. B. Durchfall beim Turnier), gerne die Nähe seiner Artgenossen (Kleber sind nicht selten) oder seiner Menschen (anhänglich bis aufdringlich). Trotzdem kann das CALC.-Pferd sehr gut ohne artgenössische Begleitung geritten werden, wobei ihm richtungsweisende Reiter immer willkommen sind.
Das CALCIUM-Pferd braucht Zeit, um zu lernen. Vor allem muß es sich langsam an den Sattel oder Gurt gewöhnen (sehr empfindlich gegen Bauchbeengung). Wird dieser Typ mit einem kräftig festgezogenen Gurt und hurtigem Aufsitzen konfrontiert, so kann er zu gewaltigen »Bocksprüngen« fähig sein. Geduld und eine »präzise Lehrmethode« sind nach seiner Fasson, wobei es wenig »durchlässig« sein kann. Hat das CALCIUM-Pferd seine Lektionen begriffen, dann gehen sie ihm in Fleisch und Blut über (auch das Unerfreuliche). Es besticht nicht durch Eleganz und Leichtfüßigkeit, sondern durch »Beharrlichkeit« und »Fleiß«, womit es durchaus ein höheres Leistungsniveau erreichen kann. Die für CALCIUM carb. typische »Dickköpfigkeit« bringt gerade inkonsequente Halter, Reiter oder Fahrer in Verlegenheit. »Stur« wie ein Maulesel wird es versuchen, seinen Willen durchzusetzen. Zuweilen zeigt dieser Pferdetyp seine »furchtsame« Seite, beäugt besonders alles Unbekannte voller Argwohn und wird »unsicher« (wenig beherzt).
Andererseits ist die vierbeinige »gute Perle« eines Stalles häufig CALCIUM carb.: z. B. ein Longierpferd, das »zuverlässige« Schulpferd, das »unverdrossene« Zugpferd, das »tüchtige« Turnierpferd oder »bombensichere« Polizeipferde. Dennoch ruht unter der liebenswerten »Dickhäutigkeit« des CALCIUM-Pferdes ein Innenleben, das sehr »verletzlich« ist

(man denke an die Auster). Grobheiten, rüde An-/Abweisungen und viel Streß, womöglich fernarb der Heimat (Heimweh), wird dieser Typ auf seine Art verarbeiten. Ist das »Maß voll«, so wird das CALCIUM-Pferd entweder »enorm wütig«, widersetzlich, oder es macht »dicht« (wirkt wie »gleichgültig«) – oder es erkrankt auf körperlicher Ebene. Im Grunde ist dieser Pferdetyp gutmütig, kooperativ und unter den richtigen Bedingungen sehr häufig eine »Lebensversicherung«.

Calendula
Ringelblume; Familie der Korbblütler. Aus der frischen, blühenden Pflanze, ohne Wurzel.

ARZNEIMITTELBILD (wichtige Symptome): GEMÜT/VERHALTEN: äußerst mürrisch, übellaunig, aufbrausend (nach der Aufnahme von mehreren frischen Blüten der Ringelblume, zudem trat blutiges Harnen auf). Die CALENDULA ist besonders bei jenen Verletzungen angezeigt, die durch *Quetschung* (Einquetschung) entstanden sind. Hier übertrifft sie oft die Arnica, wobei man auch Bellis in Betracht ziehen sollte. KOPF: Schwellung, Knochenauftreibung am Unterkieferrand (druckschmerzhaft). AUGEN: *Verletzungen mit Eiterungstendenz* (nach Operationen). *Rötung* der Bindehaut, **Lider** sehr geschwollen, trocken. **Pupillen** erweitert. MAULHÖHLE: Verletzung der Schleimhäute, *Geschwürbildung, Eiterungstendenz.* Auffallender **Speichelfluß. Unterkiefer-/Speicheldrüsen** geschwollen, druckschmerzhaft, Eiterungstendenz. ZÄHNE: Beschwerden infolge Zahnziehen. NASE: **Ausfluß** gelb-grünlich. HERZ: **Puls** unregelmäßig, rasch verminderte Pulsfrequenz. VERDAUUNGSTRAKT: **Kot** weich, gelblich (nach Aufnahme von Ringelblumen/-extrakten aufgetreten). HARNWEGE: häufiges Harnlassen, auch schmerzhaft. **Harn** hell, bräunlich, blutig; übelriechend. BEWEGUNGSAPPARAT: *Folgen von Zerrungen, besonders Quetschungen* (Gelenke, Muskeln, Sehnen); Bewegung, Berührung verschlimmern. HAUT: *kleine Bläschen* am linken Maulwinkel. *Hautjucken* (bei Leberleiden). *Schlechte Wundheilungstendenz,* Wunden entzünden sich erneut mit Berührungsempfindlichkeit. FIEBER: besonders nachmittags ansteigend, auch abends mit viel Durst.
HEILANZEIGEN: *frische Verletzungen infolge von Quetschung, Zerrung* (alle Körperteile betreffend) mit enormer Berührungsempfindlichkeit. *Frische Biß-/Rißwunden. Verletzungen mit Gewebszerstörungen und Eiterungstendenz. Wunden, die nicht heilen wollen. Alte Geschwüre, die schlecht verheilen* (mangelhafte Granulationsbildung). Verletzung der Speicheldrüse und deren Ausführungsgänge. Knochenhautentzündung (Unterkiefer) infolge von Quetschung. Entzündung: Unterkieferdrüse, Speicheldrüse, Leberbeschwerden. Verletzung der Muskeln und Gelenke (bes. durch Quetschung). Entzündung der Sehnen, Sehnenscheiden (infolge v. Zerrung, Quetschung). Satteldruck.
DOSIERUNG: Empfehlenswert in D4 bis D8 (2–3mal tägl., bis zur Besserung). Bei langwährenden Folgen von Verletzungen oder alten Geschwüren kann D30, C30 (1mal tägl.

über 1–3 Tage) oder auch LM 6 (1mal tägl., absetzen bei Besserung) verabreicht werden.
ERGÄNZT **durch:** Hepar (Wundeiterung, gelb; gelb-grün).
VERGLEICHE: Arn., Bellis.
GEGENMITTEL: Camph.

Chamomilla
Chamomilla matricaria, **Echte Kamille;** Familie der Korbblütler. Aus der ganzen, frischen, blühenden Pflanze ohne Wurzel.

ARZNEIMITTELBILD (wichtige Symptome): GEMÜT/VERHALTEN: Auffallend ist, daß sonst friedliche oder umgängliche Pferde jeden Alters bei schmerzhaften Zuständen (bes. Magen-Darmbeschwerden) plötzlich ein überaus *ungebärdiges, wütiges* (wie zornig-trotzköpfig) Verhalten zeigen, das mit Schwächephasen einhergeht, wo steter Zuspruch, leichte Bewegung und Wärme bessern, wo *Kot und Gase wie faule Eier riechen*. Dieser Geruch, die plötzlich auftretenden Koliken mit Schwächephasen, die wütig-trotzköpfige Ungebärdigkeit, die Schweißbeschaffenheit unterscheiden CHAM. weitgehend von anderen bewährten Mitteln bei Darmkatarrh, Durchfall und Kolik. KOPF/HALS: Gesichtsnervlähmung (häufig links). OHRSPEICHELDRÜSE: druckschmerzhaft, beginnend mit heftigen Schmerzreaktionen (siehe oben). **Mundhöhle** *fauliger Geruch*. Wäßriggelbliche Absonderungen, auch eitrig. **Zähne** schmerzhafte *Zahnung/Zahnwechsel, erschwert*. AUGEN: entzündet, *morgens* verklebte Augen. ATMUNGSORGANE: **Schnupfen** wäßrig, zäh-klebrig. Schnupfen bei Fohlen. **Husten** Reizhusten (schlimmer abends, nachts) *durch Aufregung, trockenen Wind*, Nordwind, Ostwind. **Atmung** mühsam, hält bei Streß kurz den Atem an (beim Reiten). **Auswurf** *spärlich*; schleimig (tagsüber). VERDAUUNGSTRAKT: **Kolik** durch/mit *Verstopfung*, mit oder nach Durchfall, durch/mit Gasbildung. *Heftige Krämpfe*, zornig-ungebärdiges Verhalten. Besser durch Wärme, Fahren im Hänger (tatsächlich), schlimmer durch Berührung; abends, nachts. Kolik *infolge von Ärger* (z. B. Stall-/Herdengenossen). **Durchfall** wäßrig, schleimig; grün, wie zerhackter Spinat; *Geruch wie faule Eier*. Durchfall infolge von Zahnung, Zahnwechsel. **Verstopfung** durch Untätigkeit des Mastdarms, Anschoppung im Blinddarmbereich. Kot geht schwer ab, enthält Unverdautes. *Kot, Gase riechen übel, wie faule Eier*. GESCHLECHT (w): Hochgradige Wehenschmerzen, die mit den genannten Schmerzreaktionen einhergehen. BEWEGUNGSAPPARAT: Schmerzen der Muskeln und/oder Nervenbahnen mit Lähmigkeit (schlimmer im *warmen Stall!*, durch *Wärmeanwendung!*; besser beim Gehen. HUF: steht mitunter in Pfützen, in feucht-schlammigen Böden *sucht Abkühlung* (Sulf.). SCHWEISS: warm, heiß; kalt und klebrig; saurer Geruch. FIEBER: morgens, vormittags, *Entfernen der Decke bessert*.

- Überempfindlich gegen Gerüche, Geräusche.
- Überempfindlich gegen Berührung bei Schmerzen.
- FOLGEN VON Zahnung, Zahnwechsel (Magen-Darmleiden, Fieber)!

MODALITÄTEN (Wodurch, Wann?): Verschlimmerung: durch Ärger, Streß, Wärme (außer Kolik, Ohrspeicheldrüse), Eindecken. Morgens, vormittags, *abends*. Besserung: beim Fahren im Hänger, Abkühlung (Hufe).

HEILANZEIGEN: Gesichtsnervlähmung. Ohrspeicheldrüsenentzündung, akut. Ganaschenzwang. Bindehautkatarrh, akut. Zahnung, Zahnwechsel. Schnupfen (bei Fohlen). Husten. Spastische Atembeschwerden (durch Ärger, Aufregung). Darmkatarrh. Durchfall. Kolik. Blinddarmverstopfung. Muskelrheuma. Nervenentzündung/-lähmung.

DOSIERUNG: Ab D4 bis D8 (2–3mal tägl.). Bei Kolik sofort D4; D6 (1mal, jede viertel, halbe, volle Stunde; Tierarzt). Ansonsten D30; C30 in Wasser verrühren (1/2 gefülltes Wasserglas), davon je 1ml, 3–4malig eingeben. Bei Nervenlähmung, Neuralgien und Muskelrheuma eher Hochpotenzen, wie D30; C30 und höher (1mal tägl. über 2–3 Tage, Wiederholung abwarten).

VERGLEICHE: Bell., Bry., Coff., Coloc., Hep., Nux-v., Staph.

GEGENMITTEL: Acon., Camph., Coff., Coloc., Ign., Nux., Puls.

Coffea

Coffea arabica, **Kaffeestrauch**; Familie der Rötegewächse. Aus der ungerösteten Kaffeebohne.

ARZNEIMITTELBILD: (wichtige Symptome): GEMÜT/VERHALTEN: *ungewöhnlich lebhaft*, enorm leistungsfähig, überreizt, *auch schreckhaft, nervös. Niedergeschlagen*, wenig Arbeitsfreude, unkonzentriert. *Sehr matt*, nervöse Schwäche, kraftlos. *Wechselhafte Stimmung und Leistungsbereitschaft*. Findet keine Ruhe, ruht (schläft) auffallend wenig, nachtaktive Pferde (routinierte Kaffeetrinker kennen einige Symptome, die durchaus auch beim Pferd zu finden sind). KOPF: sehr empfindliches Gehör. Gesichtsnervlähmung, die sich über Kinn, Nüstern, Unter-/Oberlippe, Backe, Lid, Ohr hinzieht. ZÄHNE: (schmerzhaft), Kaubeschwerden. HERZ: -arbeit stark erhöht (z. B. infolge Erregung), mit Harnverhalten. **Puls** erst stark beschleunigt, dann verlangsamt; unregelmäßig. Große Mattigkeit. VERDAUUNGSTRAKT: Heißhunger, schnell wieder hungrig, frißt und trinkt gierig (oder wenig Appetit). **Kolik** krampfartig, infolge von *Aufregung*, infolge von *Magenüberladung* (auch Bry., Nux-v., Puls!), durch starke *Einengung* (Gurt)! Sehr heftiges *Afterjucken* (trotz Entwurmung). **Durchfall** infolge von Zahnung/Zahnwechsel. HARNWEGE: häufiges Harnlassen. **Harn** farblos. GESCHLECHT (w): *große Berührungsempfindlichkeit* der äußeren Genitalien, der Scheide. *Heftiger Juckreiz*. (m): verminderter Sexualtrieb; seltener gesteigert. BEWEGUNGSAPPARAT: *Nervenreizung* (wodurch es zur

Störung in der von dem Nerv versorgten Muskulatur kommt) der Hinterhand, oft rechts. Schleppende Hinterhand, Lahmheit. *Gesteigerte Unruhe im Schmerzzustand.*

- FOLGEN VON überraschenden Ereignissen, von Schreck; von Mißbrauch alkoholhaltiger Substanzen (Nux.; Sulf.; Lach.).
- Alles, was das Nervensystem anregt, kann Symptome hervorrufen.

MODALITÄTEN (Wodurch, Wann?): Verschlimmerung: durch Lärm, Gerüche, Aufregung, Druck, Kälte. Morgens, nachts. Besserung: Ruhe, Wärme.

HEILANZEIGEN: Chronische Erschöpfung. Nervenschwäche. Gesichtsnervlähmung. Kaubeschwerden (Zahnleiden). Nervöse Herzstörungen. Kreislaufschwäche. Kolik (Gaskolik). Afterjucken. Scheidenjucken. Muskelrheuma. Nervenlähmung (Hinterhand).

Anmerkung: Nach Dr. H. Wolter ist Coffea (D1) ein bewährtes »Umschaltmittel« bei Viruserkrankungen. Eine Erklärung liegt in der Stärkung des Kreislaufes, in der »Belebung« der Reaktionslage des Pferdes. Coffea D1 ist enorm »urstofflich« und liegt im Bereich einer anregenden Wirkungsweise (dem Kaffee ähnlich), was einer unterstützenden Maßnahme gleichkäme. Aus eigener Beobachtung hilft die D1 bei Schwächezuständen unterschiedlichster Ursache (D1 nicht bei Koliken) und auch sehr gut nach Injektionen schmerzstillender Arzneien der Schulmedizin, die häufig den Blutdruck senken.

DOSIERUNG: Als Unterstützung im Verlauf von Infekten, Viruserkrankungen, septischen Prozessen, auch bei Überanstrengung mit Schwäche in D1 (1–3malig; Wiederholung abwarten). Reagiert das Pferd auf die D1 überempfindlich, zeigt eventuell Coffea-Symptome, alsbald C30 oder C200 (1–2malig) eingeben. Ansonsten D12 (3–4malig je Woche, abwarten) oder LM 6 bis 8 (1mal je Tag, jeden 2. Tag; abwarten). Bei Nervenschwäche, Schlaflosigkeit, nervösen Herzleiden ab D30, C30 (1–2malig je Monat, abwarten).

VERGLEICHE: Ign., Nat-m., Nux-v., Sep., Staph./siehe Magen.

GEGENMITTEL Cham., Nux-v., Op.

Colocynthis

Koloquinte; Familie der Kürbisgewächse. Aus den geschälten und entkernten Früchten.

ARZNEIMITTELBILD (wichtige Symptome): COLOC. ist mit eine der bewährten Arzneien bei *Krampfkoliken* mit einer deutlichen Beziehung zum Darmtrakt sowie zu den Harnwegen und der Gebärmutter. Typisch für COLOC. ist das »Zusammenkrümmen«: wenn das betroffene Pferd seinen *Rücken krümmt* (bei eingezogener Bauchdecke), sich mit dem Hinterbein kräftig *unter den Bauch schlägt*, sich hinwerfen möchte und/oder z. B. *mit untergeschlagenen Hinterbeinen* am Boden liegt. Die Koliken setzen nicht selten allmählich ein, die Anfälle dauern häufig einige Minuten mit Schweißausbruch (sehr unruhig und berührungsempfindlich), mit Pausen leichter Entspannung, wobei sie oft in kürzeren Zeitabständen immer heftiger werden (in etwa wie zunehmende »Geburtswehen«). *Besserung durch Druck* (Zusammenkrümmen), Wärme bis Hitze, Bewegung und Kotabgang ist COLOC. eigen, demgegenüber schafft leichte Berührung (häufig auch die Decke) Unbehagen. GEMÜT/VERHALTEN: reservierter, empfindsamer Typ, der bei ungerechter oder/und grober Behandlung aufbrausend/widersetzlich wird. Mitunter entstehen durch derartige Bedingungen die für COLOC. typischen Koliken (man denke an ein »erzürntes« bzw. »verärgertes« und letztendlich überaus schmerzhaft »verkrampftes« Pferd). KOPF: Nervenlähmigkeit einer Gesichtshälfte (auch nur links; besser durch Druckmassage, Wärme). VERDAUUNGSTRAKT: Rülpsen, *fauliger Mundgeruch*. Rumpeln im Bauch mit Ruhelosigkeit. **Koliken** durch Magenkatarrh, Darmkatarrh/-entzündung. Koliken *durch Aufregung*, durch reichlich Gasbildung. Kolik *mit Durchfall* (siehe oben), und zudem: Besserung durch Abgang von Gasen. **Durchfall** *durch Aufregung*, Wut, *Zahnung/Zahnwechsel, nach Obst*. Ruhrartiger, weich-pastiger, auch schleimiger, muffig riechender Durchfall. **Verstopfung** *nach Arzneimittelmißbrauch*, z. B. der Schulmedizin, Homöopathie, Pflanzentherapie. HARNWEGE: Schmerzen beim Harnen (*krümmt sich*, mit Unruhe). *Häufiger Absatz* spärlicher und übelriechender Harnmengen. Harnverhalten (kolikartig/Unruhe). GESCHLECHT (w): **Eierstöcke** Zysten, Tumore (gutartig). **Gebärmutter** Koliken durch Aufregung (Grobheiten). *Kolik während der Trächtigkeit*. BEWEGUNGSAPPARAT: zunehmend krampfartige Muskelverspannung, *Anziehen* der betroffenen Gliedmaße bessert. Heftige Nervenlähmigkeit im Bereich Oberschenkel, Unterschenkel, Sprunggelenk (durch entzündete oder gereizte periphere Nerven kommt es zur Störung in der von den Nerven versorgten Muskulatur). Besserung durch *Wärme*, Liegen auf der betroffenen Körperseite. FIEBER: kann fehlen, auch Fieber mit SCHWEISS: reichlich bei Schmerzzuständen, auch kalter Schweiß.

MODALITÄTEN (Wodurch, Wann?): Verschlimmerung: durch Verdruß, Aufregung, Zahnung, Zahnwechsel, Erschütterung (Transport), Bewegung (Muskeln/Nerven). Frühmorgens, nachmittags. Besserung: durch Wärme, kräftigen Druck, Liegen auf der kranken Seite.

SEITENBEZIEHUNG: häufiger rechts als links. Nervenlähmigkeit häufiger links.

HEILANZEIGEN: Nervenlähmigkeit (Gesicht). Magenkatarrh mit Krampfkolik. Darmkatarrh mit Krampfkolik. Durchfall mit Krampfkolik. Eierstockzysten. Eierstockleiden mit Kolik. Harnwegskatarrh mit Krampfkolik. Harnverhalten mit Kolik. Harnblasensteine. Muskelverspannung, akut, krampfartig. Hahnentritt. Nervenschmerzen/-lähmigkeit (Ischiasnerv).

DOSIERUNG: Bei Nervenlähmigkeit, Muskelverspannung D12 (1–2mal tägl.) oder D30; C30 in Wasser verrührt (10 Glob. in 1/2 gefülltes Wasserglas, 1mal tägl.), bis zur Besserung) oder LM6 (1mal tägl.). Bei Magen-Darmkatarrh, Koliken: D4–D8 (viertel-, halbstündl., Absetzen bei Besserung, Tierarzt) oder direkt D30; C30 (1–2malig) oder in Wasser verrührt über 1–2 Tage eingeben.

VERGLEICHE: Bry., Cham., Nux-v., Staph.

GEGENMITTEL: Camph., Cham., Coff., Op., Staph.

Drosera
Drosera rotundifolia, der **rundblättrige Sonnentau;** Familie der Sonnentaugewächse. Aus der frischen, blühenden Pflanze ohne Wurzel.

ARZNEIMITTELBILD (wichtige Symptome): Der rundblättrige Sonnentau ist eine fleischfressende (Insekten) und auf feuchten Böden wachsende Pflanze. In der Pflanzenheilkunde wird das frische oder getrocknete Kraut bei Keuchhusten, heftigem Grippehusten und asthmoiden Beschwerden gebraucht (Tagesdosis für Menschen: ca. 2 bis 5 g). Interessant ist die Überlieferung von Dr. A. v. Haller: *danach beobachteten Schäfer, daß weidende Schafe nach dem Fressen des rundblättrigen Sonnentaus erschütternd husteten* (leider fehlte die Angabe der aufgenommenen Menge). Diese Moorpflanze ist imstande, eine bestimmte Art von Husten zu erregen, der häufig als »feuchter« und sichtbar »quälender« oder »erschütternder« Husten in Erscheinung tritt. In der Homöopathie verwendet man DROSERA häufig bei *Atemwegsinfektionen*, wo die für Drosera typischen Symptome auftreten. GEMÜT/VERHALTEN: Teilnahmslosigkeit, Leistungsminderung und/oder nervöse Unruhe sind möglich. ATMUNGSORGANE: **Husten,** *schwere Hustenanfälle* (erschütternd, zuweilen mit gleichzeitigem Gasabgang). Wenige, tief aus der Brust kommende Hustenstöße (wie keuchend, röhrend) oder mehrere, aufeinanderfolgende und kurze Hustenstöße. Während eines Anfalls *bebt der ganze Leib*, der Kopf senkt sich tief bodenwärts – *Beugung der Vordergliedmaße(n)* ist möglich. Verschlimmerung: nach dem Fressen, Trinken, Striegeln, im Anfang der Bewegung (späterhin sofort bei Bewegung), beim Lautgeben (Wiehern etc.), gegen Abend, nachts (besonders um 1, 2 Uhr). Hustenanfälle können auch jede 3. Stunde auftreten (mit steigender Intensität). **Auswurf** *speichelartig, schaumig, weißlich*. Seltener gelb, grünlich, Geruch kann fehlen oder *säuerlich* sein. Mitunter langandauernder Husten, doch es kommt kein Auswurf. *Husten mit Durchfall* (breiig, schaumig). *Husten mit Atemnot* bzw. spastischem Einatmen während der Hustenanfälle. FIEBER: mit der Tendenz, in Anfällen wiederaufzutreten, z. B. nachmittags, *abends*, nachts. *Am Tage kein Fieber*. SCHWEISS: schwitzt während oder nach dem Husten. Rascher Schweißausbruch bei Bewegung.
MODALITÄTEN (Wodurch, Wann?): Verschlimmerung: nach dem Trinken, Fressen, Niederlegen und Aufstehen, durch druckhafte Berührung, Aufregung, feuchtkalte Witterung, im Anfang/während/nach der Bewegung. Gegen Abend, *nachts*, nach Mitternacht. Besserung: mitunter durch Führen im Schrittempo.
HEILANZEIGEN: Kehlkopfentzündung. Bronchitis, akut. Bronchitis, chronisch-obstruktive (asthmoide Bronchitis). Husten (krampfartig, keuchend, röhrend).
DOSIERUNG: Ab D4; D8 (2–3mal tägl.) oder D30; C30 in Wasser verrührt (10 Glob. in 1/2 gefülltes Wasserglas, 2–3mal tägl., je 1 ml, bis zur Besserung).
VERGLEICHE: Bell., Bry., Rumex, Spong.
GEGENMITTEL: Camph.

Dulcamara
Solanum Dulcamara, **Bittersüß;** Familie der Nachtschattengewächse. Aus den jungen Trieben und Blättern vor der Blüte.

ARZNEIMITTELBILD (wichtige Symptome): DULCAMARA ist eine häufig gebrauchte Arznei für Pferde. Sie kommt oft bei Erkrankungen der Atemwege (*Husten*) oder des Magen-Darmtraktes (*Durchfall*) in Betracht, die durch *naßkalte Witterung, Durchnässung und/oder plötzlichen Wetterumschwung* (von Wärme zur Kälte) ausgelöst wurden! Bevorzugte Jahreszeiten sind das späte Frühjahr, der Sommer und Herbst. Weitere Auslöser derartiger Erkältungen findet man z. B. dort, wo nicht eingedeckte Pferde aus der Halle (oder dem warmen Stall) in die Kälte oder/und Nässe kommen. Auch *Muskelverspannungen* nach dem Feucht-/Kaltwerden sowie beim Wetterwechsel gehören zu den Auslösern von DULCAMARA. KOPF: *Warzen*, flach, weich. AUGEN: **Bindehaut** gereizt (*Heuallergie*), entzündet. Absonderung wäßrig, gelb. ATMUNGSORGANE: **Husten** (wodurch: siehe oben) kurze, krampfartige Hustenstöße ohne Auswurf, *rasselnder* Husten, hustet lange bis zum **Auswurf** *schleimig, grünlich* (auch blutig), riecht sauer. *Husten bei vermehrt körperlicher Anstrengung.* **Spastische Bronchitis** bei Erkältung, durch feuchte Witterung, *Heuallergie*, Unterdrückung von Hautausschlägen. VERDAUUNGSTRAKT: **Durchfall** (wodurch: siehe oben, zudem durch eiskaltes Futter), *wäßrig, schleimig;* braun-gelblich, grünlich; abgehend (nicht herausschießend); *riecht säuerlich.* Durchfall *nach unterdrückten Hautausschlägen* (auch im Wechsel möglich). Durchfall bei Zahnung/Zahnwechsel. **Kolik** *durch Erkältung* (feuchtes Wetter). *Wiederholtes Kotpressen*, das die Schmerzreaktion verstärkt. Kaum oder zögernder Gasabgang. HARNWEGE: *schmerzhaftes Harnen* durch Erkältung. *Plötzliches Harnlassen* oder Harnverhalten bei Kälteeinfluß, z. B. beim Stehen im kalten Wasser. BEWEGUNGSAPPARAT: *Muskelverspannungen* (wodurch: siehe oben) auffallend im Bereich Rückenlende, Schulter, Steifig-/Lähmigkeit der Gelenke infolge Kälte, Nässe (besser durch kräftige Bewegung, beim Warmwerden). HAUT: *Bläschen*, entzündet, gelbes Sekret; Knötchen, Juckreiz. *Nesselsucht* durch Erkältung. FIEBER: trockene Hitze, schwitzt wenig, sehr durstig.

- Stellvertretende Erkrankungen: Asthmoide Beschwerden (oder Durchfall) wechseln mit Hautausschlägen oder Muskel-/Gelenkbeschwerden.

MODALITÄTEN (Wodurch, Wann?): Verschlimmerung: durch Kälte, Nässe, Wechsel von Wärme zur Kälte. Nachts. Besserung: durch Eindecken, Warmwerden, Bewegung.
HEILANZEIGEN: Bindehautkatarrh. Heuallergie. Bronchitis, akut, chronisch-obstruktiv. Husten. Darmkatarrh. Durchfall. Harnwegsinfekt, akut, chronisch. Muskel-/Gelenkbeschwerden, akut, chronisch (durch Nässe, Kälte). Warzen. Nesselsucht.
DOSIERUNG: D4 bis D6 (2–3mal tägl., Absetzen bei Besserung) oder D30; C30 in Wasser verührt (1/2 gefülltes Wasserglas, 2–4malig über 1 bis 2 Tage, davon je 1 ml per Einmalspritze ins Maul eingeben).

VERGLEICHE: Calc., Lach., Nat-s., Rhus-t., Sil., Sulf (Husten). Calc., Merc., Nat-s.!, Rhus-t., Sulf. (Durchfall). Puls. (Harnwege). Rhus-t., Nux-v. (Muskelbeschwerden).
GEGENMITTEL: Bell., Camph., Lach., Merc.

Euphrasia

Euphrasia officinalis, **Augentrost;** Familie der Rachenblütler. Aus der frischen blühenen Pflanze mit Wurzel.

ARZNEIMITTELBILD (wichtige Symptome): EUPHRASIA hat eine besondere Beziehung zu den *Augen* und *Atemwegen* (sowie zur Leber). Allein die wie Augen »blickenden« Blüten dieser Pflanze, deren Schlund mit einem gelben Fleck versehen ist, können als Symbol ihrer Heilwirkung gelten. Zudem besitzt Augentrost die Eigenschaft, seine Nahrung aus den Wurzeln von Gräsern zu ziehen, wodurch unter anderem seine Fortpflanzung gesichert ist. Das Symptomen-Bild der Halbschmarotzerpflanze EUPHRASIA beinhaltet auch *Wucherungen* am After und an den äußeren Geschlechtsorganen. AUGEN: *sehr lichtscheu* bei Augenerkrankung (gegenüber Sonnenlicht, künstlichem Licht), hält die Lider halb oder gänzlich geschlossen, sucht sich mitunter einen dunklen Ort im Stall. *Blinzelt häufig.* **Bindehaut** *entzündet*, rot, mit **Tränenfluß** *reichlich, wundmachend* (schlechter: beim Husten, Schnupfen, durch kalte Luft/kalten Wind, Heustaub). Augenentzündung infolge von Verletzung. Auch eitriges Sekret im Augenwinkel. **Lider/Lidränder** rot, geschwollen. **Hornhaut** Bläschen, Narben, *Geschwüre, kegelförmige Vorwölbung* (Keratokonus), Trübung durch Verwundung. ATMUNGSORGANE: **Schnupfen** *wäßrig, reichlich* (vermehrt *morgens*; tagsüber), schlechter durch Heufutter, bei kaltem Wind. Schnupfen mit **Husten** (schlechter *morgens, tagsüber*; besser beim Liegen). Husten *mit Tränenfluß.* **Auswurf** schleimig, schwer löslich oder *fließt rasch* bei jedem Hustenstoß. **Atmung** mühsam beim Husten (schlechter durch Heufutter). VERDAUUNGSTRAKT: **After** *flache blumenkohlartige Gewächse* (Feigenwarzen), Juckreiz. GESCHLECHT (w): **äußere Genitalien** *Gewächse* (Feigwarzen), Juckreiz. (m): **Penis** Feigwarzen, blumenkohlartig. SCHWEISS: tritt häufig nachts auf, riecht widerlich.
MODALITÄTEN (Wodurch, Wann?): Verschlimmerung: durch Licht, kalten Wind, kaltes Wetter (Augen), beim Heufressen (Atmung). *Morgens*, vormittags. Besserung: durch Blinzeln, Augenschließen, Dunkelheit (Augen), Liegen (Husten). Abends.
SEITENBEZIEHUNG: häufiger rechts als links.
HEILANZEIGEN: Bindehautentzündung, akut, chronisch. Bindehautkatarrh mit Schnupfen/Tränenfluß. Hornhautgeschwür. Hornhauttrübung. Periodische Augenerkrankung. Bronchitis, chronisch-obstruktive (asthmoide Bronchitis). Heuallergie. Aftergewächse (Condylome). Schamlippencondylome. Peniscondylome.
DOSIERUNG: Ab D4 bis D8 (2–3mal tägl.) oder LM 6 (1mal tägl., Absetzen bei Besserung). Bei chronischen Leiden auch D30; C30 (1mal tägl. über 3 Tage).

VERGLEICHE: Apis, Bell./Ars. (Asthma), Calc. carb., Graph., Hep., Sil., Sulf. (Hornhaut).
GEGENMITTEL: Camph., Puls.

Graphites
Graphit. Dr. Hahnemann benutzte auch den Ausdruck **Reißblei,** da er als Ausgangsstoff englische Bleistiftminen (pulverisiert) bester Qualität verwendete. Im Englischen heißt Bleistift »lead pencil«, Blei »lead«, Reißblei »black lead«. Graphit ist eine Variante des Kohlenstoffs, schwarzgrau, fast metallisch glänzend und ist z. B. in Granitgesteinen enthalten. Zur Herstellung der homöopathischen Arzneien wird fein gemahlenes Graphit verwendet.

ALLGEMEINES: GRAPHITES ist überwiegend bei chronischen Erkrankungen angezeigt und ein nicht selten gebrauchtes Konstitutionsmittel für Pferde. GRAPH. besitzt eine auffallende Beziehung zur Haut, zu den Schleimhäuten, zum Magen, Dickdarm und zu den männlich- und weiblichen Geschlechtsorganen. Charakteristisch für GRAPHITES ist seine *»Gemütlichkeit«* im allgemeinen sowie seine *träge Reaktionslage mitsamt funktioneller Schwäche*. Beispielsweise findet man bei GRAPH. *verlangsamte Stoffwechselvorgänge* (wodurch unter anderem beschwerliche Hautleiden zutage treten), eine *träge Verdauungstätigkeit und schwache Funktion der Geschlechtskeimdrüsen*. Sehr beachtenswert sind die Hauterscheinungen von GRAPH., wie z. B. *Verdickungen, Risse, Schuppen, Krusten* und *Ausschläge, die gelbe, klebrige, honigähnliche Sekrete absondern*. **ARZNEIMITTELBILD** (wichtige Symptome): GEMÜT/VERHALTEN: gehört mit zum phlegmatischen Nerventyp. Gutwillig, brav; langsam bis träge; nervenstark; unentschlossen, zögernd; trübsinnig, anhänglich; unkonzentriert; mißtrauisch. OHREN: **Ekzem** in/um/hinter der Ohrmuschel, *trocken, krustig*, auch blutend nach dem Scheuern. Verdickte, rissige Haut. *Bläschen, Krusten; gelbe, klebrige Absonderung*. Zum Arzneibild von GRAPH: gehört auch *Gehörverlust*, besonders linksseitig (dieses wäre zu beobachten). Chronische dickflüssig-klebrige Absonderungen, besonders linksseitig. AUGEN: **Bindehaut**entzündung, chronisch. *Sonnengrelles/künstliches Licht verschlechtert*. **Lider/Lidränder** *entzündet, wund; Hautausschläge mit Krusten, Schuppen, Rissen, Bläschen*. Verklebte Lider, besonders morgens. MAUL: **äußerlich** *rissige, schorfige Hautausschläge*. **Maulhöhle** *Entzündungen, Bläschen der Schleimhäute*. ATMUNGSORGANE: **Schnupfen** *verschlechtert durch kaltes Wetter, kalten Luftzug*. Chronischer oder wiederholt auftretend Nasenkatarrh (auch aufgrund einer Allergie). *Wäßriger Schnupfen*, auch wundmachend mit krustigen, rissigen Hautschäden an den Nüstern. **Husten** bei vermehrter körperlicher Anstrengung, Reizhusten mit trockenem Ton, kurzzeitig würgendem Geräusch. *Athmoide Zustände, die sich durch Fressen bessern. Asthmoide Zustände nach unterdrückten Hautausschlägen*. VERDAUUNGSTRAKT: *Enormer Appetit*. Auch freßunlustig, launenhafter Appetit. **Magen** *häufiges Rülpsen mit Geruch nach faulen Eiern/oder säuerlich*.

Chronischer Magenkatarrh, doch ungewöhnlich guter Appetit. Kolikartige Anzeichen, die sich sofort nach dem Fressen bessern/oder unmittelbar nach dem Fressen einsetzen (linksseitige Schmerzen). Viel Durst. *Auffallend seltenes Salzsteinlecken*. **Blähungen** Kollern im Bauch. *Reichlicher Abgang von sehr übelriechenden Gasen*. **Durchfall** ist selten und dann schmerzloser Abgang. *Dünnflüssiger, hellbrauner, brauner, sauer riechender oder stinkender Schleim*. Auch Kot im schleimigen und festgeformten Gemisch, oft sehr übelriechend! **Verstopfung** *mühsamer Absatz von harten, kleingeformten/großen Kotballen*. Bei GRAPH. bleibt der Kot zuweilen lange im Mastdarm ohne Kotdrang oder Schmerzäußerungen. **Anus** (Darmausgang) *stecknadelkopfgroße, krustige, rissige Hautschäden; heftiger Juckreiz*. GESCHLECHT (w): **äußere Genitalien** *wundmachende, übelriechende Hautausschläge mit heftigem Juckreiz*. Hautschäden mit Ausbreitung zu den Hinterbeinen (Innnen-/Außenseite). *Herpesbläschen*. **Eierstöcke** *schwach aktiv*. Ödematöse Schwellung. *Geschwulstbildung*, besonders links. Sterilität. **Ausfluß** wäßrig, wundmachend, übelriechend. **Rosse** wenig ausgeprägte Anzeichen, Widerwille gegen die Begattung ist bei GRAPH. möglich. (m): **Sexualtrieb** stark ausgeprägt, heftige Erregung. *Vermindert, schwache bis fehlende Erektion*. Heftiger Trieb mit nachlassendem Vermögen während des Deckaktes. *Ausbleibender Samenabgang während der Begattung*. **Vorhaut äußere** (Vorhautbeutel) *Hautausschläge: Bläschen, Krusten, Risse* (blutig, gelbwässrig, gelb und zähklebrig). Klein-/großflächige Hautdefekte. *Ausschläge mit Ausbreitung zur Schenkelinnenfläche*. Schwellungen, fühlbar heiß. *Geschwür* (äußere/innere Vorhaut). BEWEGUNGSAPPARAT: MUSKULATUR Verspannungen, besonders im Bereich Schulter (links), Knie, Oberschenkel. Schlechter durch Kälte, kalte Anwendungen. *Ödematöse Schwellung unter Untergliedmaßen mit wäßriger Hautausdünstung*. HUF: **Hufhorn** *spröde, abblätternd, deformiert*, auch dick, hart. GRAPH. hat wiederholt auftretende *Hufgeschwüre*, häufig stinkender Eiter. *Hufkrebs*. HAUT: *verdickt, rissig, krustig, schorfig*. Typisch sind: *gelb-wäßrige, klebrige, honigähnliche Absonderungen/goldgelbe, kristallartige Krustenbildung, übler Geruch*. Heftiger Juckreiz, dann nässende/blutige Absonderung. Trockene Haut, die leicht aufbricht. *Ekzem in den Gelenkbeugen*, sowie an den Übergängen von Haut/Schleimhäuten (z. B. After). *Mehlige Schupppen*. Krankhafter Haarausfall. *Alte Geschwüre mit stinkendem Eiter*, alte Geschwürnarben. *Chronische Mauke*. SCHWEISS: saurer, widerlicher Geruch.

MODALITÄTEN (Wodurch, Wann?): Verschlimmerung: durch Bewegung bei kaltem Wetter, kalte Anwendungen, unterdrückte Hautausschläge bzw. Absonderungen, Diätmaßnahmen; morgens. Besserung: durch Bewegung im Freien, Eindecken, wärmende Umhüllungen.

HEILANZEIGEN: Chronische Prozesse. Bindehautentzündung. Augenlid: Ekzem, Entzündung. Maulschleimhautentzündung. Gehörgangsekzem. Mittelohrkatarrh. Katarrh: Nasen, Rachen. Asthmoide Bronchitits. Husten, chronisch. Darmkatarrh. Verstopfung. Afterekzem. Herpesbläschen, äußere Genitalien. Ekzem, äußere Genitalien. Eierstockgeschwulst. Scheidenentzündung. Sterilität. Impotenz. Muskelbeschwerden (Schulter, Oberschenkel, Knie). Hufhornschäden. Hufgeschwür. Hufkrebs. Mauke. Ekzem (krustig,

rissig, nässend). Hautverdickung. Schuppenflechte. Krankhafter Haarausfall. Hauteiterung.
DOSIERUNG: D30 oder C30 (1mal tägl. über 2–3 Tage), Erstreaktionen und Heilungsverlauf beachten (es können, wie bei allen chronischen Prozessen, alte Leiden zutagetreten und abheilen). Gegebenenfalls nach 3–5 Wochen D30/C30 wiederholen oder gleich D200 oder C200 (1malig/1mal tägl. über 2 Tage) und Wiederholung gut abwarten. Graphites wirkt langsam und langanhaltend.
VERGLEICHE: Calc. carb., Puls., Sil., Sulf.
GEGENMITTEL: Acon., Ars., Nux-vom.

TYPISIERUNG VON GRAPHIT

Das Haarkleid des GRAPHIT-Pferdes ist häufig von schwarzer, dunkelgrauer, hellgrauer oder erdfarbener Pigmentierung. In einigen Arzneimittellehren der klassischen Homöopathie sowie in wenigen tierhomöopatischen Darstellungen betitelt man den GRAPHIT-Tpy als fett, faul, verfressen, verstopft. Ohne Zweifel ist es zu simpel, die Bedeutung dieser wichtigen Arznei in vier schlichte Merkmale zu kleiden. Aufgrund dieser Angaben entstehen in der Tierhomöopathie mitunter Mißverständnisse und man meint, daß vorwiegend »kaltblütige« Pferde dem GRAPHIT-Typ entsprechen, was nicht der Fall ist. Das GRAPHIT-Pferd ist ein »lieber und bodenständiger« Vierbeiner, der sich seinem Halter gegenüber meistens »artig« und »zutraulich« verhält. Allerdings geraten Reiter bei der Ausbildung des GRAPHIT-Pferdes rasch ins Schwitzen, denn dieser Typ »setzt sich schwerfällig in Bewegung« und »begreift seine Lektionen oft langsam«. Außerdem kann sich gerade das junge GRAPHIT-Pferd »schwer konzentrieren« und braucht eine gewisse »Anlaufzeit«.
Das »Unentschlossene« und »Zögernde« gehört zu GRAPHIT, wobei diese Eigenschaft mehr oder weniger ausgeprägt sein kann. Die Reiterin eines GRAPHIT-Pferdes bezeichnete das Temperament ihres vierbeinigen Jünglings als: »schieb-mich-zieh-dich«. Selbiges Pferd wurde nach einigen Gaben GRAPHIT (in Hochpotenz) merkbar forscher und von seiner Mauke befreit. Andererseits kann man das ausgebildete GRAPHIT-Pferd auch auf großen Schauveranstaltungen sehen, wo es sich in guter Versammlung, stolzer Haltung und mit raumgreifenden Bewegungen präsentiert – und nicht »aus der Ruhe bringen läßt«. Die »Gutwilligkeit«, »Geduld« und »Treue« des GRAPHIT-Pferdes ist bemerkenswert. Allerdings leidet dieser Typ oft unter Haut- und Hufproblemen. Das etwas »Dickhäutige« dieses Typs zeigt sich eben nicht nur auf der mentalen Ebene, sondern – in Form von Krusten, Verdickungen, Hornschäden etc. – auch auf der Haut und am Hufhorn. Ein liebenswerter Wallach aus Norddeutschland konnte durch GRAPHIT von seinen ernormen Leiden geheilt werden (ein fast über den ganzen Körper ausgebreitetes Ekzem, chronische Bronchitis, Kräfteverfall)! Seine Besitzerin, eine Tierärztin, hatte ein von mir dargestelltes GRAPHIT-Bild gelesen und ihr Pferd umgehend mit GRAPHIT (in Hochpotenz) behandelt. Die Besitzerin des nun lebhaften Wallachs hat seinen Heilungsverlauf freundlicherweise dokumentiert.

Hekla Lava
Lava vom Heklavuklan; Island. Enthält unter anderem Kieselsäure, Kalcium, Magnesiumsilikate.

ARZNEIMITTELBILD: Bei Pferden, Rindern und Schafen, die in der Nähe des Heklavulkans weideten, traten erhebliche Knochenauftreibungen im Bereich des Kiefers, Kopfes, der Hüfte und Unterschenkel auf. Festgestellt wurden nicht nur Auftreibungen der Knochen, sondern auch ein Zerfallprozeß des umliegenden Gewebes, welches enorme Schwellungen aufwies (insbesondere am Unterkieferknochen). Bei schwer erkrankten Tieren fand man unter dem angeschwollenen und sich zersetzenden Gewebe einen Hohlraum, der bis in das Knochenmark führte. Neben Auftreibung und Brüchigkeit der Knochen wurden verhärtete Anschwellungen der Halsdrüsen beobachtet (Dr. J. Mezger). Die Anwendung von HEKLA LAVA (in unterschiedlicher Potenz) an kranken Menschen und Tieren erweiterte das Bild der Symptome dieser Arznei. KOPF: *Exostosen* (Knochenauftreibung), Abszesse, Fisteln, die von Zahnerkrankungen ausgehen. Fistel des Unterkiefers. Druckschmerzhafte, verbreitete, vermehrt warme Schwellung (unterstützend zur tierärztlichen Behandlung; auch Ars., Sil., Phos.). Abszeß (Eitergeschwür) im Unterkiefer, häufig stark geschwollen, derb und hart. ZÄHNE/ZAHNFLEISCH: **Zahnfleisch** *Abszeß* (Eitergeschwür). Fortbestehende Druckschmerzhaftigkeit (erschwertes Kauen) nach Zahnoperation, Zahnausfall. Kaubeschwerden infolge von Zahnerkrankungen. *Zahnwurzelabszeß* (Hep., Lyc., Marc., Sil., Sulf.). Zahnkaries (Aushöhlung der Zähne). KNOCHENSYSTEM/SKELETT: *Exostosen*, die an allen Körperteilen auftreten können. *Ernährungsbedingte Knochenauftreibungen und Knochenverformungen bis hin zur Knochenerweichung*. Arthrose-Syndrom (bei Knochenaufbaudefekten; Röntgen). *Spat* (bei Exostosen der äußeren Seite des Sprunggelenkes). Schale, Ringbein, Leist (deformierte Form, wenn harte Auftreibungen bestehen). HUFHORN: spröde, bröckelig, deformiert.

- Aufgrund dessen, daß bei Tieren Knochenerweichung, Knochenmarkzerfall festgestellt wurde, kann HEKLA LAVA auch bei Knochentumoren und sehr harten Tumoren versucht werden (wenn letztere nicht mehr zu operieren sind).

HEILANZEIGEN: Zahnfleischabszeß. Zahnwurzelabszeß. Zahnkaries. Exostosen (Knochenauftreibungen). Spat. Schale. Ringbein. Leist.

DOSIERUNG: Ab D3 bis D8 (2–3mal tägl.; bis zur Besserung). Ansonsten können LM-Potenzen, wie LM 6 (1mal tägl.) durchaus angezeigt sein; gegebenenfalls auch D30; C30 (1mal tägl. über 3 Tage, Wiederholung abwarten). Bitte eine Konstitutionsbehandlung mit in Betracht ziehen.

VERGLEICHE: Calc. carb., Calcium fluoratum (nicht im Register), Sil.

Hepar sulfuris
Hepar sulfuris calcarea. Zu gleichen Teilen aus dem weißen Inneren der Austernschale und »Schwefelblume« (reiner Schwefel) – durch Erhitzen entsteht ein Gemenge von Calciumpolisulfiden und Calciumsulfat (die sogenannte Kalkschwefelleber).

ARZNEIMITTELBILD (wichtige Symptome): HEPAR zeigt eine Neigung zur Entzündung der oberen Atemwege mit *eitrigen Absonderungen*. Fortgeschrittene Katarrhe mit *dicken, gelben Sekreten* (die wie alter Käse riechen) sind bei HEPAR häufig zu beobachten. Auch die erhebliche Neigung zur *Abszeßbildung und Eiterung* (bes. der Haut) ist dieser Arznei eigen. Bei HEPAR findet man *extreme Überempfindlichkeit gegen Kälte* (kalten Wind, Zugluft, trockene kalte Luft). Der HEPAR-Typ ist *extrem frostig* (rechtzeitiger, rascher Haarwuchs und ein sehr dichtes Haarkleid in der kalten Jahreszeit), noch frostempfindlicher als Calc. carb. und Silicea. Eigentümlich für HEPAR ist seine *Besserung durch feuchte Wärme* (schwüle Witterung, feuchtwarme Wickel, warme Dämpfe). Zudem fällt seine *extreme Schmerzempfindlichkeit* auf (überreizt, übernervös, aufbrausende Abwehr); auch der Heißbeschlag bzw. das Beschlagen kann qualvoll sein. Das HEP.-Pferd neigt oft zur *Ungeduld* (hastig) und zum *übereilten Gehen*. Mitunter sorgt dieser Typ für Aufruhr innerhalb einer Gruppierung, *schikaniert* seine Artgenossen, kann sehr *übellaunig* und sogar *gewalttätig* sein, wobei er beizeiten *erschöpft* ist. Nicht selten sind es »nachtaktive« Pferde, die tagsüber müde oder überreizt wirken. KOPF: *starker Haarausfall* von Schopf, Mähne (Stoffwechselstörung?). **Ohrspeicheldrüse** geschwollen, *gelb-eitrige Absonderungen* (aus der Maulhöhle), die wie *alter Käse riechen*. **Kieferhöhle** *dicke eitrige Absonderung* (Alter-Käse-Geruch). AUGEN: *Eiterpickel* um die Augen, auf den Lidern. **Bindehaut** entzündet, *eitriges Sekret*. **Hornhaut** Geschwür, *Eiterbildung, Trübung* (links). **Regenbogenhaut** entzündet, *Eiterungen. Sehr lichtempfindlich.* ATMUNGSORGANE: **Schnupfen** gelb, eitrig, gelb-grün; *käsiger Geruch*. **Kehlkopf** Rasselgeräusche (wie Krupp). **Husten** heftige Reizhustenanfälle (schlechter durch jegliche Kälte, Wind, abends bis nach Mitternacht); *krampfartig, trocken* oder mit **Auswurf** *reichlich, schleimig, dick, gelb*; übelriechend. **Atmung** Pfeifen, *Rasseln*. VERDAUUNGSTRAKT: **Zahn**-fleisch, geschwollen (blutet leicht), *Abszeß*. **Mund**geruch *wie faule Eier*. **Schlund**-krampf, kann kaum schlucken. Eher durstig als hungrig. Häufig wenig Appetit. *Frißt Ungewöhnliches* (z.B. Erde, Kreide) *gerne saures Obst*. **Kot** *weich*, dennoch schwergehendes Koten (wie verstopft). **Durchfall** schmerzlos; schleimig, *Geruch sauer*, wie verdorbener Käse. **Gasabgang** riecht wie faule Eier (Arn., Cham., Sulf.). Durchfall durch Zahnung/Zahnwechsel. HARNWEGE: Harndrang, doch Harn kommt nur zögernd, *schmerzhaftes Harnen*. **Harn** *milchig, trübe; riecht säuerlich*. GESCHLECHT (w): **Ausfluß** (Scheide) weißlich, wundmachend; *Geruch wie alter Käse*. (m): **Penis** *Geschwüre*, erhaben, käsiger Grund; übelriechend. *Feigwarzen*, riechen wie alter Käse. **Vorhaut**

Geschwürbildung mit Eiterung. HUF: *Abszeß, Eiterung*. HAUT: *Wunden mit Eiterbildung*; kleinste Verletzungen eitern. *Phlegmone* mit dickem, gelbem Eiter. *Furunkel. Ekzem, chronisch*: Krusten, Borken (eitrig, käsiger Geruch). Sehr heftiger Juckreiz. SCHWEISS: kommt schnell ins Schwitzen, *klebriger Schweiß*, saurer Geruch.
MODALITÄTEN: Verschlimmerung: durch Berührung, Kälte, Luftzug, kaltes trockenes Wetter, ohne Decke. Morgens, ab nachmittags, häufig nachts. Besserung: durch Wärme, warmes Wetter. Auffallend besser bei feuchter Wärme.
SEITENBEZIEHUNG: rechts, links; häufiger rechts.
HEILANZEIGEN: Zahnabszeß, Zahnfleischentzündung. Kieferhöhlenentzündung. Ohrspeicheldrüsenentzündung, akut. Entzündung: Bindehaut, Hornhaut. Hornhauttrübung/-geschwür. Nasenkatarrh, akut, chronisch. Katarrh: Rachen, Kehlkopf; akut. Schlundkrampf. Bronchialkatarrh. Chronisch-obstruktive Bronchitits. Darmkatarrh. Blinddarmentzündung. Durchfall. Harnwegsinfekt. Scheidenausfluß. Penis: Geschwür, Feigwarzen. Vorhautabszeß. Wunden. Phlegmone. Mauke. Furunkel, Ekzem, chronisch.
DOSIERUNG: Zur Reifung bzw. Eröffnung von Abszessen verspricht die D4 (jede 3. Stunde, bis zur Eröffnung), dann D30 (1mal tägl. über 2–3 Tage) eine gute Abheilung. Zur Beschleunigung eines Eiterungsprozesses, was manchmal angezeigt sein kann, gibt man ab D4 bis D8 (2–3mal tägl., abwarten). Ab D12 bis D30, C30 und höher wird eine Eiterung verhindert. Bei tatsächlich »reifen« Katarrhen (dicke, gelbe Sekrete) verwendet man gerne C30 (1mal tägl. über 3–4 Tage); sowie bei Ekzemen (gut beobachten, Wiederholung abwarten, eventuell neu wählen).
VERGLEICHE: Ars., Calc. carb., Graph., Merc., Sil., Sulf.
GEGENMITTEL: Ars., Bell., Cham., Camph.

Hypericum

Hypericum perforatum, das **Johanniskraut;** Familie der Johanniskrautgewächse. Aus der ganzen Pflanze zur Blütezeit.

ARZNEIMITTELBILD (Allgemeines): Aus gutem Grund wird HYPERICUM in der Homöopathie als »Arnica der Nerven« bezeichnet. Es ist eine bedeutende Arznei bei *Nervenentzündungen* und *Nervenlähmungen* oder peripheren Nerven (mögliche Ursache: *Prellung, Quetschung, Schlag, Zerrung, Überstreckungen, infolge einer Operation*). Zudem kann HYPERICUM bei *Gehirnerschütterung* und *Rückenmarkserschütterung* angezeigt sein (mögliche Ursache: Niederstürzen auf harten Untergrund, Überschlagen, Gegen- und Anschlagen an harte Gegenstände, Transportunfall etc.). Auch bei langwährenden Folgen einer Gehirnerschütterung wird HYPERC. in Betracht kommen (nicht selten wirksamer als Arnica). Außerdem ist HYPERC. eines der wirksamsten Mittel bei *Stichwunden* und *Insektenstichen* in nervenreichen Körperpartien. Nicht zuletzt kann HYPERICUM auch bei Quetschwunden empfehlenswert sein.

- FOLGEN VON Schreck, Schock (Sturz, Unfall).

HEILANZEIGEN: Nervenentzündung. Nervenlähmung. Gehirnerschütterung. Rückenmarkserschütterung. Stichwunden. Insektenstich. Hautentzündung nach Insektenstich. Quetschwunden. Folgen traumatischer Erlebnisse.
DOSIERUNG: D4; D6; D8 (2mal tägl.). Bei Nervenentzündung/-lähmung wäre D12 empfehlenswert (1mal tägl., absetzen bei Besserung) oder LM 6 (1mal tägl., Wiederholung in Maßen). Bei langwährenden Leiden sowie Folgen von Schreck D30; C30 (1mal tägl. über 2–3 Tage, Wiederholung abwarten).
VERGLEICHE: Arn., Bellis-per., Calend., Ledum, Staph.
GEGENMITTEL: Ars., Cham., Sulf.

Ignatia
Strychnos ignatii, auch Ignatia amara, **Ignatia-Bohne;** Familie der Brechnußgewächse. Ignatius (= zu Ehren des heiligen Ignatius v. L., amara (= bitter), Strychnos (= Strychnin ist ein wesentlicher Inhaltsstoff der Samen dieser Pflanze). Strychnin wurde zur Anregung/Stärkung der Herztätigkeit gebraucht. Die getrockneten Samen dienen zur Herstellung der homöopathischen Arznei.

ALLGEMEINES: IGNATIA ist ein bekanntes *»Kummermittel« für Mensch und Tier* (auch Acidum phosphoricum, Nat-mur.), wobei eine jede Arznei ihre eigenen Merkmale besitzt. Selbstverständlich dürfen wir dem Pferd neben verschiedenen Gefühlsregungen, wie z. B. Angst und Zutrauen, Abwehr und Zuneigung – auch das Traurigsein und das Bekümmertsein – nicht absprechen. Besonders feinfühlige Pferdefreunde werden bemerken, ob ihr Vierbeiner traurig und betrübt ist, und sie können oft mögliche Ursachen und anderes Wesentliche erkennen und benennen. Wo NAT-mur. seinen Kummer über viele Jahre ertragen und geradezu speichern kann (nicht selten mit hartnäckigen Erkrankungen im Gefolge), *reagiert IGNATIA rascher, widersprüchlicher und häufig dramatisch.* IGN. ist eher *bei akuten und speziellen Folgen von Kummer angezeigt.* Zum Beispiel kann ein Absetzer (oder seine Mutterstute) IGNATIA benötigen sowie das Pferd, welches seinen langjährigen Freund verliert. Trauern ist kein krankhafter Prozeß, doch ein kummervolles Erleben, das, wenn es überhand nimmt, zur Erkrankung an Leib und Seele führt. **ARZNEIMITTELBILD** (wichtige Symptome). GEMÜT/VERHALTEN: sensibel, intelligent, sehr gelehrig. *Reserviert, hält sich zuweilen von seinen Artgenossen fern* – kann auch geradewegs *heftige Auseinandersetzungen* beginnen (Artgenossen, Menschen). Furchtsam, ängstlich – launisch, streitbar. Wechselhafte Stimmung (Pulsatilla). Plötzliches Ausschlagen ist möglich (mitunter ohne direkt ersichtlichen Grund). *Geräuschempfindlich.* Flehmt häufig, wenn in seiner Nähe geraucht wird (*sehr empfindlich gegenüber Tabakgeruch*). *Furcht vor gefiederten Tieren.* Überaus empfindlich und beeindruckt, wenn es streng behandelt oder/und mit lauter Stimme zurechtgewiesen wird (z. B. sofortige

Arbeitsverweigerung, körperliche Symptome). *Folgen von Heimweh, wie z. B. Stallwechsel* (Niedergeschlagenheit, Erregung, Futterverweigerung, außergewöhnliches Verhalten etc.). Dennoch kann es mitunter bester Stimmung sein, wenn ein auswärtiger Lehrgang, Ausritt unternommen wird. *Folgen von Kummer* (Bekümmerungen aller Art). ATMUNGSORGANE: *Reizhusten in heftigen Anfällen* (ohne Krankheitszeichen!). Trockener, krampfartiger Husten, man denke an ein nervöses »Sichhineinsteigern«. Hustet, sobald es nach dem Gehen/der Bewegung ruhig steht. Auch schläfrig nach einem Hustenanfall. *Asthmoide Zustände, erschwerte Atmung* (häufig durch Kummer). Asthmoide Zustände infolge von Aufregung, Streß (Acon, Ars., Cham., Coff., Cuprum, Gelsemium, Puls., Nux-vom., Stram.). Atembeschwerden bei schneller Bewegung. *Zeitweises tiefes Einatmen und/oder Ausatmen*, vor allem in Ruhe- bzw. Schlafphasen. VERDAUUNGSTRAKT: bei IGN. findet man die *Abneigung gegen Obst* (dies wäre zu beobachten). **Appetit** Heißhunger, guter bis sehr guter Futterzustand. Freßunlust, wählerisch und Magerkeit. **Schlund** *Krämpfe* (infolge von Bekümmerung, Tadel, ungünstigen Reitern). IGN. hat allerhand Verkrampfungen/Verspannungen durch Kummer, Zurechtweisung. **Magen** wiederholtes Rülpsen; fauliger Mundgeruch ist möglich. *Krampfhaftes Gähnen* (beim oder/und nach dem Fressen). **Kolik** durch Gasbildung *infolge von Aufregung* (akuter Kummer, Tadel). Krampfartige Gaskolik, in Intervallen auftretend; gebessert durch stete Veränderung der Körperhaltung, duldet keine sanfte Berührung, aber ein kräftiges Massieren und warme Anwendungen, wechselhafte Stimmung, allgemein wechselhaftes und wenig vorhersehbares Verhalten. **Kotabsatz** *erschwert*, krampfhafte Anstrengung. Auch wiederholt erfolgloses Kotpressen. Selbst weicher oder normal geformter Kot kann mitunter mühsam abgesetzt werden. **Durchfall** nach Aufregung ist möglich. BEWEGUNGSAPPARAT: **Muskulatur** *Rückenverspannungen* (bes. nach Kummer, Zurechtweisung. Rechtsseitige Spannungen von Hüfte, Oberschenkel, Unterschenkel abwärts (infolge von Kummer, Aufregung; kann prompt helfen). Beim *Zuckfuß bzw. Hahnentritt* sollte man IGNATIA unbedingt in Betracht ziehen. **Gelenke** Entzündung, Knacken im Kniegelenk. SCHLAF-verhalten: übermäßig schläfrig, ruht/liegt viel und langandauernd; auch hellwach, überaktiv, seltene Ruhe-, Liegephasen.

MODALITÄTEN (Wodurch, Wann?): Verschlimmerung: durch Kummer, Zurechtweisung, Aufregung, Berührung, Kälte, Tabakgeruch; morgens, abends, nachts. Besserung: durch Wärme, warmen Regen, Massage, Ruhe sowie Bewegung, Zuwendung, Zurückhaltung.

HEILANZEIGEN: Nervenschwäche. Verhaltensstörungen (widersprüchliches Verhalten). Chronische Erschöpfung. Niedergeschlagenheit. Husten (nervös). Asthmoide Leiden (infolge von Kummer, Tadel). Gaskolik durch Kummer, Aufregung). Verstopfung. Zuckfuß bzw. Hahnentritt. Muskelzuckungen. Rückenverspannungen. Arthritis (Kniegelenk).

DOSIERUNG: Selten in Tiefpotenzen. Gerne in D30 oder C30 (1mal tägl. über 3 Tage, abwarten), auch D200 oder C200 (1malige bis 2malige Gabe über 1–2 Tage, gegebenenfalls nach 2–3 Wochen 1malig wiederholen).

VERGLEICHE: Nat-mur., Nux-vom., Sepia.

GEGENMITTEL: Arn., Cham., Coff., Nux-vom., Puls.

Kalium bichromicum
Kaliumbichromat; gewonnen aus Chromeisenstein. Es wird z. B. zum Beizen oder zur Herstellung von Mineralfarben verwendet.

ARZNEIMITTELBILD (wichtige Symptome): Bei KALIUM-bi. muß man an *zähe, klebrige und fadenziehene Absonderungen* der Schleimhäute denken (Augenschleim, Schnupfen, Auswurf). Selbst auf der mentalen Ebene findet man bei KALIUM-bi. ein zähes »Verhaftetsein« mit seinem Umfeld und große Zurückhaltung, wie es z. B. dem Pferd eigen sein kann, das an seinem Stall »klebt«. Zuweilen treten abwechselnde Erkrankungen auf. AUGEN: **Absonderungen** *dick-schleimig*, auch gelb; *klebrig, fädig.* **Bindehaut** entzündet, *Bläschen*, eitergefüllt. **Hornhaut** *Bläschen (eitrig), Geschwüre* (auch nach bzw. während eines chronischen Nasenkatarrhs, einer Kiefer-/Stirnhöhlenentzündung). Trübung. Auffallend wenig lichtempfindlich. **Lider** geschwollen, *schorfig* (in Verbindung mit Hornhautschäden). OHRSPEICHELDRÜSE geschwollen, druckschmerzempfindlich. **Absonderungen** (durch Maulhöhle) *dick, gelblich* (eitrig), fadenziehend; *übelriechend, faulig.* ATMUNGSORGANE: **Nase** entzündet (akut, chronisch) **Schnupfen** wäßrig, *schleimig-eitrig, gelb, gelb-grünlich*; *zäh-fadenziehend*; *weich-klebstoffartige, festhaftende Krusten* (Blutung beim Ablösen!); *übelriechend. Geschwüre, wie ausgestanzt* (Nasenschleimhaut). **Nasennebenhöhlen** (häufig Kieferhöhle) entzündet, **Sekret** dick, eitrig, gelb, fädig, auch Krustenbildung (siehe Schnupfen). **Husten** (morgens schlechter, hustet beim Fressen). *Kurze, rauhklingende Hustenstöße.* **Auswurf** *schleimig, weiß, gelb, grünlich*; klumpig, mit Schleimhautfetzen; *zäh-fädig, dicke Fäden*, klebrig, wie Paste. Auswurf nach jedem Hustenanfall/-stoß (vermehrt morgens, nachts). **Atmung** rasselnd, mühsam in Verbindung mit Husten (bei Bronchitis). VERDAUUNGSTRAKT: **Durchfall** (oft morgens), wäßrig, schaumig, geleeartig, klumpig und flüssig gemischt. *Sommerdurchfall.* Durchfall *abwechselnd mit rheumatischen Beschwerden.* LEBER: -entartung, Fettleber. GESCHLECHT (w): **Ausfluß** *dick, gelblich-weiß; zäh, klebrig, fadenziehend*, dabei Juckreiz (schlechter bei heißem Wetter). BEWEGUNGSAPPARAT: Schmerzhaftig-/Lähmigkeit der Gelenke, Muskeln *plötzliches Auftreten und Vergehen. Gelenkentzündung* (die ihre Örtlichkeit wechseln kann), schlechter durch Kälte. *Gelenkbeschwerden abwechselnd mit Husten/asthmoider Bronchitis/Durchfall.* Nervenentzündung (Ischiasnerv), Lähmigkeit der Hinterhand (links). Bewegung bessert häufig. HAUT: Geschwüre: *tief, trocken, krustig*; schwarz und fleckig im Zentrum, *Ränder wie ausgestanzt. Geschwüre mit zäher, klebriger Absonderung.*

MODALITÄTEN (Wodurch, Wann?): Verschlimmerung: durch kaltes Wetter, nach dem Deckakt (Kreuzlähmigkeit). Morgens, ab 3 Uhr am Morgen. Besserung: durch Wärme, feuchtwarmes Wetter, frische Luft. Tagsüber.

- Die Verschlimmerung durch Bier ist auffallend bei KALIUM-bi. Da manche Pferde Bier erhalten, kann diese Erwähnung von Bedeutung sein.

HEILANZEIGEN: Hornhautgeschwür. Hornhauttrübung. Ohrspeicheldrüsenentzündung. Nasenkatarrh. Nasenschleimhautgeschwür. Nasennebenhöhlenkatarrh. Luftsackvereiterung. Kehlkopfkatarrh. Husten (zäh-fädiger Auswurf). Asthmoide Bronchitis. Heuallergie. Darmkatarrh, chronisch. Leberentartung. Fettleber. Scheidenkatarrh. Arthritis. Lahmheiten der Hintergliedmaße (Ischiasnervbereich), links. Hautgeschwür.
DOSIERUNG: D6, D8 (2–3mal tägl., beobachten) gegebenenfalls ab D12 (1mal tägl., absetzen bei Besserung) oder D30; C30 (1mal tägl. über 2–3 Tage, Wiederholung abwarten). Bei chronischen Prozessen eventuell aufsteigend zur D200; C200 (1malig; abwarten).
VERGLEICHE: Ars., Hepar., Merc., Puls., Sil.
GEGENMITTEL: Ars., Calc., Lach., Puls.

Lachesis
Lachesis muta bzw. trigonocephalus, **Buschmeisterschlange;** Giftschlange; Familie der Viperidae (Ottern). Etwa 3 Meter Länge; trigon = Dreieck, cephalus = Kopf (dreieckig geformter Kopf). Zur Herstellung der homöopathischen Arznei wird das frische Gift, das während des Bisses ausströmt, verwendet.

ALLGEMEINES: Es war Dr. C. Hering, welcher im Juli 1818 der Buschmeisterschlange einige Gifttropfen entnehmen konnte, auf Milchzucker brachte und nach Verreibung/Verdünnung die erste homöopathische Arzneiprüfung von LACHESIS am eigenen Leibe vornahm! Durch seine und auch weitere Prüfungen an Gesunden ergaben sich rund 3800 LACHESIS-Symptome. Dr. Hering, dem »Vater der amerikanischen Homöopathie«, haben wir es zu verdanken, daß uns heute eine hochrangige Arznei zur Verfügung steht, deren Kraft so gewaltig ist, daß man bei trefflicher Wahl auf den Gebrauch von Antibiotika verzichten könnte (wenn es manche Tierärzte wagen würden). LACHESIS wirkt selbst dann noch, wenn bereits Antibiotika verabreicht wurde (beim Mensch und Tier!) und kann auch eine chemotherapeutische Behandlung unterstützen. LACHESIS ist unter anderem angezeigt: bei *drohender Sepsis/septischen Prozessen* (Sepsis=Fäulnis/Überschwemmung der Blutbahn mit Bakterien und Giften), *schweren Infektionskrankheiten, Virusinfekten, Unterhautzellgewebsentzündung* (Phlegmone) mit drohender Sepsis/im septischen Verlauf sowie mit beginnendem Gewebszerfall und bei *Eiterungsprozessen mit übelriechenden Absonderungen*. Nicht zuletzt kann LACHESIS bei *Herz-Kreislauf-Erkrankungen* angezeigt sein und gilt als vielfach bewährte Arznei für *Eierstockzysten* (bes. links). **ARZNEIMITTELBILD:** (wichtige Symptome): AUGEN: Herabsetzung der Sehkraft nach schweren Infektionen (bes. Atmungsorgane) oder bei Herzerkrankungen. MAULHÖHLE: **Schleimhaut** *Geschwüre*, sich ausbreitend, Zentrum bläulich/dunkelblau, am Rande purpurfarben. *Kleine purpurfarbene Flecken, Stippen*. Tendenz zu Blutungen. ZAHNFLEISCH: *Blutung nach Zahnoperation* (Arn., Phos.). Entzündung von bläulicher, purpurroter Färbung. Weiches, schwammiges Zahnfleisch, das bei Berührung blutet. *Geschwüre mit beginnendem Gewebszerfall.* ZÄHNE: *Zahnkaries.* Frühzeitiger Zahnverfall. OHRSPEICHELDRÜSE: sehr druckschmerzempfindliche *Schwellung, besonders links*; z. B. infolge von Druse, Viruserkrankungen, Maulschleimhautentzündung. ATMUNGSORGANE: **Rachenbereich** *Schluckbeschwerden*, nach dem Trinken läuft das Wasser aus den Nüstern. Schluckbeschwerden, wo das Pferd leichter Heu/Kraftfutter abschlucken kann als Wasser. *Entzündungen im Bereich des lymphathischen Rachenringes* (z. B. Zungenmandel, Gaumensegelmandel, Rachenmandel). Appetitlosigkeit, Pferd hat zuweilen erhebliche Schluckbeschwerden. *Übler Mundgeruch* ist möglich. **Schnupfen** häufig linksseitig, *gelb, eitrig*, z. B. im Zusammenhang mit schweren Atemwegsinfekten. *Schnupfen und asthmoide Zustände.* Heustauballergie. *Schnupfen in jedem Frühjahr.* **Husten** *heftig* (bes. morgens), erschöpfend, würgend, kruppartig, auch *hartnäckiger Reizhusten* (schlimmer: nachts, am Tage, bei Temperaturwechsel). *Hustet bei äußerer Druckeinwirkung im Bereich Kehlkopf* (auch Rumex). *Reizhusten bei Herzerkrankungen* (tierärztliche Diagnose). Hustet bisweilen lange, bis Auswurf kommt. **Auswurf** *schleimig, klebrig*, auch dünnflüssiger Schleim (gelb, auch blutgestreift), eher geruchslos. **Atmung** pfeifend, rasselnd. *Asthmoide Zustände*, schlechter; durch körperliche Anstrengung, Halsbeengung (z. B. Martingal), nach dem Fressen, Ruhen/Schlafen. *Asthmoide Zustände*, durch Atemwegsinfekte, unterdrückte Hautausschläge, Heustauballergie. HERZ: **Puls** klein, schwach und beschleunigt; ungleich, aussetzend; abwechselnd voll und klein. VERDAUUNGSTRAKT: vermehrter Speichelfluß/übler Mundgeruch sind möglich. *Überempfindlich gegenüber Einengung des Bauches* (Sattel, Gurt etc.). **Blähungen** *übelriechend.* **Durchfall** *dünnflüssig, schleimig, gelbbraun, dunkelbraun, übel/aasig riechend.* Schleimiger Kot mit Blutbeimengung. *Durchfall abwechselnd mit geformtem Kot*, mit Verstopfung. Selbst geformter Kot kann übelriechend sein. **Verstopfung** mühsamer Kotabsatz, zuweilen selbst bei weichem Kot. Verstopfung infolge von Arzneimittelmißbrauch. GESCHLECHT (w): **Gebärmutter***schleimhautentzündung.* **Eierstöcke** entzündet, *Zysten* (oft links). Geschwüre. **Ausfluß** gelblich, milchig, übelriechend. *Nyphomanie.* (m): **Sexualtrieb** sehr stark ausgeprägt. Der im LACHESIS-Typ stehende Hengst neigt deutlich zur Onanie. BEWEGUNGSAPPARAT: **Muskulatur** Verspannungen, besonders im Bereich Hals, Schulter, oft *linksseitig.* Erschwerte Seitwärtsbewegung von Kopf/Hals; Zurück- und/oder Niederziehen. Beschwerden »wie eine Schulterlahmheit«. *Erhebliche Verspannungen von Muskelpartien*, deren Aufgabe das Beugen von Knie-/Sprunggelenk, Strecken des Sprunggelenks oder/und Ausführung von Seitwärtsbewegungen umfaßt (Linksseitigkeit wäre zu beobachten). **Gelenke** *akute, rheumatoide Prozesse* (bes. im Bereich des Vorderfuß-/Sprung-/Fessel-/Kron-/Hufgelenks). HUF: Hufrehe: *toxische Rehe* (z. B. durch Giftstoffe im Futter) *infolge einer hochgradigen Infektion* (z. B. Druse, Influenza)/*Geburtrehe* (sogleich: auch gemeinsam mit Pyrogenium). *Übelriechende Zerstörungsprozesse* (Strahlfäule, Hufkrebs). Hufgeschwür mit *übelriechender Eiterung.* HAUT: Hautpilz (bes. linksseitig). *Melanom* (bes. im Kopfbereich). *Eitergeschwür (Abszeß). Infizierte Wunden* (die bis zur *Phlegmone* führen können), im septischen Verlauf

(blutig-gelbwäßrige, blutig-eitrige, eitrige Absonderungen von süßlich-eitrigem oder faulig-üblem Geruch/blau bis schwarzblaue Verfärbung, auch umgeben von einem roten oder blaurotem Saum). *Häufig fehlendes oder wenig Fieber* (oder rasch ansteigendes Fieber), im Gegensatz zu PYROGENIUM geringe Allgemeinerscheinungen. Nicht zuletzt hier kann LACHESIS (Ars., Pyrog.) rasche Heilerfolge bringen (D30; C30, vom Tierarzt/Heilpraktiker auch unter die Haut zu spritzen, wirken ausgezeichnet). FIEBER: ohne Schweiß mit viel Durst. Nachlassendes Fieber, schwitzen. Wiederkehrendes Fieber, nach unterdrückenden Maßnahmen oder in jedem Frühjahr.
MODALITÄTEN (Wodurch, Wann?): Verschlimmerung: durch Sonnenhitze, warmschwüles Wetter (aber auch durch feuchtkaltes), durch Wärme, warme Anwendungen, warme Stallung, Beengung (Hals, Leib), unterdrückte Absonderungen, im Frühjahr oder Herbst (auch wiederkehrende Beschwerden). Besserung: durch Aufenthalt in der kühlen, frischen Luft, braucht freie Bewegung.
SEITENBEZIEHUNG: häufig links/auch wandernd von links nach rechts.
HEILANZEIGEN: Septische Prozesse, septische Zustände und Eiterungsprozesse mit übelriechenden Absonderungen. Maulschleimhaut, Entzündung, Geschwüre. Zahnfleisch, Entzündung, Geschwüre. Ohrspeicheldrüsenentzündung. Entzündung; Rachen, Rachenmandel, Kehlkopf. Schlundkrämpfe. Pferdegrippe. Bronchitis, akut. Asthmoide Bronchitits, spastisch. Herzmuskelerkrankungen. Herzrhythmusstörungen. Herz-/Kreislaufstörungen. Speicheldrüsenentzündung. Darmentzündung. Gebärmutterschleimhautentzündung. Eierstockzysten. Nymphomanie. Muskelverspannungen, linksseitig. Gelenkrheuma, akut. Hufrehe. Strahlfäule, Hufgeschwür. Hufkrebs. Hautpilz (bes. linksseitig). Abszeß. Geschwürige Wunden. Melanom. Phlegmone.
DOSIERUNG: LACHESIS besitzt eine rasche und tiefgreifende Wirkung. Diese Arznei darf man niemals überdosieren. Angaben einer täglichen Verabreichung der D30; C30 über einen längeren Zeitraum sind unzulässig. Wenn die Heilanzeige stimmt, so wirkt C30 (1malig/ 1mal tägl. über 2 Tage) umgehend, gegebenenfalls nach einer Woche (1malig) wiederholen. Ansonsten D8 (1–2mal tägl. über ca. 1 Woche, Wiederholung beobachten) oder D12 (in 3tägigen Abständen) oder LM 6 (1mal tägl. über 4–5 Tage, abwarten). Bei einer Konstitutionsbehandlung muß die Dosierung vor Ort entschieden werden.
VERGLEICHE: Apis, Ars., Bell., Hepar., Lyc., Merc., Pyrog.,
GEGENMITTEL: Acon., Ars., Cham., Merc., Nux-v., Puls., Rhus-t., Sep., Sil., Thuja.

Ledum

Ledum palustre, **Sumpf-Porst;** Familie der Heidekrautgewächse. Aus den getrockneten jungen Trieben.

ARZNEIMITTELBILD (wichtige Symptome): ALLGEMEINES: Die Lebensbedingungen des Sumpf-Porst lassen einige arzneiliche Eigenschaften von LEDUM erkennen. Diese Pflanze der nördlichen Moore verwurzelt sich mit Vorliebe im morastigen Erdreich, welches unter anderem »Feuchtigkeit spendet«. Auf sauren Böden, fernab von Kalk, kann der Sumpf-Porst zu einem gut verzweigten Strauch heranwachsen. Damit seine oberirdischen Teile, die Blätter und jungen Austriebe, gegen das rauhe Klima geschützt sind, bemäntelt er sie mit einem filzigen »Wollkleid« (= ledos, abgeleitet aus dem Griechischen). Der weiß blühende Sumpf-Porst verströmt einen stark aromatischen Duft und wehrt dadurch vermutlich schädigende Insekten ab, wobei auch verendete Fliegen in seinen Blüten gefunden wurden. Diese Pflanze beherbergt ein ätherisches Öl, das antiseptisch wirkt. Bei LEDUM findet man: wenig Eigenwärme, *rheumatische Leiden mit der Tendenz, von unten nach oben hin aufzusteigen* sowie *Gelenkbeschwerden von aufsteigendem Krankheitsverlauf* – mit *auffallender Besserung durch kalte bis eiskalte Wassergüsse und Anwendungen*! Zudem ist LEDUM eine bewährte Arznei bei *Insektenstichen, Stichwunden und stichpunktförmigen Hauterscheinungen.* Bei stumpfen Verletzungen mit Einblutung unter die Haut sollte LEDUM nicht außer acht gelassen werden. BEWEGUNGSAPPARAT: **Gelenke** Entzündung, im akuten Stadium: Schwellung (teigig; ödematös), vermehrte Wärme, starke Druckempfindlichkeit, eingeschränkte Bewegungsfähigkeit, Pferd kann kaum auftreten bis hin zur gänzlichen Lahmheit. Im chronischen Stadium: Schwellung, Druckschmerz (harte Ablagerungen und Deformierungen an den Gelenken), ausgeprägte Bewegungseinschränkung. LEDUM ist eine wertvolle Arznei bei akuter, subakuter (weniger akut) und chronischer *Arthritis* sowie bei subakuter und chronischer *Arthritis urica* (Gicht). Letztere kann durch Eiweiß- und purinhaltige Fütterung (z. B. enthalten Klee, Weizen, Soja, auch Purine), Bewegungsmangel und körperliche Überanstrengung verursacht werden (Blutbild-/Harnsäurewerte/Röntgen/Schmied). Das Arzneimittelbild von LEDUM beinhaltet unter anderem »Gicht in der großen Zehe« (Gicht: akut/chronisch verlaufende Purinstoffwechselstörung, Abscheidung von harnsauren Salzen besonders in den Gelenken und ihrer Umgebung sowie an verschiedenen Körperstellen). LEDUM hat eine vorrangige Beziehung zu den *bodenwärts gelegenen Gelenken* (bes. Hufgelenk, Krongelenk, Fesselgelenk). Auch **Muskel**rheumatismus (bes. im Bereich von Unterschenkel, Knie, Ellenbogen und Schulter). Auch *Druckschmerzhaftigkeit* der linken Schulter und rechten Hüfte (über Kreuz auftretende Beschwerden. Bei **starker Prellung** mit erheblichem Bluterguß (Arn.); besonders der unteren Gliedmaßen. *Allgemeine Besserung durch kalte Güsse, kalte bis eiskalte Anwendungen* (z. B. auch auffallend langandauerndes Stehen in einer Pfütze oder schlammigen Stelle des Auslaufs). Verschlechterung, wenn das Pferd über Nacht Bandagen, Gamaschen oder/und eine Decke trägt (Erwärmung). HUF: (neben stoffwechselbedingten Schäden) *Folgen von Nageltritt und Vernagelung.* Mittel- bis hochgradige Stützbeinlahmheit. HAUT: *Insektenstiche* (bes. durch alle in Wassernähe lebenden Insekten und Läuse!) mit Schwellung, mit Entzündung. Zu Insektenstich: Ist ein Nerv getroffen (Hypericum), die Knochenhaut (Ruta), ein Knochen (Calc. phos., Symphytum), war es eine Biene oder Wespe (häufiger

Apis, Bell., Lach.). *Verletzung durch Splitter*, spitze Krallen (Katze), Bisse (spitze Zähne) mit Eiterung. *Abszeß infolge von Injektionen*. Abszesse mit Besserung durch kalte Umschläge. *Prellung, Bluterguß* (Arn., Bellis-per., Calend.). *Kleinste, fleckförmig umschriebene Blutungen* (auch der Schleimhäute).
MODALITÄTEN (Wodurch, Wann?): Verschlimmerung: durch das Tragen von Gamaschen, Bandagen, einer Decke (je nach Sitz der Erkrankung) über Nacht, durch warme Anwendungen, Bewegung. Nachmittags, abends, nachts. Besserung: durch kalte bis eiskalte Güsse, Wassergüsse, Anwendungen, Ruhigstellen. Mitunter bessern sich die Gelenk- und/oder Muskelbeschwerden durch leichte Bewegung.
HEILANZEIGEN: Arthritis, akut, subakut, chronisch. Muskelrheuma, akut, chronisch. Hufrehe, subaktut, chronisch. Nageltritt. Vernagelung. Prellungen mit Bluterguß. Insektenstiche, Stich- und Bisswunden. Abszeß infolge von Stichverletzung. Kleinste, punktförmige Hautblutungen.
DOSIERUNG: Bei akuter Erkrankung D4; D6; D8 (2–3mal tägl., absetzen bei Besserung). Bei Insektenstichen gerne Tiefpotenzen. Die D30; C30 (1mal tägl. über 2–3 Tage) ist bei Prellung, Bluterguß, Nageltritt häufig wirksamer. Bei chronischen Gelenk- und Muskelleiden ebenfalls ab D30 oder C30 (Wiederholung nach ca. 3–4 Wochen). Bei subakuter und chronischer Hufrehe ist D3 (2–3mal tägl.) vorzuziehen.
VERGLEICHE: Zur Hufrehe: sofort Urtica urens D1; D2 (stündl.) im Wechsel mit Bell. D4 und Apis D4 (2–3mal tägl.). Alsbald Colchicum D4 (2–3mal tägl.). Bry. (ab D4) ist möglich. Bei chronischer Hufrehe können Abrotanum (D2), Ledum, Nat-s. (D6), Lyc. (D30) oder Sil. (D30) in Betracht kommen; desgleichen Colchicum, Kalium jodatum (D4), Thuja (sehr sparsame Gaben in D30), Urtica urens. Außerdem je nach Konstitution.
GEGENMITTEL: Camph., Rhus-tox.

Lilium tigrinum

Tigerlilie; Familie der Liliengewächse. Aus der frischen, blühenden Pflanze ohne Zwiebel.

KENNZEICHNENDES: Die Tigerlilie bietet den Anblick einer »hochaufgerichteten« Pflanze mit prunktvollen orangeroten Blüten (August, September), deren Blütenblätter stark zurückgeschlagen sind. Obgleich sie »prachtvolle Blüten« hat und einen »betörenden Duft« verströmt, vermehrt sie sich selten durch »Bestäubung«, sondern vielmehr »ungeschlechtlich« (häufig durch Ausbildung von Brut- bzw. Tochterzwiebeln).
ARZNEIMITTELBILD (wichtige Symptome): LIL-t. hat eine bestimmte Beziehung zum weiblichen Geschlechtsleben. Diese Arznei eignet sich besonders für Stuten, deren *übermäßig ausgeprägter Geschlechtstrieb* und/oder *gesteigerte Rosse* nicht im Verhältnis zu ihrem Fortpflanzungstrieb und/oder ihrer Fruchtbarkeit stehen (psychische Störungen, Hormonschwankungen, Organerkrankungen, Haltungsbedingungen). Bei LIL-t. findet

man den Widerspruch zwischen *Nymphomanie* und *»Vermännlichung«* (hengstige Stuten), zwischen großem »Anreiz« (auch liebevoll) und heftiger »Reizbarkeit« (auch schlagkräftig), zwischen *Triebhaftigkeit* abwechselnd mit *Niedergeschlagenheit*. GEMÜT/VERHALTEN: *selbstbewußt*, Hang zur Einzelgängerin. *Reizbar, widersetzlich*, je näher die Zeit der Rosse kommt, desto größer wird die Reizbarkeit, Hysterie, Ruhelosigkeit. *Neigung zu schlagen. Allgemein überaus ruhelos*, wandert bisweilen auf und ab (Box), wie getrieben, braucht ständig Bewegung. *Der Zustand sexueller Übererregbarkeit* bessert sich häufig durch kräftige Bewegung, besonders in der frischen Luft. *Sehr unkonzentriert, geht übereilt. Wechselhafte Stimmung* bzw. widersprüchliches Verhalten: sehr triebhaft, erregt – matt, sehr niedergeschlagen/reizbar, unleidlich – zugänglich, bedächtigt/kraftlos, lustlos – hastig, eilig/widerwärtig, wütig nach der Bedeckung/*Schwermut abwechselnd mit sexueller Erregung*. VERDAUUNGSTRAKT: *Heißhunger*. Morgendlicher Durchfall. Gasabgang. Mitunter häufiges *Kotpressen, ohne Abgang* oder *Kotpressen, aber Abgang von Harn*. HARNWEGE: *häufiger Versuch zu harnen*; häufiges Absetzen von Harn. Auch schmerzhaftes Harnen. GESCHLECHT (w): Neigung, sich gegen die Boxwand (Stallwand) zu drängen (Hinterteil, Leib); verharrt in dieser Stellung oder wechselt häufig die Position. **Äußere Genitalien** Schwellung, Wundsein. **Ausfluß** bräunlich; dünn-wäßrig, gelblich, weißlich; übelriechend. Juckreiz. **Gebärmutter** Verlagerung (bes. nach der Geburt), -schleimhautentzündung. **Eierstöcke** ödematöse Vergrößerung, links. *Nymphomanie. Sterilität.* SCHLAF-verhalten: Die Ruhelosigkeit, Übererregung kann nachts zunehmen. Ruht zuweilen Tag und Nacht wenig (bes. bei Triebhaftigkeit).

MODALITÄTEN (Wodurch, Wann?): Verschlimmerung: durch Wärme, warme Räume. In regelmäßigen, abwechselnden oder bestimmten Abständen (Intervallen). Nachts. Besserung: bei kräftiger Bewegung, ausreichender Beschäftigung, in der frischen Luft.

HEILANZEIGEN: Sexualtrieb (w), gestört. Hysterie. Nymphomanie. Vermännlichung. Sterilität. Gebärmutterverlagerung. Gebärmutterschleimhautentzündung, chronisch. Eierstocködem, links. Scheidenausfluß, Juckreiz. Harnwegsinfekt.

DOSIERUNG: D4; D6; (2–3 mal tägl.) bei akut aufgetretenem Scheidenausfluß, Harnwegsinfekt sowie zur Sterilitätsbehandlung. Bei sehr reizbaren, übererregten Stuten sollte man von Tiefpotenzen absehen und D30; C30 (1mal je Tag über 3 Tage; gut abwarten) verabreichen, gegebenenfalls D200; C200 nach 3–4 Wochen folgen lassen (1–2malig je Tag). Empfehlenswert wäre die LM 6; LM 8 (1mal tägl. über 1 Woche, absetzen, beobachten, ansonsten wiederholen), auch im akuten Zustand.

VERGLEICHE: Lach., Sep.

GEGENMITTEL: Nux-v., Puls., Plat.

Lycopodium

Lycopodium clavatum, **Keulenbärlapp;** Familie der Bärlappgewächse. Tinktur aus den zerriebenen reifen Sporen.

ARZNEIMITTELBILD (wichtige Symptome): GEMÜT/VERHALTEN: vielseitig begabter Typ. Dominant, anmaßend, eigenwillig; mißtrauisch, zurückhaltend; intelligent, anpassungsfähig; reizbar, furchtsam, geräuschempfindlich; niedergeschlagen, übermütig; sehr leistungsfähig, doch neigt er zu Fehlreaktionen. Einzelgängertum, doch Angst vor dem Alleinsein. Bei Erkrankung, vermehrtem Streß sinken die Kräfte rasch, auch mit Abmagerung. Gähnt häufig, versucht zu gähnen, wobei ein unvollständiges Gähnen nicht selten vorkommt. AUGEN: **Bindehaut** gerötet *sieht wie rohes Fleisch aus*. Eiterabsonderung. *Überempfindlich gegen künstliches Licht*. **Lider** gerötet. KOPF, HALS: **Zahnfleisch** entzündet. **Maulhöhle** (Bläschen) *Schluckbeschwerden*. Das getrunkene Wasser fließt aus den Nüstern heraus. *Speichelfluß*. **Ohrspeicheldrüsen**erkrankung, kann rechts beginnen (Ausbreitung nach links), neigt zu Rückfällen. ATMUNGSORGANE: **Nase** *gelb-eitriger Schleim. Übelriechend. Ausgeprägter Geruchssinn*. **Nachgurten** *schnüffelt wie ein Hund* (stoßweises Ein-Ausatmen); *hält unterm Sattel zeitweilig den Atem an*. **Reizhusten** in heftigen Anfällen (schlechter 16–23 Uhr, 3–4 Uhr) trocken oder mit **Auswurf** schleimig, eitrig, grünlich, weiß; übelriechend. Erschwerte Atmung. VERDAUUNGSTRAKT: **Freßlust** *zögernd, wählerisch; bald satt. Heißhunger*. Abneigungen: Salz, Knoblauch. **Kolik** *mit starker Gasbildung (beginnend oder schlechter gegen 16–20 Uhr*, Gasabgang bessert nur kurzzeitig, Gehen verschlechtert). **Kot** *geformt, dann dünn*; klumpig und flüssig gemischt. Hart und trocken. **After** *starker Juckreiz* (trotz Wurmkur). HARNWEGE: vermehrter Harndrang. *Drang, doch es dauert lange bis zum Harnlassen*. Schmerzhaftes Harnen (Stöhnen etc.). **Harn** milchig; rötlich; eiweißhaltig; *übelriechend*). GESCHLECHT (w): **Eierstöcke** *Zysten*. Vergrößerung (oft rechts). Verfrühte oder späte Rosse. *Sterilität*. Normaler Sexualtrieb. *Nymphomanie*. **Ausfluß** wundmachend, Juckreiz. (m): **Sexualtrieb** ausgeprägt, *überreizt*. **Erektion** *unvollständig* (infolge Überreizung, Furcht). Samenerguß fehlt mitunter. Wallache behalten nicht selten »Hengstmanieren«. BEWEGUNGSAPPARAT: **Gelenke** entzündet, eher chronisch (bes. Vorderfuß-, Fessel-, Hüft-, Sprunggelenk). **Muskel**beschwerden (*rechts: erst rechts, dann links*; rechts oben, links unten), Besserung: durch fortgesetzte Bewegung. Verschlimmerung: *durch Einengung* (Sattel, Gurt etc.). Unwillkürliche Muskelkrämpfe, Verhärtungen (Beugen, Strecken der Vorder-/Hintergliedmaße, seitl. Biegen des Halses). HUF: **Hufsohle** berührungsempfindlich; *neigt zum Klammgehen*. Enorme Hornbildung im Sohlenbereich. **Saumband** rissig. HAUT: Bläschen, Pusteln, Schorfe, Krusten, Schuppen; starker Juckreiz. Haarausfall (auch büschelweise). *Eiterungsneigung* (von rechts nach links wandernd ist möglich).

MODALITÄTEN (Wodurch, Wann?): Verschlimmerung: durch warme Anwendungen, schwüles Wetter, Einengung (Gurt etc.); innerhalb der in der Nähe einer betriebsamen und/oder größeren Menschenmenge. Von 16 bis 20 Uhr. Besserung: durch Bewegung (fortgesetzte), frische Luft, mitunter durch Kälte.

SEITENBEZIEHUNG: rechts, auch erst rechts und Ausbreitung nach links.

HEILANZEIGEN: Bindehautentzündung. Entzündung: Maulhöhle, Zahnfleisch, Kieferhöhle, Ohrspeicheldrüse; akut, chronisch. Katarrh: Nase, Rachen, Kehlkopf; akut, chronisch. Bronchitis, akut, chronisch-obstruktiv. Magen-Darmkatarrh, akut, chronisch. Blähungen.

Leberentartung. Leberfunktionsstörungen, akut, chronisch. Magerkeit. Harnwegsinfekt, akut, chronisch. Entzündung der Niere, Nierenbecken, akut, chronisch. Eierstockzysten (häufig rechts). Sterilität. Nymphomanie. Scheidenkatarrh, akut, chronisch. Impotenz. Arthritis. Muskelrheuma. Hahnentritt. Hufrehe, chronisch. Ekzem, chronisch. Stoffwechselstörungen. Hautpilz (rechtsseitig).

DOSIERUNG: Bei akuten Beschwerden D6, D8 (1–3mal tägl.) oder LM 6, LM 8 (1mal tägl., über wenige Tage) oder D30; C30 in Wasser verrührt (1/4 gefülltes Wasserglas, des Tages je 1ml eingeben). Lycopodium ist ein bedeutendes Konstitutionsmittel für Pferde. Bei chronischen Erkrankungen gerne ab D30; C30 (an 2 Tagen je 1malig; abwarten), gegebenenfalls nach ca. 3–8 Wochen auf D200; C200 übergehen (an 1 bis 2 Tagen je 1–2malig; gut abwarten).

ERGÄNZT **durch:** Bei bestimmten chronischen Erkrankungen geht man von Calcium carb. zu Lycopodium. Bei entsprechender Anzeige kann Lach. ein gutes Ergänzungsmittel sein.

VERGLEICHE: Ars., Calc., Hep., Lach., Merc., Nat-m., Puls., Sep., Sulf.

GEGENMITTEL: Acon., Camph., Cham., Graph., Puls.

TYPISIERUNG VON LYCOPODIUM

Lycopodium (Keulen-Bärlapp) wurde einst »Schlangenmoos« genannt, da sein verzweigter Stengel »kriechend« über Wald-/Heideböden wächst. In aller Genügsamkeit schlägt er hier und dort seine feinen Wurzeln in das magere Erdreich und bahnt sich »schlängelnd« seinen Weg. Somit gelangen seine »zotteligen« Zweige, gut versteckt, unter oder zwischen benachbarte Pflanzen. Dafür sind seine »hochaufgerichteten« Austriebe gut zu erkennen, deren sporentragende Krone wie »Keulen« aussehen. Das gelbe Sporenpulver hieß früher »Blitzpulver«: bläst man es in eine Flamme, so entsteht ein »explosionsartiges Blitzlicht«. Weitaus weniger blitzartig erfolgt die »Vermehrungsfähigkeit« von Lycopodium. Die Pflanze erlangt erst im 12. bis 15. Jahr ihre Geschlechtsreife und ihre Sporen brauchen viel Zeit, um Keime zu bilden.

Das LYC.-Pferd, welches häufig unter den ausdrucksvollen Warmblütern zu finden ist, gehört eher zum »cholerischen Nerventyp« und beansprucht den vollen Einsatz seines Reiters. Schon beim Anreiten zeigt sich, daß das LYC.-Pferd über Eigenschaften verfügt, die verschiedene Reiter (mich eingeschlossen) mit den Worten »anmaßend'«, »unbeugsam«, »schwer faßbar« und »clever« betiteln würden. Wenn man beim Pferd von »Intelligenz« sprechen möchte, so ist sie bei diesem Typ in hohem Grad zu bemerken. Dem LYC.-Pferd muß man schon »gewachsen« sein, denn es spürt rasch die Schwachstellen der reiterlichen Kunst, und versteht es großartig, seine Ausbilder in heftige Wut zu bringen (der Name »Keulen«-bärlapp ist nicht von der Hand zu weisen). Man kann das LYC.-Pferd als einen »Wolf im Schafspelz« bezeichnen, dessen gute und unzuträgliche Eigenschaften eben nicht gleich zu erkennen sind. Dieser »vielseitige und leistungsfähige« (mitunter sehr springbegabte) Tpy ist ein »kluger Bluffer«.

Das ungesattelte LYC.-Pferd vermittelt einen freundlichen Eindruck, beäugt seine Umgebung mit großem Interesse und, je nach Stimmungslage, auch mit einem gewissen »Mißtrauen« und bemerkenswerter »Zurückhaltung«. Obgleich das LYC.-Pferd »scheu« und »unsicher« sein kann, erweist es sich selten als dauerhaft anlehnungsbedürftiges »Schmusetier«. Sobald es den Sattel samt Reiter (verträgt äußeren Druck schlecht) spürt, beginnt der Akt der »Zähmung«, der nur mit viel Zuckerbrot und wenig Peitsche gelingt, der vor allem »Losgelassenheit« bedingt. Beim LYC.-Pferd sind rechtsseitige Verspannungen keine Seltenheit, was eine wohlüberlegte Gymnastizierung bedingt. Wird ihm eine stärkere Versammlung abverlangt, womöglich mit vermehrtem Nachdruck, so kann das LYC.-Pferd enorm »widersetzlich« und auch »aufbrausend« reagieren, kann selbst erfahrene Reiter in zornige Verlegenheit bringen. Diese Art des Aufbrausens trägt den Charakter des »Blitzpulvers«, das alsbald verpufft. Mit gekonntem Geschick und zuckersüßer Beharrlichkeit läßt sich dieser »sonst friedfertige TYP« schon überlisten. Zudem erfaßt er offenbar die Bedeutung einer Forderung (z. B. beim Turnier), die er häufig überraschend mühelos und (sehr) gut und »elegant« meistert.
Da das LYC.-Pferd ausgesprochen »wendig« sein kann, wäre Sattelfestigkeit vonnöten. Die Wendigkeit dieses Typs ist auch der Ausdruck seiner Neigung »zu entweichen«. Wie gesagt: Sein dominantes Gehabe trügt mitunter, und die furchtsame (schreckhafte) und auch »feige« Natur von LYC. gewinnt die Oberhand. Pferde dieses Typs können unter ihrem Reiter blitzartig »wegtauchen«, seitlich in die Büsche (Waldstücke etc.) »ausbrechen« oder letztendlich auch »flüchten«, wobei der Anlaß nicht immer einsichtig ist.
Zudem hat das LYC.-Pferd »Furcht vor Annäherung«, welche sich unterschiedlich äußern kann: »entweicht« beim Näherkommen (Menschen), »unruhig« beim Anblick oder innerhalb einer Menschenmenge, »Zusammenzucken bei Berührung« oder »beißen« beim Versuch der Untersuchung. Abneigung (Abwehrreaktionen) gegen bestimmte Artgenossen oder Menschen (vermutlich durch schlechte Erfahrungen) können bei diesem Typ ausgeprägt sein. Die vornehme Zurückhaltung des LYC.-Pferdes, gepaart mit seiner »Furcht vor dem Alleinsein«, zeigt sich beim Herdentier besonders deutlich. Es ist ein »Eigenbrödler«, das beim Fressen (launenhafter Fresser) gerne Abstand hält, das abseits schläft und stets den »lockeren Kontakt« zu seinen Artgenossen braucht. Stuten besitzen nicht unbedingt den »weiblichen Charme« und den Drang, ihr Fohlen zu beschützen, obgleich sie das Absetzen schwer verwinden können. Wallache dieses Typs zeigen nicht selten »Hengstmanieren« mit eindrucksvollem Auftreten, doch werden sie sich hüten, mit ranghöheren Artgenossen zu kämpfen. Statt dessen geht ein im Auslauf laufendes LYC.-Pferd mitunter »kleineren Tieren an den Kragen« (z. B. Hund, Ziege), was von einer Minute auf die andere geschehen kann, was auch im Gegensatz zu der häufig unaufdringlichen und anpassungsfähigen Wesensart des LYC.-Pferdes im Herdenverband steht. Der LYCOPODIUM-Typ zeigt sich in vielen Abwandlungen; nicht zuletzt besitzt er einen zähen Überlebenswillen, kann sich als genügsames und höfliches Pferd zu erkennen geben, wobei es spätestens unter dem Sattel versuchen wird, seine Reiter »zu beherrschen«.

Lyssinum
Hydrophobinum
Lyssa, aus dem Griechischen kommend, bedeutet Wut bzw. **Tollwut**. Die Hydrophobie ist ein führendes Symptom der Tollwut (Hydro = Wasser; Phobie = Furcht, Flucht).
NOSODE; hergestellt aus dem Speichel eines tollwütigen Hundes. Eingeführt durch Dr. K. Hering.

ARZNEIMITTELBILD (wichtige Symptome): Wie von verschiedenen Ärzten der Homöopathie festgesellt wurde, kann LYSSINUM durchaus bei *Folgeerscheinungen einer Tollwutimpfung* angezeigt sein (auch Bell., Lach.). Man denke auch an Tierbisse in der Vorgeschichte, besonders dann, wenn dieses Tier gegen Tollwut geimpft wurde (Pferd, Hund, Katze). Impfstoff für Pferde: chemisch inaktivierter Tollwutvirus; gezüchtet in Kulturen von Hühnerfibroblastenzellen oder Hamsterembryonenzellen. Davon abgesehen, bietet LYSSINUM eine Reihe von Symptomen, die bei verschiedenen Leiden des Pferdes in Betracht kommen, welche nicht im Zusammenhang mit Impfungs- oder Bißfolgen stehen. GEMÜTSSYMPTOME: *Phasen der Erregung wechseln mit Phasen der Ruhe. Große Furcht vor engen Räumen* (z. B. Tansporter, Box). *Gereizt, nervös-unruhig bis panisch beim Anblick von Wasser, von fließendem Wasser, beim Geräusch von fließendem Wasser oder vom Wasserausschütten. Ungewöhnliches Verhalten, Atembeschwerden (Schlund, Kehlkopf) oder/und Muskelverkrampfungen beim Anblick von Spiegeln (z. B. Reithalle) oder anderen glitzernden Gegenständen. Zwanghaftes oder abwegiges Verhalten*, wie z. B. Auf- und Abgehen, Weben, Koppen, Kreuzen der Vorderbeine, wiederholtes Schütteln oder Nicken des Kopfes. *Angst beim Alleinsein. Heftige Wutausbrüche*, beißt; gefolgt von friedlichen Phasen. *Sehr erregt durch Geräusche, Stimmen in der Nähe. Verhaltensstörungen infolge von Mißhandlung*, die auch weit zurückliegen kann. AUGEN: *Überempfindlichkeit gegen blendendes Licht.* ATMUNGSORGANE: **Geruchssinn** überempflindlich gegen Tabakgeruch. **Atmung,** erschwert (rasselnd, seufzend, pfeifend), *infolge Verkrampfung der Luftwege.* **Husten** *bei Wasseraufnahme.* VERDAUUNGSTRAKT: Speichelfluß, vermehrt. **Speichel** zäh, klebrig. In Abständen auftretende **Schluckbeschwerden,** die sich beim Trinken steigern können (schlimmer durch Luftzug, Anblick/Geräusch von Wasser(–ausschütten). *Heißhunger*, gierig, Kraftfutter wird bisweilen geschluckt, ohne gekaut zu werden. Auch appetitlos, *enorme Schluckbeschwerden beim Fressen. Übermäßiges Salzlecken.* **Durchfall** ruhrartig, wäßrig, schleimig (schlechter durch fließendes Wasser). HARNWEGE: *Harnlassen beim Geräusch von fließendem Wasser.* GESCHLECHT (w.): vermehrter bis heftiger Sexualtrieb. **Gebärmutter** vergrößert, geschwollen, *Vorfall.* (m): überreizter Trieb; **Samenerguß** bleibt aus beim Deckakt. BEWEGUNGSAPPARAT: Lähmigkeit (Bereich Ischiasnerv: Hüfte, entlang Oberschenkel; häufig rechte Seite), in Abständen auftretend. Muskelzuckungen (Gliedmaße).

Schüttelartige Muskelkrämpfe. HAUT: Wunden schließen sich zu schnell, hinterlassen *wulstartige Narben*, auch starker Juckreiz. *Schlechte Heilung, bläuliche Verfärbung von Wunden* (durch Riß, Biß). SCHWEISS-ausbruch mit Mattigkeit, allgemeine Besserung nach dem Schwitzen.

MODALITÄTEN (Wodurch, Wann?): Verschlimmerung: durch den Anblick von Wasser, das Geräusch von fließendem Wasser, Spiegel, glitzernde Gegenstände, blendendes Licht, enge Räume, Alleinsein, Stimmen in der Nähe, Tabakgeruch, Luftzug, Wind. Besserung: durch Schwitzen.

HEILANZEIGEN: Angstzustände (Wasser, Spiegel, geschlossene Räume). Zwanghaftes Verhalten. Beißen. Koppen. Tollwutimpffolgen; akut, chronisch. Mißhandlungsfolgen. Kehlkopfpfeifen. Speiseröhrenkrampf. Gebärmutterverlagerung. Muskelschmerzen (Ischias). Muskelzucken (Gliedmaße). Muskelkrämpfe, schüttelartig. Wunden (Biß), schlecht heilende.

DOSIERUNG: Ein langsames Vortasten wäre empfehlenswert, wie z. B. erst LM 6 (1mal tägl. über 1 Woche, abwarten). Gegebenenfalls Übergang zur C30 (1malig und in größeren Abständen). Ist die Anzeige sehr sicher, dann gleich C30 (1–2malig) und nach mehreren Wochen aufsteigend zur C200 (1malig, in größeren Abständen). Möglich wäre auch die C12 (1mal tägl., bis zur Besserung).

VERGLEICHE: Bell., Lach., Stram./Impffolgen auch Sil., Thuja.

Mercurius

Mercurius solubilis Hahnemanni/eine Mischung von Mercuroamidonitrat mit freiem Quecksilber und Quecksilberoxyd. **Mercurius vivus:** Quecksilber (Hydrargyrum). **Mercurius solubilis:** ist weitaus häufiger im Gebrauch, doch, da es sich in seiner Wirkung und Anwendung kaum von Merc. vivus unterscheidet, wird meistens ein vereintes Arzneimittelbild aufgeführt.

ARZNEIMITTELBILD (wichtige Symptome): ALLGEMEINES: Das althergebrachte Quecksilber-Thermometer ist ein guter »Anhaltspunkt«, um dem Wesentlichen von MERCURIUS etwas näher zu rücken: seiner überempfindlichen Reaktion auf Temperaturveränderungen, seiner Überempfindlichkeit gegenüber Wärme und Kälte (ein Auf und Ab) und seiner »quecksilbrigen« Impulsivität und sinkenden Reaktionsfähigkeit. Bei MERCURIUS ist der Mangel an Widerstandskraft sehr ausgeprägt; er reagiert so sensibel auf äußere Einflüsse, daß man den MERC.-Typ oft als »lebendes Thermometer« bezeichnet (mit etlichen Verschlimmerungen im Gefolge). Die Unbeständigkeit von MERCURIUS zeigt sich auch auf mentaler Ebene (reserviert, ängstlich, reizbar, aggressiv). Diese Äußerungen von Unbehagen »steigen« und »sinken« nicht selten in ähnlichem Maße, wie die Intensität der körperlichen MERC.-**Symptome.** Die Wirkung dieser großen Arznei bezieht sich besonders auf die Haut, Schleimhäute, Augen, Zähne und das Zentralnervensystem.

GEMÜT/VERHALTEN: Schwäche und Überaktivität sind oft miteinander verbunden. Bei körperlichen Beschwerden zeigt das Pferd oft eine ängstliche Unruhe, auch ein gereiztes und sehr aggressives Verhalten. (Große) Mattigkeit und (quecksilbrige) Unruhe können hin und her schwankend auftreten (oder vereint). AUGEN: **Lider** verdickt, geschwollen. Hautausschläge (Pickel) um die Augen. **Hornhaut** entzündet, Bläschen, Geschwüre (halbmondförmig); Vernarbung. Extrem lichtscheu. Tränenfluß, wundmachend. **Regenbogenhaut** Entzündung mit Eiteransammlung. Absonderung (schleimig, gelb, grünlich). OHREN: bräunliche Knötchen in der Ohrmuschel. Furunkel im äußeren Gehörgang. OHRSPEICHELDRÜSE: druckschmerzhafte Schwellung. *Gelbe, gelb-grünliche und übelriechende Eiterabsonderung* (nach opertiver Eröffnung, auch Entleerung durch die Maulhöhle). ATMUNGSORGANE: **Nase** Absonderungen (*eitrig, gelblich-grün, grünlich; riechen wie Käse, übel, aasig*). Nasenkatarrh, der auf die Stirnhöhlen übergreift (Ars., Calc., Kalibi., Lyc., Puls., Sil.). Schnupfen mit Rachenkatarrh. Häufiges Niesen/Prusten (bes. beim Kaltwerten). **Husten** *jeweils zwei Hustenstöße* (schlechter durch kalten Luftzug) **Auswurf** *gelb-schleimig, auch grünlich*; säuerlicher Geruch. VERDAUUNGSTRAKT: **Zähne** *Karies, Entzündung des Zahnbeins* (Innenschicht). *Zahnwurzelabszeß*. Lockerung der Zähne. Verfärbung (grau, schwarz). **Zahnfleisch** *schwammig, ungesund, blutet leicht* bei Berührung. Entzündung: *Aphthen* (umschriebene, blaßrote Erhebungen, hellroter Rand, weißlicher Belag). *Geschwüre mit Eiterungstendenz*. **Maulhöhle** *Aphthen. Eitrige Pickel, Bläschen. Geschwüre* (umschriebene Schwellung, Rötung, weißlich-schwammiger Belag im Zentrum, sich ausbreitend, sich zersetzend, Tendenz zum Gewebszerfall, übelriechend). *Vermehrtes Speicheln* (seifig, auch zähflüssig, sehr übelriechend). Schluckbeschwerden. Sehr durstig. **Durchfall** (bes. infolge v. kalter Luft, unterdrückten Hautausschlägen, Zucker; im Herbst, in Verbindung mit Zahn-/Zahnfleischleiden; Bewegung verschlechtert). *Wäßrige, schleimige, auch schaumige Entleerung* (grünlich, gelb, blutig). Blähungen. *Häufiger Kotabsatz von spärlicher Menge*. **After** Juckreiz bis zum Wundscheuern (trotz Entwurmung). HARNWEGE: *häufiges Harnlassen, sehr schmerzhaft* (Stöhnen etc.). Fieber und Schweiß. **Urin** schleimig, trübe, auch rötlich. GESCHLECHT (w): **äußere Genitalien** Herpesbläschen, Condylome, *Aphthen*, Schwellung während der Trächtigkeit. Juckreiz. **Ausfluß** *gelb-eitrig, gelb-grünlich, wundmachend* (Juckreiz schlechter nach dem Harnlassen). **Eierstöcke** Zysten, Geschwulst. (m): **Vorhaut** Eiterung, Geschwüre. Herpesbläschen. Pickel, Quaddeln. **Penis** Bläschen (geschwürig werdend, weißlich, bis hin zur Eichel). Geschwüre (erhaben, hart, mit erhabenen Rändern, speckig, tiefgehend; übelriechend) bis hin zur Eichel. BEWEGUNGSAPPARAT: *rheumatische Beschwerden* (plötzlicher Beginn, oft nach Kaltwerden), dabei *Ruhelosigkeit und reichliches Schwitzen*. Gelenkentzündung, Anschwellung mit drohender Eiterung (viel Schweiß, ansteigendes/zurückgehendes Fieber). HAUT: *Hautausschläge* (nässend, blutend, eiternd). *Weiße, haarlose Flecken. Schuppen mit Hautschwellung. Entzündung des Unterhautzellgewebes/Phlegmone* (bei drohender Eiterung!). *Geschwüre* (Absonderungen: dünnflüssig, talgartig; gelb, blutend; übelriechend) mit Eiterbildung, Berührungsempfindlichkeit (bes. an den Rändern). Hauterkrankungen mit *star-*

kem Juckreiz. HUF: brüchiges, sprödes Hufhorn. SCHWEISS: klebrig, schmierig, kalt. Geruch (süßlich, sauer, stinkend).
MODALITÄTEN (Wodurch, Wann?): Verschlimmerung: durch Wärme und Kälte, Warmwerden und Schwitzen, feuchtkaltes Wetter, kalten Luftzug, warme Anwendungen, warme Stalltemperatur, Aufregung, Liegen auf der rechten Seite, Bewegung (dennoch bisweilen ruhelos), infolge unterdrückter Hautausschläge. Morgens, nachmittags, nachts.
HEILANZEIGE: Entzündung: Bindehaut, Hornhaut, Regenbogenhaut. Hornhautgeschwür. Ohrmuschelekzem. Ohrspeicheldrüsenentzündung. Stirnhöhlenentzündung. Katarrh: Nase, Rachen. Bronchialkatarrh. Zahnkaries. Zahnwurzelabszeß. Zahnfleischentzündung. Schleimhautentzündung (Maulhöhle). Schluckbeschwerden. Darmkatarrh, akut. Afterjucken. Harnwegsinfekt, akut. Genitalien, äußere, weibl. (Herpesbläschen, Entzündung). Vorhaut (Eiterung, Geschwüre, Herpesbläschen). Penisgeschwüre. Rheumatische Beschwerden, akut. Gelenkentzündung (drohende Eiterung). Ekzem (nässend, eiternd). Mauke. Phlegmone (Eiterungsstadium). Hautgeschwüre (gut/bösartig). Hautpilz.
VERGLEICHE: Ars., Aur., Hep., Phos., Puls., Sil., Thuja.
GEGENMITTEL: Ars., Aur., Bell., Bry., Calc., Dulc., Hyos., Kali-bi., Lach., Lyc., Nux-v., Op., Pod., Puls., Sep., Staph., Stram., Sulf., Thuja.
VORSICHT: Silicea verträgt sich sehr schlecht mit Mercurius.

Natrium muriaticum
auch Natrium chloratum/Verbindung von Natrium (sechshäufigstes Element der Erdrinde) und Chlor (z. B. zur Trinkwasserhygiene gebraucht) – Natriumchlorid: **Kochsalz.** Die von Dr. Hahnemann verwendete Bezeichnung muriaticum (muria = Salzlösung) blieb im allgemeinen Sprachgebrauch.

ALLGEMEINES: NATRIUM muriaticum, sprich potenziertes Kochsalz, hat seine großartige Heilwirkung unzählige Male bewiesen. In der homöopathisch ausgerichteten Veterinärmedizin und heilpraktischen Tierhomöopathie könnte man NAT.-mur. noch mehr Beachtung schenken. Charakteristisch für NAT.-mur. ist: *vermehrtes Salzsteinlecken* (auch Phos.), *Abmagerung trotz gutem Appetit, guter Fütterung* (Abrot., Jodum), viel Durst, *Verschlechterung durch Aufenthalt am Meer* und/oder durch *Sonnenhitze* und *Niedergeschlagenheit mit enormer Gereiztheit*. Vor allem darf man bei NAT.-mur. die *Folge von Kummer, Streß, Heimweh* nicht übersehen bzw. das niedergeschlagene, teilnahmslose, »bekümmerte«, hagere Pferd (das schließlich an Leib und Seele schwer erkrankt ist). NAT.-mur. wirkt ausgezeichnet bei *Blutarmut* (Anämie) bzw. jenen *Schwächezuständen*, die z. B. durch *fieberhafte Infekte, den Verlust von Körpersäften, fortlaufend körperliche Überanstrengung oder/und seelischen Streß* zustande gekommen sind. Letztendlich kann Blutarmut auch *Herzrhythmusstörungen* verursachen, eines der Symptome, das im Arzneibild von NAT.-mur. zu finden ist. **ARZNEIMITTELBILD** (wichtige Symptome):

GEMÜT/VERHALTEN: *Einzelgänger*, steht im Auslauf häufig abseits. *Reserviert*, zurückhaltend seinem Menschen gegenüber. *Heimweh* (Ign., Puls., Sil.). *Gutes Gedächtnis*, merkt sich vieles, vor allem niederträchtige Vorkommnisse oder jene Orte, wo es wiederholt schlechte Erfahrungen gemacht hat. *Sehr stark zu beeindrucken*, ein lautes Wort oder eine deutliche Anweisung genügen (unterm Sattel, im Geschirr, Stall etc.). *Sehr niedergeschlagen/teilnahmslos*. Folgen von *Kummer* in Betracht ziehen. Mitunter *sehr unleidlich/widersetzlich bei Niedergeschlagenheit* (Sep.) oder überaus zurückhaltend. AUGEN: *Tränenfluß*, wundmachend (bes. im Freien, durch Wind, beim Husten. **Bindehaut** *entzündet*, gerötet. HALS: Schilddrüsenschwellung. ATMUNGSORGANE: **Schnupfen** *weißlicher, durchsichtiger, eiweißartiger Schleim*. Reichlicher Fließschnupfen/abwechselnd Schnupfen und fehlender Nasenausfluß. *Allergischer Schnupfen* (bes. jedes Frühjahr). Schnupfen verschlechtert: bei/nach einem Aufenthalt an der Meeresküste. Morgens häufiges Prusten. Schorf am Eingang der linken Nüster. **Husten** reizartig, *krampfhaft-trocken* oder mit **Auswurf** *glasiger, durchsichtig, auch weißer Schleim*, eher geruchslos. Husten schlechter: durch *naßkalte Witterung, im warmen Stall, sobald es in den warmen Stall kommt*. Schluckbeschwerden, wenig Appetit. **Atmung** *asthmoide Zustände*, nicht selten infolge von Kummer, Heimweh. Asthmoide Leiden schlechter nach dem Fressen, besser im Freien (bei frischer, milder Luft), giemende, rasselnde Atmung. Dämpfigkeit kommt in Betracht. *Asthmoide Bronchitis (COB)*, besonders infolge von Influenza. HERZ: -erkrankungen im Zusammenhang mit Schilddrüsenerkrankung. **Puls** *zeitweise aussetzend* (intermittierend), *schnell, unregelmäßig* (bei geringer körperl. Anstrengung). VERDAUUNGSTRAKT: Verlangen: *Salz, Brot*. Frißt gerne saures Obst. *Breifutter* (Mash, Weizenkleie etc.) wird oft *verschmäht/schlecht vertragen* (Durchfall). Verdauungsbeschwerden, die häufig durch Kummer oder heftige Auseinandersetzungen (Artgenossen, Mensch) ausgelöst werden und zu Rückfällen tendieren. *Viel Durst. Reichlich Appetit, gute Fütterung und doch Abmagerung*. Dennoch ist Fettleibigkeit möglich. Auffallend matt nach dem Fressen. **Durchfall** *wäßrig, bräunlich*, tagsüber vermehrt; schmerzlose Entleerungen. Chronischer Durchfall (breiiger Kot), auch *abwechselnd mit Verstopfung*. **Blähungen** reichlich, *übelriechend*. **Verstopfung** wiederholt auftretende Verstopfung, *Untätigkeit des Mastdarmes* (bei Darmkatarrh mit hartnäckiger Anschoppung als Kolikmittel möglich, wobei unter anderem auch Opium und Plumbum in Betracht kommen). *Harte, kleingeformte Kotballen werden mit großer Mühe abgesetzt*, deutliche Besserung nach dem Kotabsatz. *Verstopfung durch Aufenthalt an der Meeresküste. Herpesausschlag am After* (Merc., Rhus-t.). HARNWEGE: ein führendes Symptom von NAT-mur.: kann in Gegenwart anderer nicht harnen (wäre zu beobachten). *Harnverhalten durch Streß*, dunkler, kaffeebrauner Harn. *Schmerzhaftes harnen* (währenddessen/danach). GESCHLECHT (w): stille Rosse, spärliche Rosseanzeichen, *Stuten wehren sich vehement gegen die Bedeckung* (Sep.). Stuten, die den Samenerguß in einem Schwall wieder hinauspressen. *Sterilität*. (m): gehemmte Hengste, die den Deckakt nicht vollziehen. Anfänglicher Sexualtrieb, doch unvollständige Erektion, nachlassendes Interesse. BEWEGUNGSAPPARAT: **Rückenmuskulatur** *überaus verspannt, Lähmigkeit, Mat-*

tigkeit, nervöse Unruhe. **Gelenke** rheumatische Beschwerden, besonders im Schulter-, *Kniebereich. Kräftige Bewegung, Nässe und Kälte verschlechtern.* Knacken der Gelenke. HAUT: große, rote, haarlose Stellen, Juckreiz. *Haarausfall, häufig kreisrunder.* Welke, rissige Haut. *Fettige Krusten, tiefe Risse, heftiger Juckreiz. Schuppenbildung. Bläschen, Flechten, Schorfe,* besonders in den Gelenkbeugen, an den Ohrmuscheln. Nesselsucht. Aknepusteln. Furunkel. *Ekzeme mit Verschlechterung nach Aufenthalt an der Meeresküste.*
MODALITÄTEN (Wodurch, Wann?): Verschlimmerung: durch Kummer, Streitigkeiten, körperliche Überanstrengung. Hitze, Sonnenhitze, Ruhigstehen, Kälte, Nässe, im warmen Stall, beim/nach Aufenthalt am Meer, in jedem Frühjahr, von Frühjahr bis zum Herbst; besonders morgens, auch tagsüber, nachts. Besserung: durch kühle bis kalte Anwendungen, zwei-/dreimalige Tagesfütterung (kleine Mahlzeiten), im Freien, in der frischen Luft; nachmittags, abends.

- Bei NAT.-mur. findet man den Gegensatz: Besserung *oder* Verschlimmerung durch kalte, frische Luft, durch Sonnenhitze, durch Aufenthalt am Meer.

HEILANZEIGEN: Chronische Erschöpfung. Blutarmut (Anämie). Niedergeschlagenheit. Bindehautentzündung. Schilddrüsenüberfunktion. Bindehautentzündung. Nasenkatarrh, akut, chronisch. Kehlkopfkatarrh. Asthmoide Zustände. Bronchitis, akut. Asthmoide Bronchitis (COB). Chemikalienallergie. Herzrhythmusstörungen. Darmkatarrh, chronisch. Verstopfung. Kolikartige Erscheinungen, periodisch auftretender Darmkatarrh. Harnblasenkatarrh. Nierenentzündung. Lumbago. Gestörtes Sexualverhalten. Sterilität. Impotenz. Gelenkrheuma, chronisch. Arthritis urica (Gicht). Ekzem. Nesselsucht. Schuppenflechte. Furunkel.
DOSIERUNG: Z. B. zur Sterilitätsbehandlung ab D12 (1mal tägl.), bei Verstopfung D6; D8 (stündl. 2–3mal tägl., Absetzen bei Besserung), wobei meistens Hochpotenzen verwendet werden: z. B. D30/C30 (1mal tägl. über 2–3 Tage, abwarten) oder auch gerne D200/C200 (1mal tägl. über 2 Tage, gegebenenfalls nach 2–4 Wochen wiederholen). Im akuten oder chronischen Fall auch LM-Potenzen (ab LM 6, 1mal tägl. über wenige Tage, Wiederholung abwarten).
VERGLEICHE: Ign., Ly., Phos., Sep., Staph./Abmagerung trotz guter Fütterung: Abrot., Jodum (ab D12).
GEGENMITTEL: Ars., Camph., Nux-v., Phos., Sepia.
EIN BEISPIEL: Dank **Natrium muriaticum** mußte mein Wallach nicht eingeschläfert werden, sondern hat inzwischen das Alter von 30 Jahren erreicht und erfreut sich bester Gesundheit. Nach dreimaligem Stallwechsel kam der damals vierzehnjährige mitsamt seiner artgenössischen Jugendfreundin in meine Obhut. Als die Stute späterhin verkauft wurde, begann der sonst lustige Wallach merkbar zu leiden. Trotz guter Fütterung und Pflege magerte er ab, trank auffallend viel (Eimertränke), stand häufig am Salzleckstein, sein Mähnenhaar fiel stellenweise aus, am Mähnenkamm hatten sich weiße Schuppen gebildet, und überdies wirkte das Pferd gänzlich traurig und teilnahmslos. Alsbald erkrankte er an einer schweren Bronchitis, der Tierarzt tat alles, was in seiner Macht stand, und ich berücksichtigte jegliche Pflegemaßnahme sowie heilpflanzliche Inhalationen. Es

folgte ein chronischer Prozeß, schließlich Dämpfigkeit, Herzschwäche und eine erhebliche Entkräftung des Pferdes. Es schien, als ob das Pferd richtiggehend lebensmüde war. Da keine Therapie anschlug, riet man mir dringend, mein Pferd einschläfern zu lassen. Ein Termin wurde festgesetzt. Im Jahre 1982 befand sich die Tiermedizin und auch die Tierheilpraktik auf einem anderen Stand als heute. Derzeit fing ich gerade mit dem Studium der Homöopathie an, war demnach unerfahren und angesichts des sehr kranken Pferdes ohnehin kleinmütig. Dennoch suchte ich nach einem Ausweg und fieberhaft nach der passenden Arznei und stieß in einem homöopathischen Repertorium auf die Rubrik: Beschwerden durch Kummer (wo Aurum, Causticum, Ign., Nat-mur. und Puls. hervorgehoben bzw. dreiwertig waren). Die Ursache »Kummer« lag nahe, zudem fand ich verschiedene Symptome des Wallachs im Arzneimittelbild von NATRIUM muriaticum, so daß er sofort 5 Globuli C30 (per Apfelviertel, 1mal über 2 Tage) erhielt. Innerhalb weniger Tage trat eine deutliche Besserung seiner Gemütsstimmung ein, worauf er auch an Körperkraft und Gewicht zunahm. Ein reichlicher Nasenausfluß, leichter Husten mit Auswurf stellten sich ein, woraufhin das Pferd müheloser atmen und sich unbeschwerter bewegen konnte. In den nächsten Monaten bekam mein Wallach noch 2mal NAT.-mur. (C200), nebenher verheilte seine Schuppenflechte, das Mähnenhaar wuchs nach und allmählich wurde er wieder ganz der »Alte«. Dank der Aufgeschlossenheit des Tiermediziners war eine stete tierärztliche Überwachung und beiderseitige Freude bezüglich des Heilungsverlaufs möglich.

- An dieser Stelle möchte ich den Ausspruch des weltweit bekannten homöopathischen Arztes Dr. Constantin Hering zitieren: Akzeptiere nichts, ohne es zu prüfen, aber verwerfe noch weniger etwas, das du nicht versucht hast (aus »Portraits homöopathischer Arzneien«, Dr. C. R. Coulter).

Natrium sulfuricum

Glaubersalz (Natriumsulfat). Zu finden z. B. im Meerwasser, in natürlichen Salzquellen, einigen Mineralwässern. Aufgrund seiner abführenden Wirkung verwendet man Glaubersalz auch in der Tiermedizin.

ARZNEIMITTELBILD (wichtige Symptome): GEMÜT/VERHALTEN: melancholischer und frostiger Typ. Kann »deprimiert« oder auch wie *teilnahmslos* wirken, ist aber bemüht, die an ihn gestellten Leistungsanforderungen zu erfüllen (nicht selten in hohem Maße). *Zurückhaltend* gegenüber seinem Menschen, seinen Artgenossen. *Reserviertheit*, läßt sich zuweilen aus der Reserve locken, kann auch mal reizbar und heftig werden, macht aber häufig einen »bedrückten« Eindruck. Ungewöhnliche Veränderung des Verhaltens, der Gemütsstimmung nach einer Kopfverletzung (Bewegungsstörungen, stumpfsinnig, dummkollerartiges Verhalten); auch Spätfolgen. ALLGEMEINES: NAT-s. hat eine beachtenswerte Wirkung bei *Durchfällen des Pferdes, wenn diese durch feuchtes Wetter,*

Nebel in der kalten Jahreszeit aufgetreten sind. Gerade bei *wäßrigem Durchfall infolge von Regen und feuchter, kriechender Kälte* kann NAT-s. ausgezeichnet wirken (vergleiche Dulc., Rhus-t.). Sowie bei *asthmatischen Anfällen*, die durch kalt-feuchtes, gar stürmisches Wetter, die Nähe von Gewässern und das Aufstallen in feuchten Gebäuden ausgelöst wurden, die durch jeden Erkältungs-/Heuschnupfen hervorgerufen werden können. Eine Beziehung zur Leber ist bei NAT-s. naheliegend. ATMUNGSORGANE: **Atmungsgeräusche** Giemen, Rasseln, sogenanntes feuchtes Asthma (schlechter bei Husten, leichter und fortgesetzter Bewegung; Liegen bessert). Erschwerte Atmung infolge einer Heuallergie. *Asthmoide Anfälle bei Absetzern, Jungtieren.* **Husten** (schlechter: tagsüber, um 13 Uhr, bei Bewegung um 13 Uhr, während des Stehens, bei feuchtem Wetter). **Auswurf** glasig, schleimig, grünlich, weißlich. Auch trockener Husten, wenig Auswurf. VERDAUUNGSORGANE: hörbare Darmgeräusche (Kollern). Kotpressen, es gehen nur übelriechende Gase ab. *Lautstarker Gasabgang.* **Durchfall** *dünnflüssig*, breiig; reichliche Menge (hellbraun, dunkel); *strömt hervor, spritzt heraus. Übelriechend. Durchfall mit viel Gasen.* Auch geformter Kot, dann flüssig; geformt und flüssig gemischt. Sonderliches Symptom: frohe Gemütsstimmung nach dem Koten, gute Verfassung/Stimmung mitunter selbst bei Durchfall. GESCHLECHT (w): **äußere Genitalien** *Feigwarzen* (Condylome), weich, rot, fleischig. *Bläschen* (klare Flüssigkeit), Juckreiz. **Ausfluß** *grünlich, gelblich.* BEWEGUNGSAPPARAT: rheumatische Beschwerden *infolge von Nebel mit kriechender Kälte*, bei länger andauernden Durchfällen. Gelenkbeschwerden, die vom linken Hüfthöcker-/Oberschenkelbereich ausgehen. HAUT: Feigwarzen. Warzenartige, rote Beulen. SCHLAF-haltung: liegt gerne auf der linken Seite.

MODALITÄTEN (Wodurch, Wann?): Verschlimmerung: durch kalte, feuchte Witterung, Nebel, die Nähe von Gewässern. Besserung: durch Wärme.

SEITENBEZIEHUNG: häufiger links.

HEILANZEIGEN: Kopfverletzung (akute, späte Folgen). Gehirnerschütterung. Heuschnupfen. Bronchitits, akut, chronisch-obstruktiv (feuchtkaltes Wetter, Heuallergie). Asthmoide Bronchitis (bei Absetzern, Jungtieren). Darmkatarrh, akut. Darmentzündung, akut. Durchfall (Kälte, Feuchtigkeit). Durchfall mit Blähungen. Leberfuntkionsstörungen. Genitalbläschen (weibl.). Feigwarzen (Condylome, weibl.). Rheumatische Beschwerden (feuchte Kälte). Gelenkbeschwerden (Hüfte, links). Warzen (rot).

DOSIERUNG: Bei Durchfall, Asthma ist die D12 (1–3malig) zu empfehlen, auch D30; C30 in 1/2 mit Wasser gefülltes Glas verrührt und 2–3mal je 2ml eingeben. Ansonsten D6; D8 (2–3mal tägl., bis zur Besserung) oder D30; (1–2malig, abwarten, eventuell nach 3–4 Wochen wiederholen).

VERGLEICHE: Ars., Dulc., Nat-m., Podo., Thuja.

GEGENMITTEL: Camph., Nux-v.

Nux vomica
Strychnos nux vomica, **Brechnußbaum;** Fam. der Brechnußgewächse. Nux (= Nuß), vomica (= Unheil), von der früheren Pflanzenheilkunde ausgehend – vermutlich in bezug auf die Giftigkeit des Brechnußbaumes, dessen Samen sich unter der harten Schale seiner apfelgroßen Früchte verbergen. Als Ausgangsstoff wird aus den getrockenten Samen eine Tinktur hergestellt.

ALLGEMEINES: NUX vomica ist eine sehr bekannte und vielfältige Arznei der Homöopathie. NUX vom. verführt dazu, es beizeiten als »Standardmittel« zu gebrauchen, wobei das Verfahren gemäß der Ähnlichkeitsregel immer Bestand hat. Bei NUX vom. findet man unter anderem *Folgen von Arzneimittelmißbrauch*. So befreite NUX vom. ein Pferd von seiner Nervosität, Reizbar- und Übererregbarkeit, welche infolge von Arzneimittelmißbrauch der Schulmedizin aufgetreten waren. Im nächsten Fall hatte ein Pferd von anderer Seite ca. 16 homöopathische Arzneien und mehrere Kräutermittel erhalten, worauf sich einige NUX vom.-Symptome einstellten, die durch diese Arznei rasch behoben wurden. Nicht zuletzt kann NUX vom. auch nach *Futterwechsel, Überfütterung und bei Futterunverträglichkeit* angezeigt sein (deren Folge z. B. *Durchfall, Verstopfung, Krampfkolik, Bewegungsstörungen*). *Krampfreaktionen und Lähmungserscheinungen*, ausgehend vom Zentralnervensystem/vom vegetativen Nervensystem, gehören mit zum Arzneimittelbild von NUX vomica. **ARZNEIMITTELBILD** (wichtige Symptome): GEMÜT/VERHALTEN: cholerischer Nerventyp. Lebhaftes, hitziges, kämpferisches Temperament. Sehr eigensinnig, enorm leistungsbereit und -fähig. *Nervös, ungeduldig, reizbar*. Im Extremfall: *sehr gereizt/ruhelos* (wühlt mitunter die ganze Einstreu auf), *aggressiv* (Schlagen/Beißen etc.), auch *Arbeitsverweigerung* (zuviel Druck, Hektik, zuviele Turniere) ist möglich, auch *ängstlich oder/und schreckhaft*, mitunter enorm geräuschempfindlich/berührungsempfindlich.

- FOLGEN VON Mißbrauch bzw. Maßlosigkeit (Arzneimittel, Entwurmungsmittel).
- FOLGEN VON maßloser Beanspruchung (Training, Turnier, Schauveranstaltung etc.; übermäßig ehrgeizige Reiter). Zähneknirschen in Ruhe- bzw. Schlafphasen.

ATMUNGSORGANE: **Schnupfen** *wäßrig* (bes. morgens, auch tagsüber, *besser an der frischen Luft*, doch *zunehmend bei kaltem, trockenem Wind* sowie im *warmen Stall*. Häufiges Prusten mit Schnupfen. *Fließschnupfen abwechselnd mit fehlendem Nasenausfluß*. Heustauballergie. **Husten** *trocken, heftig, kurz und hackend* (schlechter: direkt vor der Fütterung, beim Fressen, durch übermäßige Fütterung, Streßsituationen, Entfernen der Decke, beim Kaltwerden, den Wechsel von Wärme zu Kälte). *Anfallsweise Hustenstöße*, auch jeden 2. Tag. Hustet vermehrt bei Tagesanbruch, morgens. **Atmung** asthmoide Leiden durch Heustauballergie, Magen-Darmbeschwerden. *Erschwerte Atmung bei Husten*. Unregelmäßige Atmungstätigkeit bei Husten. VERDAUUNGSTRAKT: Beschwerden durch *wechselhafte/maßlose Fütterung* sowie *bei Futterunverträglich-*

keit/-allergie (bei Futtermittelvergiftung: Ars., Lach., Puls., Pyrog.). *Überempfindlich gegen äußeren Druck und Einengung* (Blähungen, Verstopfungen, Kolik). **Appetit** Heißhunger oder launenhafte Freßlust. **Blähungen** vermehrte Gasbildung (bes. wenige Stunden nach dem Fressen/nach Streß), *häufiger Gasabgang*. **Verstopfung** *mühsames, krampfhaftes Kotpressen* (bes. unter dem Sattel). Häufiger Ansatz zum Koten, doch es entleeren sich nur geringe Mengen, wobei sich dieser Vorgang alsbald wiederholen kann. *Verstopfung infolge von Bewegungsmangel, Arzneimittelmißbrauch, Futterunverträglichkeit, Streß*. Verstopfung abwechselnd mit Durchfall von geringer Menge. *Kotdrang während des Harnlassens*. **Kolik** (alsbald nach dem Fressen/nach dem Kaltwerden/nach Streß/*Bewegung verschlechtert, Wärme bessert*). Durchbiegen des Rückens, reichliches Schwitzen, Schwäche und Reizbarkeit, auch Bewegungsstörungen und Kurzatmigkeit, Kot- und Harndrang; Besserung durch Kotabgang. HARNWEGE: *häufiger Harndrang und Absatz geringer Harnmengen*. Harnverhalten mit kolikartigen Erscheinungen. GESCHLECHT (w): *krampfartige Koliken während der Wehen, Kot- und Harnabsatz, große Schwäche*. (m): heftiger Sexualtrieb. *Unvollständige, auch fehlende Erektion während des Deckaktes* (infolge von Überbeanspruchung des Hengstes im Deckeinsatz). Rückenschwäche nach Überbeanspruchung (Acidum phosporicum, Calc.-carb., Nat-m., Phos.).
BEWEGUNGSAPPARAT: **Muskulatur** *Steifigkeit, Verspannung* im Halsbereich (Probleme: z. B. Biegung, Wendung, Seitwärtsbewegungsstörungen), die durch *Kälte, Streß oder/und bei Schnupfen* auftreten. **Rücken** *Verspannung, Schwäche* (schlechter: durch Kälte, nach dem Liegen, im Beginn der Bewegung, durch äußeren Druck bzw. Einengung, während des Kotens; Wärme bessert). *Muskelverkrampfungen* an beliebigen Körperstellen. Neigung zu tetanischen Krämpfen (schlechter: durch Berührung, das geringste Geräusch). **Gliedmaßen** *Lähmigkeit, Schwäche*, besonders der Hintergliedmaßen mit steifen oder schleppenden Bewegungen, die auch *plötzlich* auftreten können (infolge v. Überanstrengung, Kälte, Durchnässung, Tetanusimpfung). **Gelenke** *Arthritis* und Arthritis urica (Gicht), besonders im Knie (Wärme bessert). FIEBER: große Kälteempfindlichkeit, daher immer Eindecken und Aufstallen.

MODALITÄTEN (Wodurch, Wann?): Verschlimmerung: durch naßkaltes Wetter (Bewegungsapparat), Streß, Maßlosigkeit in vielerlei Hinsicht, kalten trockenen Wind, Berührung, äußeren Druck, Geräusche, grelles Licht, starke Gerüche; bei Tagesanbruch, morgens, vormittags. Besserung: durch Wärme, frische Luft, nach kurzen Ruhephasen; abends.

SEITENBEZIEHUNG: häufiger rechts.

HEILANZEIGEN: Erschöpfung. Verhaltensstörungen. Erkältungsschnupfen. Rachenkatarrh. Husten. Magen-Darmkatarrh. Verstopfung. Krampfkolik. Überfütterung. Futtermittelunverträglichkeit, -allergie. Arzneimittelmißbrauch. Impotenz. Blasenkatarrh. Nierenkolik. Lumbago. Muskelüberanstrengung. Muskelkrämpfe. Rückenschwäche. Arthritis. Arthritis urica (Gicht).

DOSIERUNG: Bei akuter Erkrankung D4; D6 oder D8 (stündlich bis ca. 3malig oder 2–3mal tägl.) oder D12 (1mal tägl., nicht zu häufig) oder sofort D30; C30 (1–2malig

eingeben) oder D30; C30 in 1/2 mit Wasser gefülltes Glas verrühren (davon 2mal tägl. je 2ml eingeben und gegebenenfalls wiederholen). Bei chronischen Beschwerden D30; C30 (1mal tägl. über 2–3 Tage, gut abwarten), oder LM 6 (1mal tägl., ca. über 1 Woche, Wiederholung abwarten).
VERGLEICHE: Bell., Cham., Coff., Ign., Lyc., Phos., Puls., Rhus-t., Sep., Sulf.
GEGENMITTEL: Acon., Ars., Bell., Camph., Cham., Coff., Euph., Ign., Puls., Stram., Thuja.

Opium
Papaver Somniferum, **Schlafmohn;** Familie der Mohngewächse. Aus dem Milchsaft der unreifen Fruchtkapsel des Mohns – der getrocknete Saft dient zur Herstellung der homöopathischen Arznei. Ab D12 rezeptfrei.

ALLGEMEINES zum ARZNEIMITTELBILD: Die OPIUM-Wirkung mit *Schläfrigkeit, Betäubung, Überempfindlichkeit der Sinnesorgane, Bewußtseinsstörungen, allgemeiner Erschlaffung, Phasen der Lähmung, Mangel an Reflextätigkeit und Schmerzempfindung* (etc.) verweist auf einige der hervorstechenden Krankheitserscheinungen dieser homöopathischen Arznei (Kenntnisse stammen aus Prüfungen an Gesunden, aus Vergiftungsfällen, dem Gebrauch als Genußmittel). OPIUM hat eine besondere Beziehung zum *Zentralnervensystem* und zu den *vegetativen Nerven*. Bei OPIUM findet man einerseits den Zustand von *Überreizung* – z. B. Muskelkrämpfe/-zuckungen, Schreckhaftigkeit, ein »Berauschtsein«. Andererseits *Stumpfheit, Lähmung* – z. B. Benommenheit, enorme Darmträgheit/Verstopfung, Nerven- und Gefäßlähmung.
OPIUM kann angezeigt sein, wenn die *Reizempfänglichkeit abgestumpft ist* (z. B. völlige Erschlaffung der Darmtätigkeit, schwere Formen der Verstopfung). *Geringe oder fehlende Schmerzäußerungen* kommen häufig vor. Im Falle einer *schweren Darmträgheit* kann das Pferd beispielsweise *auffallend schläfrig/stumpfsinnig sein, die Augen sind geöffnet mit starrem Blick und verengten Pupillen*. Gleichzeitig muß man bei OPIUM an eine *übersteigerte Reizempfänglichkeit* denken, insbesondere gegenüber seelischen Einflüssen. OPIUM ist eines der Hauptmittel bei *Folgen von Schock, Schreck*, wie z. B. ein Unfall, Stallbrand oder jedes schwere traumatische Erlebnis. Die daraus resultierenden Leiden können sofort oder Tage, Monate bis Jahre später zutage treten oder sich wiederholt zurückbilden. Zu diesen Folgeerscheinungen gehören nicht selten: *Krämpfe*, (z. B. Schlund, Darm, Bewegungsapparat) oder *Lähmungen* (z. B. Kehlkopfpfeifen) oder/und *seelische Erkrankungen* (Zustände großer Niedergeschlagenheit, der Furcht/Angst, enormer Sinnesüberreizung oder/und Benommenheit).
FALLBEISPIEL: Der Bericht von Dr. M. Fischer macht es vielleicht möglich, daß weiteren Pferden und deren Reitern geholfen werden kann. Dem Mediziner wurde ein Pferd vorgestellt, welches sich im Stall und Auslauf völlig friedlich benahm, stets ausreichende und ausdauernde Bewegung erhielt, doch unter dem Sattel einen geradezu zwanghaften Be-

wegungsdrang zeigte. Es besaß die Eigenschaft, unter seinem Reiter immer schneller zu laufen und sich kaum noch durchparieren zu lassen. Diese Verhaltensweise bestand bereits mehrere Jahre. Laut Angaben des Reiters lief sein Pferd nicht aus Freude, sondern »wie im Rausch« (oder Delirium) und bis zur Erschöpfung, wobei Ängstlichkeit mit eine Rolle spielte. Der Reiter äußerte das Gefühl, sein Pferd würde eventuell solange laufen, bis es vor Erschöpfung zusammenbricht. Da die Möglichkeit bestand, daß das Tier bei seinem Vorbesitzer erschreckende Erlebnisse erfahren hatte, wurden bei der Mittelwahl die *Folgen von Schreck, Schock*, der *Zustand »wie im Delirium«* (der bewußt nicht mehr steuerbar war) und das weniger ausgeprägte Energiepotential (sonst friedlich und ruhig) berücksichtigt. Das Pferd bekam OPIUM D12 2mal täglich 10 Tropfen auf ein Stück Brot, ließ sich schon nach wenigen Tagen deutlich leichter durchparieren und insgesamt sehr gut reiten. Bei diesen Zuständen könnte man auch an Acon., Bell., Hyoscyamus, Stram. denken, doch unter anderem aufgrund der bildhaften Vorstellung des Deliriums von OPIUM, dem »Wie im Rausch sein« mit anfänglich vermehrter Kraft und späteren Erschöpfung wurde die richtige Arzneiwahl getroffen. (Verlag Barthel & Barthel, Band 11, 1992.)

Phosphorus

Gelber Phosphor; aus dem Reich der Mineralien.

ARZNEIMITTELBILD (wichtige Symptome): GEMÜT/VERHALTEN: sehr aufgeweckt, neugierig; beeinflußbar, erregbar, furchtsam. *Angst beim Alleinsein*, bei Gewitter. Schreckhaft, anhänglich, leicht zu beruhigen. Sehr kitzlig, berührungsempfindlich. Übermütig, lustig; eigensinnig, reizbar, rasch überreizt. *Eine bedeutsame Arznei bei Nervenschwäche und/oder zur Wiederholung nach schweren Erkrankungen*. KOPF: *Zahnfleischbluten. Häufig bewährt bei Blutungen nach Zahnoperationen/Zahnraspeln*. Zahnbettentzündung (eitrig). *Knochengewebszerfall*, besonders am Unterkieferknochen, z. B. von kranken Zähnen ausgehend (Kieferhöhle). *Knochenauftreibungen*. AUGEN: Tränenfluß im Freien. Verklebte Lider. *Sehnerveränderung*. Glaskörpertrübung. *Netzhautblutung. Lidtumor* (Krebs). ATMUNGSORGANE: **Husten** *hohl*, als ob in einen leeren Eimer gehustet. *Heftige Anfälle* (schlimmer durch Kälte, Wetterwechsel, Aufregung, Linksliegen). *Husten bei schlanken, hochgewachsenen Pferden* (die nicht selten einige typische Merkmale von PHOS. aufweisen). **Auswurf** weiß, gelb, grünlich; bräunliche Klumpen; *blutgestreift*; *eiweißartig*; flockig, zähschleimig. Übel/süßlich riechend. **Atmung** mühsam, kurz, mit Unruhe. Verstärkte Bauchatmung. HERZ: -frequenz beschleunigt (*bei Aufregung*, Hunger, mit nervöser Schwäche, ängstlicher Unruhe. **Puls** beschleunigt, schwach. VERDAUUNGSTRAKT: **Appetit** fehlt oder *Heißhunger* (frißt hastig, gierig). Häufiges *Salzlecken*. Viel Durst. Häufiges Gähnen, Flehmen. Rülpsen, Mundgeruch (sauer). Neigt zur Gasbildung, übelriechende Gase. **Durchfall** *ruhrartig* (gut hörbare Darmgeräusche); *klumpiger Schleim*, Blutbeimengung ist möglich. Durchfall schwächt sehr. **Kot** fettigglänzender Belag. **Verstopfung** durch Untätigkeit des Mastdarmes. Afterschließmuskellähmung. HARNWEGE: häufiges Harnen, *beim Schwitzen vermehrtes Harnen*. **Harn** schillernd; wolkig. Gelb; Blutbeimengung. Herber/süßlicher Geruch. *Bluthamen nach dem Deckakt (männl.)*. GESCHLECHT (w): vermehrter bis starker Sexualtrieb. **Ausfluß** wundmachend. **Eierstöcke** *Zysten*, Geschwüre, Krebs. **Gebärmutter** *Myom, Fibrom*. (m): **Sexualtrieb** sehr stark ausgeprägt, häufig *sehr heftiges Deckverhalten*. Trieb auch *vermindert*, fehlendes Vermögen, z. B. durch Überbeanspruchung (Deckeinsatz, Streß, Sporteinsatz). BEWEGUNGSAPPARAT: **Muskel**verspannung im Bereich Hals (links), Rücken, Lende. Allgemeine Muskel-/Gelenkschwäche (anfallsweise; durch Überanstrengung, Streß. **Gelenke** Steifigkeit (bes. Schulter, Vorderfußwurzelgelenk, Knie). *Knacken der Gelenke*. *Knochenauftreibungen* (–hautentzündung). Schleppende Hinterhand (Huf streift wiederholt den Boden). Disharmonie von Bewegungsabläufen. HAUT: *selbst kleinste Wunden bluten stark*. Blutbläschen. Pickel, Pusteln, Schorfe, Risse, Abschälungen; starker Juckreiz. Schuppenflechte. Hautgeschwür. FIEBER: trockene Hitze mit Unruhe. Auch heftige Schweißbildung, die keine Besserung bringen. SCHWEISS: *schwefelartiger Geruch* ist möglich.

- FOLGEN VON Blut-, Säfteverlusten, Infekten, Überanstrengung.
- FOLGEN VON Betäubungsmitteln (einer Narkose).
- FOLGEN VON Behandlungen mit Cortison.

MODALITÄTEN (Wodurch, Wann?): Verschlimmerung: vor/während Gewitter, Alleinsein, im Zwielicht, durch Geräusch, Streß, Überanstrengung, Diät, Liegen auf der linken Seite. Morgens. Besserung: durch Ruhe, kurze Pausen, Fressen, Liegen auf der rechten Seite.
SEITENBEZIEHUNG: häufiger links.

ANMERKUNG: Phosphorverbindungen kommen in Gesteinen, im Erd- und Pflanzenreich sowie im menschlichen und tierischen Organismus vor. Phosphor ist ein unentbehrlicher Bestandteil des Zellkerns und an allen Vorgängen des Energiehaushaltes und Stoffwechsels beteiligt. Phosphorverbindungen sind in der Knochensubstanz, allen Körpergeweben, im Blut und in den Körpersäften enthalten. Der Phosphor-Stoffwechsel ist eng mit den Prozessen des Calciums im Organismus verbunden. Bei der homöopathischen Behandlung wäre zu beachten, daß man durch PHOSPHORUS nicht selten Calcium aktivieren kann.

HEILANZEIGEN: Nervenschwäche. Chronische Erschöpfung. Verzögerte Wiederholung nach Infekten. Blutarmut. Sehnerwveränderung. Netzhautblutung, -ablösung. Lidtumor. Zahnbettentzündung. Nekrose von Ober/Unterkiefer. Exostosen der Kieferknochen. Kieferhöhlenentzündung, chronisch. Kehlkopf:-entzündung, -schleimhautödem. Bronchitis, akut, chronisch. Lungenentzündung. Herzmuskel-, Herzklappenerkrankung. Nervöse Herzbeschwerden. Magenkatarrh. Darmentzündung, akut, chronisch. Leberentzündung, akut, chronisch. Nierenentzündung. Eierstock:-zysten, -tumore. Gebärmuttermyom. Gelenkrheuma, chronisch. Knochenauftreibungen (Exostosen), Kreuzverschlag. Ataxie. Ekzem. Allergie. Schuppenflechte. Hautgeschwür (bösartig).

DOSIERUNG: Bei akuten Beschwerden D6–D8 (halbstündl., stündl. od. 2–3mal tägl.) oder LM 6–LM 8 (1–2mal tägl.; bis z. Besserung). Bei Erschöpfungsbeschwerden D30; C30 (1mal tägl. über 2–3 Tage, Wiederholung abwarten) oder siehe LM-Potenz. Alle chronischen Prozesse verlangen nach D30; C30 / D200; C200 (1mal je Woche, je Monat; Eingabe in Maßen) oder LM-Potenzen.
VERGLEICHE: Ars., Calc., Lyc., Puls., Rhus-t., Sep. Sil.
GEGENMITTEL: Apis, Camph., Coff., Nux-v., Sep.

TYPISIERUNG VON PHOSPHORUS

»Der Überbringer oder Träger des Lichts« lautet die griechische Übersetzung von PHOSPHORUS (phos = Licht / phoro = bringen, tragen), denn dieses »unruhige« Element hat die Fähigkeit, selbst Licht hervorzubringen. Das »Nachleuchten« von phosphorhaltigen Stoffen ist besonders in der Dunkelheit zu beobachten (z. B. Abziehbilder, Leuchtstoffröhren). In der Natur sieht man »tanzende Lichtflecken« auf den Schaumkronen von Meereswellen. Die »rasche Entzündbarkeit« von **Phosphor** bringt auch Streichhölzer oder Feuerwerkskörper zum »Entflammen« und »Funkensprühen« und »Leuchten«.

Das PHOS.-Pferd ist überwiegend feingliedrig und schlank, wobei auch leicht-grobknochige und wohlgenährte Pferde dem PHOS.-Bild entsprechen können. Die Bezeichnung der Pferdefarben dieses Typs reichen von Fuchs, Isabell, Falbe, Palomino, Brauner bis zum Rappen. Alle gelben, goldfarbenen und intensiv rötlichen Tönungen sind sehr typisch. Das Haarkleid von Braunen kann »wie Kastanien schimmern«, das von Rappen kann »wie Pech glänzen«. Gleichsam kann das PHOS.-Pferd unübertroffen »feinsinnig und charmant« sein, und eine »bezaubernde« Ausstrahlung« besitzen – und dennoch »den Teufel im Leibe haben«.

Das Zusammensein mit diesem Typ, der auch unter den olympischen »Goldpferden« zu finden ist, wird kaum von Langeweile geprägt sein. Allein das junge PHOS.-Pferd benimmt sich häufig so, als ob es täglich »einen Kasper verspeist« hätte. Seine »spaßigen« Einfälle beleben nicht nur die Stallgemeinschaft, sondern auch seine Besitzer. Das überaus »aufgeweckte« PHOS.-Pferd findet (fast) an allem Interesse und, obgleich es häufig ein sehr geräuschempfindlicher Typ ist, wird seine große »Neugierde« den Ton angeben. Als ein Storch in einem Auslauf zur Landung ansetzte, flüchteten die dortigen Pferde in alle Richtungen – bis auf eine PHOS.-Stute (die jüngste im Bunde), die sich den »Neuling unbedingt aus der Nähe angucken mußte«. Beispielsweise kam ein findiges (und schreckhaftes) PHOS.-Pferd in die Nähe eines stehenden Traktors, betätigte mit seiner Nase die Warnblinkanlage und bestaunte die blinkenden Lampen mit offensichtlicher Begeisterung.

Das PHOS.-Pferd hat eine sehr »feine Antenne für elektrische Spannungen« – in der Luft, im Zaungerät und sonstwo. Diesem Typ wird »Angst und Bange«, wenn eine Gewitterfront naht, (Furcht VOR Gewitter), und er kann bester Stimmung sein, wenn es erst einmal donnert und blitzt. Selbstverständlich »prüft« das PHOS.-Pferd mit Vorliebe jeden Elektrozaun und »spürt« sofort, ob und wann es sich Freiraum verschaffen kann.

Mitunter kann dieser Typ ein sonderliches, vielleicht auch schlaues Verhalten zeigen, wie zum Beispiel jenes Jungpferd, das jeden neuen Besucher in die Flucht schlug, indem es ihm umgehend sein Hinterteil zukehrte. Seinem Besitzer gegenüber verhielt es sich mustergültig, doch mußte dieser von einem Verkauf des »zutraulichen« Pferdes Abstand nehmen. Da das PHOS.-Pferd oft »kitzelig« ist, können die erstmaligen Hufreinigungen oder etwaigen Untersuchungen etwas schwierig werden, doch kann man diesen Typ durch »besänftigende Worte« rasch beruhigen. Zu beachten wäre das zarte Nervenkostüm des PHOS.-Typs, der wohl eine »überschäumende Lebendigkeit« und einen »Feuereifer« an den Tag legen kann, doch niemals dauerhaftem Streß ausgesetzt werden darf.
Das sensible PHOS.-Pferd besitzt auch einen »feinen Instinkt« für die Gemütsstimmungen seiner Pfleger und Reiter. Seine Anhänglichkeit und schnelle Auffassungsgabe ebnen den Weg einer guten Zusammenarbeit, wobei ihm forsche, begeisterungsfähige Menschen willkommen sind. Dennoch wird die Ausbildung des PHOS.-Pferdes keinesfalls reibungslos vonstatten gehen. Es kann durchaus passieren, daß dieser Typ allerhand »Gespenster« sieht und »ruckartig scheut« (damit er genau gucken kann). Gegebenenfalls ist das angerittene PHOS.-Pferd derart »guckig«, daß es hier und dort steigt oder wie »am Boden klebend« vorwärts geht. Unschlüssige Reiter erleben dann auch die sehr »eigensinnige« Seite dieses Typs, der beizeiten ziemlich frech oder »stur« werden kann. Unter Umständen fallen ihm einige humorige Tricks ein, wobei seine unschuldig-heiter blickenden Augen Bände sprechen. Hat das PHOS.-Pferd seinen fraulichen/männlichen Meister gefunden, so wird man von der »leichtfüßigen Eleganz« und »schwebenden Leichtigkeit« dieses Typs häufig hingerissen sein. Zudem kann die »faszinierende Ausstrahlung« des PHOS.-Pferdes für einige Aufmerksamkeit sorgen (seine zeitweiligen Eskapaden mit eingeschlossen). Es scheint, daß sich dieser Typ tatsächlich gerne präsentiert. Allerdings wird das nervige PHOS.-Pferd seine »Guckigkeit« selbst im fortgeschrittenen Alter nicht gänzlich verlieren.

Podophyllum

Podophyllum peltatum, **Maiapfel**; Familie der Sauerdorngewächse. Sein Pflanzenkraut und Wurzelstock (urstofflich) verursachen in größeren Gaben Vergiftungen, wobei seine gelben Früchte eßbar sind. Aus dem Wurzelstock mit Wurzeln zur vollen Reifezeit der Früchte.

ARZNEIMITTELBILD (wichtige Symptome). ALLGEMEINES: Das reine PODOPHYLLUM hat eine stark abführende Wirkung, die sich meistens durch heftig austretende Darmentleerungen von breiig, flüssigem und oft gelblichem Kot äußert. In der Homöopathie wird PODO. allzu häufig bei akutem Durchfall des Pferdes aufgeführt und nicht selten mit ähnlich wirkenden Arzneien verwechselt (wie z. B. Ars., Gambogia, Nat-s., Thuja, bei Zahnungsdurchfall auch Cham.). Eine kleine »Gedächtnisstütze« für die Anzeige von PODO. (blüht im Mai, trägt gelbe, säuerlich schmeckende Früchte) wäre seine *Verschlimmerung: durch heißes Wetter, saure Äpfel, säuerliche Milch* (Milchaustauscher), *warmes Wasser und nach der Futter-/Wasseraufnahme* (vielfach Sommerdurchfälle). Weiterhin sein *»explosionsartiger«* Durchfall (häufig *gelblichgefärbt und übelriechend*), der mitunter *Futterreste* enthält. Das Pferd ist *auffallend kraftlos*. Überhaupt findet man bei PODO. die deutliche Tendenz zur *»Erschlaffung«*, zum »Heraustreten« (z. B. Mastdarmvorfall). Zudem kann PODO. bei chronischen Erkrankungen (Darm, Leber, weibl. Geschlechtsorgane) angezeigt sein und als Konstitutionsmittel betrachtet werden. GEMÜT/VERHALTEN: paßt eher zum cholerischen Typ. Sowohl reizbar als auch niedergeschlagen. *Fieber (Hitze) kann enorme Ruhelosigkeit hervorrufen.* MAULHÖHLE: **Zähne** (Zahnfleisch), wiederholte Neigung, in etwas Hartes zu beißen oder die Zähne fest zusammengebissen zu halten. *Zahnschmerzen,* Beschwerden durch Zahnung/Zahnwechsel. Zähneknirschen. VERDAUUNGSORGANE: **Durchfall** *schießt in reichlicher Menge heraus, heftiges Herausspritzen mit Gasen* (Nat-s.). **Kot** ist *wäßrig, auch schleimig und mitunter sehr übelriechend.* Häufig *gelblich, gelbbraun;* enthält mitunter *unverdaute Futterteile,* auch Blut. *Durchfall sofort nach der Wasseraufnahme. Gurgelnde Bauchgeräusche vor dem Koten. Matt, nervös und hinfällig bis sehr kraftvoll nach Durchfall. Durchfall beim Zahnen,* Zahnwechsel. **Verstopfung** *abwechselnd mit Durchfall. Während der Trächtigkeit.* Schmerzloser Kotabgang oder mit **Kolik** *vor oder während des Durchfalls,* während des Kotpressens, gleich nach dem Trinken; *um 4 Uhr (nachts);* bei Fieber (ruhelos). Schlägt die Gliedmaße unter den Bauch. *Zusammengekrümmte Haltung bei Seitenlage.* (Kolikerscheinungen weniger heftig als bei Ars., Bell., Bry., Cham., Coloc., Nux. Wodurch, Wann? beachten). **Mastdarmvorfall** beim Durchfall; vor, während und/oder nach dem Kotabgang; nach einer Geburt (dabei auch häufiges Pressen). HERZ/KREISLAUF: beschleunigte Herztätigkeit, kollapsähnliche Zustände, kalter Schweiß, **Puls** kaum fühlbar. GESCHLECHT (w): **äußere Genitalien** Schwellung (ödematös) während der Trächtigkeit. **Eierstöcke** Entzündung (rechts), auch mit Lahmheit des rechten Hinterbeines. **Ausfluß** gelblich, gelbweißlich, dünnflüssig. **Gebärmuttervorfall** nach der Geburt (Bell., Puls., Rhus-t., Sep.); während des Kotpressens (kann wiederholte Neigung zum Vorfall bestehen). BEWEGUNGSAPPARAT: Rückenverspannungen während (Dulc., Lyc., Nux., Puls.) und/oder nach dem Koten (Nat-m., Puls.). FIEBER: mit viel Schweiß und Unruhe.

MODALITÄTEN (Wodurch, Wann?): Verschlimmerung: durch Hitze, heißes Wetter, saure Äpfel, nach dem Fressen und Trinken (Verdauung, Fieber); nachts (gegen 4 Uhr). Besserung: nach dem Koten (Kolik). Abends (allgemein).

HEILANZEIGEN: Zahnung/Zahnwechsel (erschwert). Darmentzündung, akut, chronisch. Durchfall. Zahnungsdurchfall. Mastdarmvorfall. Leberentzündung, akut, chronisch. Kreislaufschwäche, bei Durchfall. Genitalien, äußere (w.; Schwellung). Eierstockentzündung (rechts). Gebärmuttervorfall. Rückenverspannung (durch erschwertes Koten).

DOSIERUNG: Bei Durchfällen ab D6 bis D8 (2–3mal täglich) oder D12 (1mal täglich) oder D30; C30 in Wasser verrührt (1/2 gefülltes Wasserglas, 2–3mal täglich je 1 ml, gegebenfalls über 2 Tage). Ansonsten gerne ab D6. Bei chronischen Zuständen ab D30; C30 (1–2malig, Wiederholung abwarten) oder LM 6 (1mal täglich, Absetzen bei Besserung).

VERGLEICHE: Ars., Cham., Nat.-s., Sulf., Thuja (Durchfälle), Gambogia (ab D6) ist nicht aufgeführt: hat viel Rumpeln und Kollern im Bauch, gewaltsames Herausschießen gelblicher Durchfälle; reichliche, dünnflüssige Sommerdurchfälle (betrifft häufiger alte Pferde) mit Verschlimmerung gegen Abend, nachts.

GEGENMITTEL: Coloc., Nux-v.

Pulsatilla

Pulsatilla vulgaris, **Küchenschelle;** Familie der Hahnenfußgewächse. Aus der ganzen frischen Pflanze zur Blütezeit.

ALLGEMEINES: PULSATILLA gehört mit zu den großen Konstitutionsmitteln der Homöopathie. PULS. ist eine häufig gebrauchte Arznei für Pferde, die sowohl bei akuten, rückfälligen (rezidivierenden) als auch chronischen Erkrankungen angezeigt sein kann. PULS. *wirkt besonders auf die Schleimhäute,* wo es entzündliche Erscheinungen (Katarrhe) hervorruft. Alle *Absonderungen sind sattgelber, gelblicher oder gelbgrüner Farbe* (nicht wundmachend, sondern mild). Außerdem hat PULS. eine überaus bemerkenswerte Beziehung zu den *weiblichen Geschlechtsorganen,* sollte auch beim männlichen Geschlecht (bes. *Hoden*) sowie *beim Wallach* nicht außer acht gelassen werden. Zudem wirkt PULS. bei *Gelenkentzündungen und rheumatischen Beschwerden.* Typisch für die körperlichen und seelischen Erkrankungen von PULS. ist eine *Veränderlichkeit oder Wechselhaftigkeit* ihres Zustandes, wie z. B. auffallend veränderliche Verhaltensweisen, wandernde Gelenkerkrankungen, wechselhafte Beschaffenheit von Absonderungen. Besonders charakteristisch für PULS. ist das *»zu Späte« oder Verzögerte,* wie z. B. ein bereits »reifer Katarrh« (dicker gelber Schnupfen), eine späte, verzögerte Rosse). Wer genau beobachtet, wird bemerken, daß PULS. *warme bis heiße Witterung schlecht verträgt* und *in der kühlen, frischen Luft sehr entspannt gehen kann.* PULS. bevorzugt die Kühle und oft auch die Kälte, wobei sie dennoch bei jenen Erkrankungen in Frage kommt, die *durch das Stehen (Liegen) auf nassen/kalten Böden verursacht wurden.* Nicht zuletzt ist PULS. ein ausgezeichnetes *Kolikmittel bei Folgen einer Überfütterung.* **ARZNEIMITTELBILD** (wichtige Symptome): GEMÜT/VERHALTEN: anhänglich, braucht Aufmerksamkeit, liebevolle Zuwendung; zaghaft, ängstlich, unsicher/launenhaft, zickig, reizbar. Träge, langsam, unnachgiebig/flink, bewegungsfreudig, durchlässig. Fröhlich, ausgelassen/niedergeschlagen, teilnahmslos – gänzlich teilnahmslos (apathisch). *Angstzustände nach einem erschreckenden Erlebnis* (z. B. Unfall, wo das Pferd zeitweise ohne Hilfe bzw. »hilflos« war). OHRSPEICHELDRÜSE: eine sehr bewährte Arznei bei eitriger Entzündung! AUGEN:

Bindehaut *Entzündung*, allergisch oder infektiös; akut oder chronisch (besser im Freien, *durch kalte Anwendungen*). *Entzündung nach Verletzung*. Bindehautentzündung mit *Hornhautentzündung*. **Absonderungen** gelb/*gelbgrünlich*. *Sehnerveränderung, -lähmung* (Bell., Kalium jodatum, Nat-m., Phos., Sil., Stram., Sulf.). *Tränenfluß* (im kalten Wind, beim Husten). **Lider** *verklebt*, gelbes/gelbgrünes Sekret. ATMUNGSORGANE: **Schnupfen** besonders im Endstadium (*dickflüssiger, gelber, gelbgrünlicher, auch übelriechender Schnupfen*); mitunter wenig Geruch, nur rechtsseitig, nur morgens und abends auftretend; *schlechter im warmen Stall, bei warmer Witterung*. Schnupfen durch *Heustauballergie*. Häufiges Prusten. **Husten** (schlechter: *morgens, nachts, durch leichte/mittlere/kräftige Bewegung, Wärme, im warmen Stall*). Pferd steht viel, legt sich ungerne nieder. *Heftige, auch erschütternde Hustenanfälle* (feuchter, lockerer/trockener, krampfartiger Husten). *Husten durch Heustaub, durch staubige Luft* (Ars., Calc., Dros., Hep., Lyc., Sulf.). **Auswurf** *schleimig*, schaumig, *klebrig*; *gelb, gelbgrünlich*, seltener, weißlich, durchsichtig; oft *übelriechend*. Reichliche/spärliche Menge. Rasches/*verzögertes* Auswerfen. **Atmung** *asthmoide Zustände*, durch Allergie, *nach unterdrückten Hautausschlägen*, nach dem *Verlust eines Freundes*, durch Stallwechsel, stetes Schikanieren seiner Artgenossen/jede Erregung und kräftige Bewegung verschlechtern/im Freien besser. *Asthmoide Bronchitis*. VERDAUUNGSTRAKT: häufig *wenig Durst* (selbst nach einem ausgiebigen Ritt/Fahren), nimmt nur kleine Wassermengen – dennoch ist vermehrter Durst möglich). **Magen** *Folgen von Magenüberladung bzw. Überfütterung*. Hier verdient PULS. große Beachtung! Wenn Pferdehalter es einmal zu gut meinen und ihren Vierbeiner *überreichlich gefüttert* haben oder *das Pferd hat die Futterkammer bzw. den Futterwagen erobert*, so kann PULS. für eine rasche Passage der Futtermengen sorgen (mißtrauische Menschen können nach einer ausladenden oder gar fetten Mahlzeit PULS. D30/C30 in 1maliger Gabe probieren). **Magen/Darm** PULS. kann auch dann angezeigt sein, wenn *durch fehlerhafte Fütterung und unzureichende Bewegung Magen-Darm-Beschwerden bzw. Koliken auftreten*. Zu dieser Arznei gehört auch *die Unverträglichkeit von Brot* (Bry.), *süßen Backwaren* (Lyc., Phos.), *gefrorenem Futter* (Ars., Bry.). **Kolik** folgende Bedingungen sind bei PULS. zu berücksichtigen: *steter Wechsel vom Niederlegen, Hin- und Herwälzen, Wiederaufspringen und Umhergehen* sowie *der »unnachgiebige« Bewegungsdrang* (Besserung durch gemächliche, fortgesetzte Bewegung, schlechter durch erzwungenes Ruhigstehen); zudem kann die *Besserung durch leichte Bewegung im Freien* auffällig sein. **Durchfall** *ständig wechselnde Kotbeschaffenheit* (breiig, schleimig, wäßrig; grünlich, mitunter übelriechend). Durchfall: *nach körperlicher Überanstrengung, bei Futterwechsel, eiskaltem Futter, nach Magnesiumpulver, Obst, nach Aufregung, durch Sommerhitze*. Kotpressen, aber es kommen nur *übelriechende Blähungen*. Durchfall abwechselnd mit Verstopfung. HARNWEGE: *schmerzhaftes Harnen* (Stöhnen etc.), besonders gegen Ende des Harnlassens. GESCHLECHT (w): bei jungen Stuten *verzögert auftretende Rosse*, dann ausgeprägte Rosseanzeichen, doch *wechselhafter Zyklus* (zeitlich zu früh oder zu spät einsetzende Rosse). *Rosseanzeichen, doch es kommt selten zum Folikelsprung (Ovulation)*. Stille Rosse. Wehenschwäche.

Euter *Verzögerter Milchfluß*. Euterentzündung. **Gebärmutter**-*schleimhautentzündung*. **Ausfluß** dünnwäßrig, *dickflüssig, gelblich, grünlich*. (m): **Hoden** *entzündet* (bes. links, auch rechts). *Hodenentzündung/-schwellung nach stumpfer Verletzung (Arn.)*. Hodenhochstand, verborgener Hoden bzw. Kryptorchismus (bes. *rechts*). *Nebenhodenentzündung*. BEWEGUNGSAPPARAT: **Muskulatur** Verspannungen, Steifigkeit (bes. im Bereich Kopf-Arm-Muskel; Lende). **Gelenke** *Entzündung bzw. Arthritis* (bes. im Hüft-/Kniegelenk); mitunter wandernde Arthritis (wechselt die Örtlichkeit). Allgemein: schlimmer im Beginn der Bewegung, besser durch fortgesetzte Bewegung; schlimmer durch Wärme/Hitze, besser durch Kälte; wandernde Beschwerden. **Gliedmaßen** *angelaufen bzw. Stauungen*, Bewegungsdrang (Box). **Hufe** das freilaufende Pferd steht mitunter häufiger in kühlfeuchten Böden (Bell., Lach., Led., Phos., Sep., Sulf.). HAUT: *geschwollen, rissig. Trockenes Ekzem, viel Juckreiz*. Nesselsucht. Verträgt *Satteldecken/Decken aus reiner Wolle* schlecht (z. B. Hautausschläge).

MODALITÄTEN (Wodurch, Wann?): Verschlimmerung: durch Bewegungsmangel, beginnende Bewegung, warme Anwendungen, warme Stalluft, warmes/schwüles Wetter, kalten Luftzug, Futterwechsel, unsachgemäße Fütterung, Brot, fette Backwaren, Wolldecken; abends, um Mitternacht (Husten), auch morgens. Besserung: durch anhaltende Bewegung, kühle Anwendungen, Aufenthalt im Freien bzw. in der kühlen, frischen Luft.

SEITENBEZIEHUNG: nicht selten rechts.

HEILANZEIGEN: Angstzustände. Depressionszustände. Bindehautentzündung, akut, chronisch. Ohrspeicheldrüsenentzündung. Nasennebenhöhlenentzündung, akut, chronisch. Nasenkatarrh, subakut, chronisch. Husten. Bronchitis, akut. Asthmoide Bronchitis (COB). Heustauballergie. Magenüberladung. Magen-Darm-Katarrh, akut, chronisch. Futtermittelallergie. Durchfall. Harnblasenkatarrh, akut, chronisch. Stille Rosse. Sterilität. Gebärmutterentzündung. Euterentzündung. Wehenschwäche. Hodenentzündung. Hoden, verborgene (Kryptorchismus). Arthritis, akut, chronisch. Muskelrheuma, akut, chronisch. Ekzem, trocken. Nesselsucht.

DOSIERUNG: Zur Sterilitätsbehandlung, bei Wehenschwäche gerne in D4/D6 (2–3mal tägl.); mitunter auch bei allen akuten Erkrankungen, doch wird man mit LM-Potenzen (ab LM 6, 1–3malig) oder D30/C30 (1malig über 1–2 Tage) oder D30/C30 in 1/2 gefülltes Wasserglas verrührt (davon 2–4malig den Tag, je 2ml häufig eine bessere Wirkung erreichen. Bei chronischen Erkrankungen D30/C30 (1mal tägl. über 2–3 Tage, gut abwarten) oder D200/C200 (1mal tägl. über 2 Tage; nicht zu rasch wiederholen).

VERGLEICHE: Calc. carb., Phos., Lyc., Sil., Sulf./Kalium sulfuricum (nicht aufgeführt) ist PULS. sehr ähnlich.

GEGENMITTEL Cham., Coff., Ign., Nux-vom., Sulf.

TYPISIERUNG VON PULSATILLA

Zuweilen sieht man die Küchenschelle, auch »Wind-Anemone« genannt, am Rande von Reitställen wachsen (die im frischen Zustand giftig ist). Die »gut verwurzelte« PULS. wächst, wenngleich auch etwas »zögernd«, auf sandigen, kalkhaltigen Böden (wenig

Durst). Für ihre Blütezeit bevorzugt die PULS. das »kühle« Frühjahr, denn bei heißem Wetter werden ihre »hübschen, molligen«, dunkelvioletten Blüten rasch »matt und welk« (Wärme verschlechtert). Obwohl die PULS. einen »zarten« Pflanzenstiel besitzt, wird sie vom frischen Wind vielleicht niedergedrückt, jedoch »nicht gebrochen«, sondern zeigt die für PULS. typische Eigenschaft: ein »Hin-und-her-Wiegen« (veränderlich, wechselhaft).
Das im PULSATILLA-Typ stehende Saugfohlen ist häufig ein »zaghaftes« Wesen, das gerne und ausgiebig am »Rockzipfel« seiner Mutterstute »klebt«. Erscheint ein neuer zweibeiniger Besucher, so sucht es rasch den mütterlichen Schutz, doch läßt es sich durch »gutgemeintes Zureden« nach und nach anlocken (nicht zu verwechseln mit PHOS., der auch schüchtern sein kann, dessen Neugierde aber oft überwiegt). Die PULS.-Mutterstute besitzt meistens einen ausgeprägten »Hüte-Instinkt« (sie hüten ihr Fohlen bestimmt »wie ihren Augapfel«).
Ähnlich wie CALC.-carb. ode NAT.-mur. kann das junge PULS.-Pferd zu den »Spätentwicklern« gehören, denn das »Zögernde« und »Späte« ist diesem »folgsamen« Typ geradezu auf den Leib geschrieben, so daß das heranwachsende PHOS.-Pferd nicht zu früh abgesetzt oder ins Training genommen werden darf. Vor allem braucht das PULS.-Pferd »Zuwendung«, »Schmuseeinheiten« und Aufmerksamkeit, anderenfalls entwickelt es mitunter erhebliche Verhaltensstörungen. Ein Züchter erwies sich als überbesorgter Wächter seines heranwachsenden Warmblüters, hielt selbigen fest hinter Schloß und Riegel, woraufhin der Vierbeiner in große Trauer (Apathie) verfiel, und später auch »webte« (hin und her). Das »verlassene Pferd« kann durchaus PULS. benötigen (zumal bei Verschlechterung durch Wärme und weiteren typischen Merkmalen).
Zweifellos hat die PULSATILLA etwas »Weiches«, »Sanftes« – und letztendlich »Weibliches«. Hier findet man auch einen Übergang zu jenen Wallachen, welche durch die Kastration sowohl körperliche Ausfallerscheinungen (z. B. Bewegungsapparat, Beteiligung des Stimmbandes; häufig links) als auch seelische Veränderungen erfahren, die nicht selten manche charakteristischen Merkmale von PULS. aufweisen. Da PULS. eine kräftige Arznei ist, wäre eine Konstitutionsbehandlung homöopathisch erfahrenen Therapeuten zu überlassen.
Die »fühlige« PULS. äußert ihre »Wechselhaftigkeit« auf unterschiedliche Weise. Zum Beispiel ging eine »mollige«, »freundliche« PULS.-Stute unter dem ihr bekannten Reiter manierlich – fast etwas zu »träge«. Sobald sich aber ein anderer Mensch in den Sattel schwang, eilte sie in größter Hast durch die Reithalle. Das PULS.-Pferd kann sich auch als wahrer »Feuerstuhl« erweisen, wenn es beim Ausritt seine Artgenossen aus den Augen verliert (Angst beim Alleinsein) oder wenn das Begleitpferd ein feuriges Temperament besitzt oder, wenn ängstliche Reiter die Zügel aufnehmen (man paßt sich eben an).
Auch im Herdenverband ist das PULS.-Pferd eher flexibel: kommt ihm ein dominanter Artgenosse in die Quere, so wechselt es halt seinen Kurs; macht ihm ein frecher Vierbeiner sein Fressen streitig, dann sucht es sich ein ruhiges Plätzchen. Irgendwie findet sich dieser Typ immer zurecht, außer fernab der Heimat, wo er nicht selten vor lauter Heimweh völlig durcheinander ist oder tagelang fastet.

Eine gewisse »Zähigkeit« wird man dem PULS.-Pferd kaum absprechen können. Zudem lauert unter seiner »sanften Nachgiebigkeit« eine »zickige Natur«, die mehr oder weniger spürbar zutage tritt. Auch hier macht sich der typische »Wankelmut« von PULS. bemerkbar, und zwar kann es durchaus passieren, daß das eben noch brave und verschmuste Pferd im Handumdrehen beißt oder tritt.

Pyrogenium
Pyrogenium wird aus rohem Rindfleisch hergestellt, das, mit Wasser angesetzt, drei Wochen in die Sonne gestellt wird, bis sich das Fleisch zersetzt hat. Ein Bakterienpräparat, das man als »Nosode« bezeichnet. Pyrogenium sollte nicht mit SEPSIN (Sepsiseiter) verwechselt werden.

ALLGEMEINES: PYROGENIUM ist eine erstklassige Arznei bei *septischen Prozessen* (Sepsis = Fäulnis; Streuung von fäulniserregenden Bakterien und giftigen Zerfallprodukten mit nachfolgenden Krankheitserscheinungen). PYROGENIUM hat sich besonders bewährt bei: *infizierten Wunden (septisches Stadium), vernarbten Geschwüren mit harter Schwellung, Schlagverletzungen mit Knochenhautentzündung, Knochenfisteln* sowie bei *Durchfallerkrankungen, Influenza, drohender Sepsis oder septischen Zuständen infolge von Geburtskomplikationen (z. B. zurückbleibende Eihautteile) oder einer Totgeburt.* Ein Beispiel: Bei einer meiner trächtigen Stuten trat durch die anormale Lage ihres Fohlens (vorne und hinten abgewinkelte Gliedmaßen) eine Geburtsstockung ein. Das bereits tote Fohlen konnte unmöglich die Geburtswege passieren und mußte vor Ort im Mutterleib zerteilt werden (Fetotomie). Die überaus beanspruchte Mutterstute erhielt Antibiotika, wobei der Hinweis erging, daß zumindest eine Geburtsrehe folgen würde. Die Stute erhielt zwei Gaben PYROGENIUM (C30) und ihr Zustand besserte sich derart zufriedenstellend, daß sie nach drei Tagen wieder auf die Weide entlassen werden konnte!
ARZNEIMITTELBILD (wichtige Symptome): GEMÜT/VERHALTEN: *Unruhe oder enorme Ruhelosigkeit während es Fieber hat* (möchte sich bewegen können). ATMUNGSORGANE: Trockenheit der Schleimhäute, rasch ansteigendes Fieber (siehe Puls), Fieber mit Schweiß (*fauliger Geruch*), auch kalter Schweiß, Mattigkeit und Bewegungsdrang. Bei kalter Witterung werden freilaufende Pferde im Stall stehen, *Wärme und Eindecken bessert*, sehr kälteempfindlich während des Fiebers. PULS: *abnorm gesteigerte Pulsfrequenz, unangemessen im Verhältnis zur Körpertemperatur* bei niedrigem Fieber oder *langsamer, auch unregelmäßiger Puls bei hohem Fieber.* VERDAUUNGSTRAKT: **Durchfall** riecht *aasig* (Ars., Carbo animalis, Veratrum album), auch *widerlich-faulig.* Schmerzlose Entleerung, brauner bis dunkelbrauner, breiiger bis wäßriger Durchfall. Ein »Herauslaufen« von sehr übelriechendem Kot! *Große Mattigkeit* nach körperlicher Anstrengung, auch Kollaps oder kollapsähnliche Zustände. *Durchfall nach der Aufnahme von fauligem Wasser* (z. B. Tümpel, Pfütze etc.). *Durchfall nach dem Fressen von Silage* (wenn diese

möglicherweise tote bzw. verweste Kleintiere enthält!). **Verstopfung** gänzliche Untätigkeit des Mastdarms (auch Opium, ab D12). *Hartnäckige Darmanschoppung mit Fieber* (seltener ohne Fieber). *Mühsame Entleerung von harten, groß- oder kleingeformten Kotballen, aasig/fauliger Geruch*. GESCHLECHT (w): sehr bekannt und bewährt bei *drohender Sepsis nach Abort (Totgeburt)* sowie bei bestehender Sepsis (Tierarzt). Septischer Prozeß nach einer Geburt, nach operativen Eingriffen. Auch jeder entzündliche Vorgang mit **Ausfluß** *dünnflüssig, bräunlich, aasigem Geruch*. HAUT: bewährt bei *Phlegmone* im septischen Stadium, mit schlechtem Allgemeinbefinden, mit Fieber. *Infizierte Wunden* (Schlag, Schnitt etc.), mit bräunlichen, gelblichen oder blassen Belägen, die *widerlich riechen*. Septischer Prozeß nach Knochenbruch. FIEBER: *septisches Fieber*, rasch ansteigende Temperatur, viel Durst, Haut trocken oder große Hitze/Schweiß (klebrig, kalt). Auch unbeständiges, rückfälliges Fieber.

MODALITÄTEN (Wodurch, Wann?): Besserung: durch Wärme, Bewegung.

HEILANZEIGEN: Influenza mit hohem Fieber und Ruhelosigkeit (nach Absprache m. dem Tierarzt). Durchfall (aasiger Geruch). Verstopfung. Darmkatarrh. Sepsis nach Abort, nach operativen Eingriffen. Gebärmutterentzündung. Infizierte Wunden und Geschwüre. Phlegmone mit Sepsis. Abszeß. Knochenfistel.

DOSIERUNG: in D30 oder C30 (1mal tägl. über 2 oder 3 Tage). Eine Wiederholung wäre erst nach 3–4 Wochen zu empfehlen. Heilungsprozeß gut beobachten und gegebenenfalls die nächst angezeigte Arznei wählen.

VERGLEICHE: Ars., Lach./mitunter auch Arn./bei Wundbehandlungen ist Echinacea-Salbe oder -Liquid (äußerlich) sehr zu empfehlen.

GEGENMITTEL: nicht bekannt.

Rhus toxicodendron

Gift-Sumach; Familie der Sumachgewächse. Rhus (= Sumach, ungeklärte Ableitung), toxicum (= Pfeilgift, Gift; gilt für Menschen und einige Tierarten als giftige Heilpflanze), dendron (= Baum bzw. Strauch). Herkunft: Nordamerika, auch in Deutschland beheimatet. Aus den frischen Blättern.

ARZNEIMITTELBILD (wichtige Symptome): ALLGEMEINES: Besonders aus den Blättern des Gift-Sumach ist ein gelblich-brauner Saft zu entnehmen, der mehr oder weniger heftige *Hautentzündungen* hervorruft. Kennzeichnend sind Schwellungen in Begleitung von nässenden, auch krustigen und heftig juckenden Bläschen oder Blasen – die einem *Ekzem oder Herpesausschlag* ähneln. Ich verdanke RHUS toxicodendron das Wiedererlangen meines Augenlichtes bzw. die Heilung meiner Gürtelrose, des Herpes Zoster im Kopf-, Gesichts- und Augenbereich (letztere hatte zur Erblindung geführt). Da ich von der Schulmedizin aufgegeben wurde, sei mir die Anmerkung erlaubt, daß die Homöopathie bei weitem mehr ist als nur eine »Alternative« zur Schulmedizin. – RHUS-tox. weist ein umfangreiches Arzneimittelbild auf. Unter anderem gehört RHUS-tox. mit zu den bewährten Mitteln bei Erkrankungen der Bewegungsorgane. *Folgen von Nässe, Kälte, feuchtkalter Witterung* und *Überanstrengung, Verstauchung, Zerrung* gehören ebenso zu RHUS-tox. wie eine *Verschlechterung im Beginn der Bewegung* und *Besserung durch fortgesetzte Bewegung*, durch *Wärme, Massage*. Steter *Bewegungsdrang* oder *enorme Ruhelosigkeit* ist bei RHUS-tox. oft vorhanden. <u>GEMÜT/VERHALTEN:</u> RHUS-tox. kann auch bei seelischen Störungen heilsam sein, die, wenn sie erkannt werden, häufig mehrere Stadien durchlaufen (hinzu kommen *Folgen von Schreck*). Z. B. kann ein freundliches, lebhaftes und leistungsbereites Pferd allmählich in einen *sehr rastlosen und nervös-erregten Zustand* geraten. Im Folgenden wird zuweilen *erhebliche Reizbarkeit und Widerwilligkeit* deutlich, die gegebenenfalls von *Aggressivität* und meistens von *steter Ruhelosigkeit* gekennzeichnet sind. Schließlich kann das Pferd *niedergeschlagen und furchtsam* werden und auch zu *zwanghaften Verhaltensweisen* tendieren. Bei RHUS-tox. erlebt man nicht selten den beharrlichen Drang, *in Richtung Heimat zu streben*. <u>KOPFBEREICH:</u> **Hautausschläge** Bläschen (gelblich, zusammenfließend, eiternd, krustig, bluten nach dem Zerkratzen). *Entzündung, Schwellung der Haut* (sich von links nach rechts ausbreitend, um ein Auge); Tendenz zum Gewebszerfall. *Ekzem, nässend.* Krampfartiges Gähnen (auffallend heftig). <u>AUGEN:</u> **Lider** *Schwellung*, ödematös. **Bindehaut** *entzündet.* **Regenbogenhaut** *entzündet* (auch im Zusammenhang m. Rheuma). Tränenfluß (bes. durch Wind). Absonderungen: schleimig-eitrig. *Hält die Augen häufig geschlossen.* Sehnervlähmung (z. B. Bell., Conium, Gelsemium, Kalium jodatum, Nat-mur., Phos., Puls., Sil., Stram., Sulf.). <u>HERZ:</u> *Überanstrengung durch übermäßige körperliche Belastung* (Arn., Causticum, Nat-mur.). Enorm beschleunigter Puls, auch unregelmäßig. Herzrhythmusstörungen. <u>ATMUNGSORGANE:</u> *Niesen, Prusten*, besonders beim Entfernen der Decke; sowie nachts. **Schnupfen** wäßriger Schleim. **Husten** (schlimmer: durch Waschungen, Regen, Entfernen der Decke, während der Zahnung; vormittags, nachts). Keuchender, kurzatmiger, erschöpfender Husten. *Husten, asthmatoide Zustände abwechselnd mit Hautausschlägen. Husten, asthmatoide Bronchitis nach Impfung* (Equine Herpesvirus 1). <u>BEWEGUNGSAPPARAT:</u> *Druckschmerzhaftigkeit* der **Muskulatur** von Lende, Kruppe, Oberschenkel (Rückenprobleme, Nachziehen der Hinterhand, Bewegungseinschränkung von Knie-/Sprunggelenk). Muskelbeschwerden infolge von *Zerrung, Prellung, Überanstrengung* (auch im Gliedmaßenbereich). *Besserung durch Bewegung, warme Anwendungen, druckartige Massage. Druckschmerzhaftigkeit*: Widerrist, Halsansatzoberlinie (Verspannung im Hals-/Schulterbereich). Häufiges Strecken oder Hin-/Herbewegen des Halses (gereizte Stimmung ist möglich). *Schlechter durch Kälte, Nässe*; Wärme bessert. **Muskelrheuma** besonders im Bereich: Schulter (oft links), Rücken, Lende, Hüfte, Oberschenkel. <u>GLIEDMASSEN</u> **Gelenke** *Arthritis* (bes. im Bereich Ellenbogen, Vorderfußwurzel, Knie, Fessel). *Schlechter durch Kälte, Nässe, vor einem Sturm; am Morgen. Besser durch gut warme Anwendung, Bewegung, trockenes Wetter. Hält die erkrankten Gliedmaße nicht ruhig* (häufige Haltungsveränderung, nimmt mit der Schmerzhaftigkeit zu, auch zittern). Knacken der Gelenke. *Arthrose* (schlechter im

Beginn der Bewegung, besser durch fortgesetzte Bewegung). *Sehnen-, Sehnenscheidenleiden* infolge von Überanstrengung, Zerrung, Prellung. *Schleimbeutelentzündung.* HAUT: *Ekzem* (mit dicht an dicht stehenden Bläschen, heftigem Juckreiz). Bläschen, gelb, wäßrig, nässend. *Abblätternde Krusten, mit Juckreiz.* Juckreiz wird durch sehr warme Flüssigkeit gebessert! Pusteln, wäßrigen Inhalts (Juckreiz). Blasen, eiternd. Quaddeln. Schuppenbildung. *Verdickte Haut bei chronischen Hautleiden.* SCHLAF-verhalten: das erkrankte Pferd ist häufig in Bewegung, verändert häufig seine Position oder Lage. Nachtaktivität bei Boxen- oder Offenstallhaltung. FIEBER: periodisch auftretend, intensive Hitze. SCHWEISS: säuerlicher, muffiger, auch übler Geruch.

MODALITÄTEN (Wodurch, Wann?): Verschlimmerung: durch Kälte, Nebel, kaltfeuchtes Wetter, Entfernen der Decke, Überanstrengung, vor oder während eines Sturmes, bei Durchnässung, eingeschränkter Bewegung, im Beginn der Bewegung. Besserung: durch Bewegung (muß sich bewegen können), fortgesetzte Bewegung, Wärme, trockene Witterung, druckartige Massage.

SEITENBEZIEHUNG: häufiger links.

HEILANZEIGEN: Verhaltensstörungen. Entzündung: Bindehaut, Regenbogenhaut, Lidränder; akut, chronisch. Pferdegrippe. Bronchitis, akut. Asthmoide Bronchitis, akut, chronisch. Impffolgen. Muskelüberanstrengung. Muskelrheuma, akut, chronisch. Arthritis. Arthrose. Sehnen-, Sehnenscheidenerkrankung. Schleimbeutelentzündung. Piephacke. Sehnenhasenhacke. Hufrollenerkrankung. Ekzem, akut, chronisch. Nesselsucht. Schuppenflechte.

DOSIERUNG: Ab D12 (in seltenen Gaben möglich). Bei akuter oder chronischer Erkrankung ist die D30 oder C30 meistens sinnvoller (1mal tägl. über höchstens 3 Tage), denn Rhus-tox. kann in der Tat heftige Erstreaktionen hervorrufen. Zudem sind LM-Potenzen zu empfehlen (wie LM 6, 1mal tägl. über ca. 4–5 Tage; Wiederholung abwarten). Sowohl bei akuten als auch chronischen Leiden kann die D30 oder C30 in einem 1/2 mit Wasser gefülltem Glas verrührt werden (davon 1mal tägl. je 2ml eingeben, über 2–3 Tage), bei akuten Zuständen auch 1–2mal tägl. je 2 ml und gegebenenfalls am nächsten Tag eine 1malige Eingabe.

VERGLEICHE: Ars., Merc., Puls./Folgen von Nässe, Kälte: Dulc., Calc. carb., Nat-suf., Thuja/Folgen von Prellung, Zerrung: Arn., Bellis-p., Ruta.

GEGENMITTEL: Acon., Apis!, Bell., Bry., Camph., Coff., Graph., Lach., Led., Sep., Sulf.

Rumex

Rumex crispus, **krauser Ampfer;** Fam. der Knöterichgewächse. Aus dem frischen Wurzelstock im Frühjahr.

ARZNEIMITTELBILD (wichtige Symptome): Rumex zählt zu den bewährten Hustenmitteln. Der führende Unterschied zu anderen Hustenarzneien ist seine Verschlimmerung *durch kalte Luft* (z.B. aus dem Stall kommend), jedweden Temperaturwechsel (von

warm zu kalt, kalt zu warm), *durch das Entfernen der Decke, Berührung oder Druck auf Hals(unterseite) oder Kehlkopf, durch tief bodenwärts gestreckte Kopfhaltung.* ATMUNGSORGANE: Niesen (abends, *nachts*). **Schnupfen** wäßrig (abends schlechter); auch *Trockenheit.* **Husten** krampfartiger, eher *trockener Reizhusten* (zudem schlimmer während des Fressens, nach dem Niederlegen, morgens). **Kehlkopf** Rasselgeräusche, Ansammlung von **Schleim** (Kehlkopfregion), *der sich schwer löst.* Mitunter fortwährender Reizhusten, nur wenig oder kein Schleimauswurf. HAUT: nesselsuchtartige Ausschläge (die nach Aufnahme von saurem Ampfer auftreten können), *heftiger Juckreiz* (schlimmer durch Kälte, warme Anwendungen wirken beruhigend).
MODALITÄTEN (Wodurch, Wann?): Verschlimmerung: durch kalte Luft, Luftzug (Stall), Entfernen der Decke, Berührung oder Druck auf Hals(unterseite) oder Kehlkopf, Niederstrecken des Kopfes, Temperaturwechsel, während des Fressens, nach dem Niederlegen. Besserung: durch Wärme, Eindecken, Trinken, wiederholte, kleine Gaben von saftigem Obst, Ruhe.
HEILANZEIGEN: Kehlkopfkatarrh. Husten (Reizhusten, eher trocken). Nesselsucht.
DOSIERUNG: Ab D6 bis D8 (2–3mal tägl.) oder bei langwährendem Zustand oder Rückfällen (welche auf Rumex hinweisen) auch LM-Potenzen, wie z. B. LM 6 (1mal tägl.; absetzen bei Besserung). Bei Nesselsucht tiefe Potenzen. Bei Nesselsucht, die durch die Aufnahme von saurem Ampfer hervorgerufen wurde D30; C30 und höher (1–2malig; abwarten).
VERGLEICHE: Spong., Hep., Rhus-t., Phos. (Husten schlimmer durch Kälte). Bell., Lach. (hustet bei Druck auf den Kehlkopf).
GEGENMITTEL: Bell., Camph., Lach., Phos.

Ruta graveolens

Garten- oder Weinraute; Familie der Rautengewächse. Ruta (= Rautengewächsart), gravedo (= Gliederschwere), gravis (= z. B. schwer, hart, lästig, gedrückt, gebeugt, beschwert, abstoßend). Aus dem frischen Kraut vor Beginn der Blütezeit.

ARZNEIMITTELBILD (wichtige Symptome): ALLGEMEINES: RUTA hat eine auffallende Beziehung zu den Bewegungsorganen (insbesondere Knochenhaut, Gelenkknorpel, Sehnen, Sehnenscheiden, Schleimbeutel). Bei Folgen von *Prellung, Quetschung, Zerrung, Verstauchung* gehört RUTA mit in die engere Wahl (auch Arnica; folgt gut nach Arn.). In bezug auf das »Wodurch« und die Begleitumstände der *Bewegungseinschränkung* (bzw. Lahmheit) ist RUTA von Rhus toxicodendron zu unterscheiden. Bei RUTA und Rhus.-tox. findet man *Verschlimmerung durch kaltes, feuchtes Wetter* und einen *unruhigen Bewegungsdrang im Schmerzzustand.* Typisch für Rhus-tox. ist seine Verschlechterung im Beginn der Bewegung und deutliche Besserung durch fortgesetzte Bewegung. Pferde, die RUTA benötigen, laufen sich keinesfalls »ein«, sondern gehen beim

Vorführen unwillig und ängstlich vorwärts und lahmen durchgehend (Auslöser beachten/Röntgen). *Im Schmerzzustand wird das Pferd sich nicht zum Schlafen niederlegen* (wodurch sich seine Unruhe nicht selten erhöht). Im Gegensatz zu Rhus-t. weist RUTA keine Besserung durch Wärme auf. GEMÜT/VERHALTEN: (sehr) *ruhelos bei schmerzhaften Zuständen.* Schnell erschöpft und schwach nach Anstrengung. Niedergeschlagen/ängstlich. *Angst- oder Panikzustände bei erhöhter Körpertemperatur* (Fieber, Überanstrengung). VERDAUUNGSTRAKT: **Verstopfung** *Kotabgang nur mit Anstrengung. Anzeichen zum Koten, doch es erfolgt kein oder ein sehr mühsamer Kotabsatz. Mastdarmvorfall beim Kotpressen.* GESCHLECHT (w): in der Pflanzenheilkunde ist die wehenerzeugende Wirkung der Weinraute bekannt (gravis=auch schwanger/schädlich, abstoßend, auch in bezug auf eine Schädigung des ungeborenen Lebens und der Mutter). Bei trächtigen Stuten wäre eine häufig wiederholte Eingabe der tiefpotenzierten RUTA vorsichtshalber nicht zu empfehlen. BEWEGUNGSORGANE: **Muskelrheuma,** besonders Ellenbogen-/Rücken-/Oberschenkel-/Unterschenkelbereich. **Gelenke** *Entzündung* (bes. Kniescheibe, Kniekehle, Sprunggelenk, Fessel der Hinterhand); *verschlechtert durch kaltes, feuchtes Wetter, Bewegung, durch Überanstrengung.* **Rücken** Beschwerden nach dem Anziehen des Gurtes (Steifigkeit der Vordergliedmaßen, veränderte Atmung ist möglich). **Hüftbereich** *Ischiasnervbeschwerden* (z. B. Nachziehen der Hinterhand). *Pferd liegt selten.* **Gliedmaßen** *Sehnenverletzungen* (Überanstrengung, Zerrung, Verstauchung). **Sehnen-, Sehnenscheiden** *akute Entzündung. Chronische Überbeanspruchung* der Sehnen und deren Folgen. **Schleimbeutel** *akute Entzündung. Knochenhautverletzuung* (Prellung, Schlag) / Blutergüsse an der Knochenhaut.

MODALITÄTEN (Wodurch, Wann?): Verschlimmerung: im Anfang der Bewegung, durch fortgesetzte Bewegung, Anstrengung, durch kalte, feuchte Witterung. Besserung: durch Niederlegen (mitunter auch unruhiges Verhalten, seltenes Niederlegen); durch sofortiges Entlasten bzw. Ruhigstellen des Pferdes bei Sehnen-/Sehnenscheidenleiden.

HEILANZEIGEN: Verstopfung. Mastdarmvorfall. Muskelrheuma (bes. Ellenbogen, Rücken, Oberschenkel, Unterschenkel). Arthritis (bes. Kniescheibe, Kniekehle, Sprunggelenk, Fesselgelenk der Hinterhand). Ischiasnervleiden (Hüfte, Oberschenkel bis einschließlich Hinterhand). Entzündung, akut: Sehnen, Sehnenscheiden, Schleimbeutel. Stollbeule. Karpalbeule. Piephacke. Eiergalle. Hasenhacke. Knochenverletzung. Blutergüsse (Knochenhaut).

DOSIERUNG: Im akuten Zustand D4, D6 und D8 (2–3mal tägl., absetzen bei Besserung). Bei akuten, weniger akuten und chronischen Leiden auch LM-Potenzen in Betracht ziehen (z. B. LM 6, 1mal tägl. über ca. 1 Woche, Wiederholung abwarten). Bei langwährenden Folgen von Verletzungen wäre auch D30 oder C30 (1mal tägl. über 2–3 Tage, abwarten) zu empfehlen, wobei man nach ca. 3–4 Wochen D200 oder C200 (1malig) eingeben könnte.

VERGLEICHE: Rhus-tox./Arn., Bellis-p., Calend., Hyperic. (Folgen v. Prellung, Quetschung, Verstauchung, Zerrung). Nux-v., Podo., Sep., Sulf. (Mastdarmvorfall).

GEGENMITTEL: Camphora

Sepia
Sepia officinalis, **Tintenfisch;** Stamm der Weichtiere (Mollusca), Klasse der Kopffüßer (Cephalopoda). Aus der schwarzbraunen Flüssigkeit seines Tintenbeutels.

ALLGEMEINES: Wenn man ein Pferd einem bestimmten Nerventyp zuordnen möchte, so werden wir bei SEPIA sowohl den Melancholiker als auch Phlegmatiker finden. SEPIA zählt mit zu den häufig gebrauchten Arzneien für Stuten, wobei dieses vielfältige Mittel auch beim männlichen Geschlecht angezeigt sein kann. SEPIA benötigt *belebende und anregende Effekte*, braucht *kräftige Bewegung und Impulse*, denn bei SEPIA treten nicht selten Zustände auf, die durch *Stauungen, Stockungen und Erschlaffung* gekennzeichnet sind (z. B. angelaufene Beine, Verstopfung, Funktionsstörungen der Eierstöcke, hormonelle Störungen, Bindegewebsschwäche, Muskelschwäche). *Kälte verschlechtert* und *warmes Wetter, warme Anwendungen bringen oft Besserung* sowie *die Bewegung im Freien* (an der frischen, kühlen Luft) manche Beschwerden an Leib und Seele. SEPIA kann mitunter auf *Antibiotika überempfindlich reagieren* und jene Krankheitsfälle klären bzw. ordnen, deren Symptomatik in Unordnung und Verwirrung geraten ist. **ARZNEIMITTELBILD** (wichtige Symptome): GEMÜT/VERHALTEN: *schlapp, lustlos, desinteressiert* (z. B. durch ein gestörtes Gleichgewicht des Hormonhaushaltes). Die »vermännlichte Stute«, die sich »in eine dunkle Wolke hüllt« (depressiv), rangniedrige Artgenossen vehement zurechtweist (z. B. schlagen), Hengste in die Flucht schlägt (nur ein sehr selbstbewußter Hengst schafft den Freisprung) und mitunter andere Stuten »bespringt«. Reserviert, will in Ruhe gelassen werden (je älter sie wird). *Wenig durchlässig, braucht viel Gymnastizierung*, kann sehr dickfällig sein, kann aber auch sehr *fleißig laufen*. Dieser Typ benötigt Bewegung, neue und reizvolle Anregung (Kurse etc.). *Widersetzlichkeit* und *Reizbarkeit* sind möglich (besonders in jungen Jahren). Ansonsten ist SEPIA umgänglich (im Alter eher zu brav und schlapp), ein *zuverlässiger Einzelgänger*, der allein sein kann, aber in Sichtkontakt bleiben muß (Artgenossen). Die junge SEPIA ist häufig *geräuschempfindlich* und etwas schreckhaft, mit zunehmendem Alter eher gleichmütig bis *gleichgültig*. Obgleich Bewegung bessert, kann dieser Typ auch schnell erschöpft sein. ATMUNGSORGANE: **Schnupfen** *schnaubt grüngelben, klumpigen Schleim aus*, auch grüngelbe Krustenbildung an den Nüstern (häufiger links). *Fließschnupfen*, besonders morgens. Schnupfen *nach Durchnässung, durch körperliche Überanstrengung*. **Husten** *abends, von 20–21 Uhr, nachts*, reizartiges hüsteln; auch rasselnder Husten; *anfallsweise, periodisch auftretend*: jeden 2. Tag, jeden Monat. *Husten durch windiges/stürmisches Wetter* (z. B. Nord-/Ostwind), bei *Nebel*. **Auswurf** *milchig-weißer/gelblicher Schleim* in reichlicher Menge, auch übelriechend. VERDAUUNGSTRAKT: viel Durst. Mitunter *enorme Müdigkeit, wenn es nicht rechtzeitig gefüttert wird*. Eine Stute mußte vor dem Reiten immer eine Handvoll Kraftfutter erhalten, damit sie einsatzfähig war. Auch *launenhafter Appetit* mit übler oder bester Stimmung nach dem Fressen. *Magen* Rülpsen, Geruch: sauer/wie nach faulen Eiern. **Durchfall** bei Saugfohlen durch *Milch/Milchaustauscher* (Calc. carb., Magnesium carbonicum, Magnesium muriaticum, Natrium carbonicum). *Durchfall nach einem Bad im Meer.* Grünlicher, schleimiger, breiiger, übelriechender Kot. *Schwäche nach Kotabsatz.* **Verstopfung** mühsamer, zögernder Kotabsatz von harten, knolligen Kotballen, die auch mit Schleim bedeckt sein können. *Mühsames Kotpressen*, mitunter gehen nur Gase oder/und etwas Schleim ab. **Kolik** besonders *nach eiskaltem, gefrorenem Futter* (Ars., Puls., *morgens* (bes. um 9 Uhr), *beim Transport*, durch *Stehtage*; Besserung durch forsches Führen, Wärme, bald nach dem Koten. GESCHLECHT (w): **äußere Genitalien** *Herpesbläschen.* Juckreiz während der Trächtigkeit. **Scheide** *Entzündung* **Gebärmutter***schleimhautentzündung*, *Verlagerung*, Vorfall, *Geschwüre.* **Eierstock** Zysten. **Ausfluß** fleischfarben, eitrig, wundmachend, übelriechend. Schwache oder reichliche Rosseanzeichen. *Stuten, die sich energisch gegen die Bedeckung wehren.* Künstliche Besamung wird geduldet. *Sterilität* findet man häufig bei SEPIA. Großartige Arznei zur Sterilitätsbehandlung (gemäß dem Ähnlichkeitsprinzip). (m): **Penis, Vorhaut** *Herpesbläschen.* **Sexualtrieb** vermehrt oder vermindert. Unvollständige/fehlende Erektion. HARNWEGE: häufiges Harnlassen, besonders bei Streß, bei Atemwegsinfektion. BEWEGUNGSAPPARAT: **Muskulatur** Verspannungen, Schwäche; besonders im Bereich *Rücken, Lende, Oberschenkel, Unterschenkel*; bei Stuten auch durch Erkrankungen der Geschlechtsorgane, nach einer Geburt, ansonsten auch durch Beschwerden der Verdauungsorgane. **Gelenke** *rheumatische Entzündung*, besonders Vorderfußwurzel, Fessel, Sprunggelenk, Knie (Besserung durch Wärme oder Kälte, häufige Besserung durch angemessen fortgesetzte Bewegung). *Arthrose* (degenerierte Gelenkerkrankung), besonders im Bereich Vordergliedmaßen, Knie. **Gliedmaßen** Anlaufen der Beine beim Stehen, Transport (*immer Besserung durch Bewegung*). Rheumatoide/gichtartige Prozesse, Pferd steht mitunter häufig in kühlen oder feuchten Böden (Auslauf). HUF: Hufhorn (spröde, abgesplittert, fleckig ist möglich). HAUT: *Ekzem in den Gelenkbeugen* (Graph., Merc., Sulf.). Trockener, rissiger, übelriechender Ausschlag, Juckreiz (bes. am Kopf/Hals/Mähnenkamm). *Verdickte, pergamentartige, trockene Haut.* Kreisrunde Flechte. *Schuppenflechte.* Gelbgefärbte Bläschen (bes. in der Ellenbeuge). *Nässende Bläschen, Pusteln, Krusten* (bes. in der Kniegelenkbeuge). SCHWEISS: riecht sauer/faulig/penetrant.

MODALITÄTEN (Wodurch, Wann?): Verschlimmerung: durch Stehen, Stehtage, Transport, bei kalter Luft, trockenem Wind, Sturm, bei schwülfeuchter Witterung, Nebel, Mondwechsel; morgens, tagsüber, nachmittags, nachts. Besserung: durch kräftige Bewegung, anregende Beschäftigung und Lektionen, warme bis gut warme Anwendungen; abends, auch nachmittags.

HEILANZEIGEN: Chronische Erschöpfung. Depression. Katarrh: Nase, Rachen, Kehlkopf; chronisch. Husten. Bronchitis. Magenkatarrh, chronisch. Darmkatarrh, chronisch. Verstopfung. Harnblasenreizung durch Streß. Scheidenentzündung. Gebärmutterschleimhautentzündung, chronisch. Gebärmutterverlagerung. Gebärmuttermyom. Eierstockzysten. Sterilität. Impotenz. Muskelrheuma, chronisch. Arthritis bzw. Gelenkentzündung (rheu-

matisch). Arthritis urica (Gicht). Arthrose. Hufhornschäden. Schuppenflechte. Ekzem, chronisch. Herpesbläschen. Eitergrind (Impetigo; Erreger: Staphylokokken, Streptokokken).
DOSIERUNG: Zur Therapie akuter Erkrankungen der Geschlechtsorgane, zur Sterilitätsbehandlung in D6/D8 (2–3mal tägl., wird eine enorme Niedergeschlagenheit deutlich, dann Tiefpotenzen absetzen und D30 oder C30 geben; Wiederholung abwarten). Da bei Sepia chronische Krankheiten im Bilde sind, wären Hochpotenzen sehr empfehlenswert, wie z. B. C30 (1mal tägl. über 2 Tage). Gegebenenfalls nach 3–4 Wochen in C 200 (1malig) wiederholen und gut abwarten. Bei Verstopfung/akuten Hautleiden kommen Tiefpotenzen oder auch LM-Potenzen (z. B. LM 6, 1mal tägl., in Maßen) in Betracht.
VERGLEICHE: Ign., Lyc., Lil-t., Lyc., Nat.-mur., Puls.
GEGENMITTEL: Acon., Bry., Lach., Rhus-tox., Sulf.

Silicea
Silicium/Silizium (silex = Kiesel, Granit), genannt: **Kieselerde, Kieselsäure.** Silicium bildet in Form von Quarz und Silikaten (Salze der Kieselsäure) den Hauptbestandteil der Erdrinde. Z. B. ist der Bergkristall, gebildet aus Kieselsäure, die reinste Art des Quarz. Als Ausgangsstoff werden feingepulverter Bergkristall oder getrocknetes Silicium in höchster Reinheit verwendet.

ALLGEMEINES: Kieselsäure ist ein notwendiges Spurenelement für das Bindegewebe, die Zähne, das Haarkleid, Hufhorn und sorgt unter anderem für Wachstum, Festigkeit sowie für Elastizität und Stabilität. Unvergessen bleibt mir eine Reiterin, die, nachdem sie sich über Wochen ein Übermaß purer »Kieselerde« einverleibt hatte, große Mengen von eitrigem Schleim (Schnupfen, Auswurf) und dicke, eitergefüllte Pickel zutage beförderte. Bei überreichlich mit *Kieselgur* gefütterten Pferden sind unter anderem Hufhornschäden, Hautleiden und Gelbverfärbung am hellen Mähnenhaar zu beobachten. Das durch den *Potenzierungsprozeß aufgeschlossene* SILICEA ist ein tiefgreifendes Konstitutionsmittel und gehört mit zu den erstklassigen Arzneien bei *Entzündungen, die in Eiterung übergehen*. Zudem heilt SILICEA *tiefsitzende Eiterungen* (beliebige Organsysteme, Körperbereiche), *bringt Abszesse zum Reifen/Ausheilen* und begünstigt den *Ausstoß eingedrungener/tiefsitzender Fremdkörper bzw. Splitter* (Haut). Nicht zuletzt wirkt SILICEA bei *Hufhornschäden, chronischen Hufgeschwüren, Hautleiden und mangelhafter Ausbildung von Zähnen, Haaren, Knochen und Wirbelsäule* (im Sinne einer Anregung des Mineralstoffwechsels). Zudem kommt SIL. bei *Folgen von Impfungen* in die engere Wahl, wie z. B. bei Atemwegsinfekt, Hufhornschäden etc.). **ARZNEIMITTELBILD** (wichtige Symptome): GEMÜT/VERHALTEN: ungewöhnliches Verhalten, auffällige Gemütsstimmung bei *Neumond, Vollmond. Gutwillig, freundlich, sehr empfindsam*. Zögernd, furchtsam, leicht zu beeindrucken, doch auch eigensinnig, halsstarrig. *Mitunter sehr* *geräuschempfindlich*. Nachgiebig, ruhig, etwas zurückhaltend. *Zögernd, ängstlich, verspannt bis widersetzlich* (vor/während Turnier, Schaureiten, Fahrveranstaltung). AUGEN: *entzündliche Schwellung des* **Tränensackes/-ganges,** lichtscheu, berührungsempfindlich. **Hornhaut** *Entzündung, Trübung, Geschwür, Abszeß nach Verletzung*. Nachwirkung von Hornhautentzündung/-geschwür (hochpotenzierte Sil.). OHREN: *Ohrspeicheldrüsenentzündung* (nach stattgefundenem Eiterabfluß zu geben, heilt Nachwirkungen). *Abszeß, Fistel im Gehörgang*. Dicke, eitrige, auch wäßrige, übelriechende Absonderungen. *Trockene, schorfige, krustige Hautausschläge* (Ohrmuschel). ZÄHNE/ZAHNFLEISCH: langsame, schwierige Zahnung/Zahnwechsel (z. B. häufiges Knirschen, Kaubeschwerden). *Zahnkaries. Zahnwurzelabszeß/-fistel. Zahnfleischentzündung/-geschwür* (Merc.). ATMUNGSORGANE: chronischer Schnupfen, Nasennebenhöhlenentzündung; chron. Rachen-, Kehlkopfkatarrh, Bronchitis. *Allgemeine Verschlechterung durch kaltes Wetter, Zugluft, ohne Decke nach dem Training, kalte Anwendungen*. Erkältungen, die den ganzen Winter anhalten (sehr kälteempfindlich). *Langsame Erholung nach einer Bronchitis, Lungenentzündung*. **Schnupfen** *dickflüssig, schleimig-eitrig, übelriechend*, auch wäßrig, seltener aasiger Geruch. **Husten mit Auswurf,** *der kleingeformte, sehr übelriechende Klümpchen enthält. Heftiger Husten mit dickem, gelbem Auswurf*, auch eitrig-klumpig. Husten *schlechter durch Kälte, bei beginnender Bewegung, im Trab/Galopp, bei hoher Kopfhaltung, beim hastigen Fressen, Wetterwechsel, Gewitterluft.* **Atmung** *asthmoide Beschwerden*, bei feuchtem Wetter, Gewitter, durch Abkühlung (Erkältung), Heustauballergie, Impfung. Besserung durch leichte Bewegung. VERDAUUNGSTRAKT: Freßunlust/erschwertes Abschlucken (z. B. bei Rachen-/Kehlkopfkatarrh). Auch Heißhunger, enormer Durst. **Durchfall** *bei Fohlen nach Milch/Milchaustauscher*; übelriechender Kot, zuweilen mit Kolik. *Durchfall bei Zahnung/Zahnwechsel, nach Impfung*. **Blähungen** viel Gasbildung, Kollern und Rumpeln im Bauch. **Verstopfung** *preßt angestrengt, bis sich Kot entleert*, selbst weicher Kot geht häufig »zögernd« ab. Schleimbeimengung ist möglich. GESCHLECHT (w): **äußere Genitalien** *Geschwulst. Abszeß*. Hautausschläge. **Scheide** *Entzündung mit faulig riechendem Ausfluß*. BEWEGUNGSAPPARAT: **Rücken** *schwache Rückenwirbelsäule. Verknöcherungsprozeß der Wirbelkörper*. Reizung der Rückenwirbelsäule nach Verletzung. **Gelenke** *Entzündung*, besonders im Bereich Ellenbogen, Knie, Gelenke der Gliedmaßen, sowie *Arthrose* (deformierende Gelenkerkrankung) und *Spat. Allgemein verschlechtert durch Kälte, kaltfeuchtes Wetter*. HUF: **Hufhorn** *spröde, brüchig, abblätternd, rissig, gespalten, fleckig, gerifft, deformiert. Wiederholt auftretendes Hufgeschwür* (Eiteransammlung im Hufinneren) sowie zur Nachbehandlung nach stattgefundenem Eiterabfluß. **Saumband** *rissig, entzündet*. HAUT: *Abszeßbildung*, an beliebigen Körperstellen. Zur Nachbehandlung einer Phlegmone. *Fördert den Ausstoß von Fremdkörpern aus dem Gewebe. Gelbe, eitergefüllte Bläschen. Aufgesprungene, trockene Haut. Nässende Ausschläge*. Neigung zu Hauteiterungen, jede Wunde beginnt zu eitern, oft übelriechender Eiter. Mauke. *Hauttumore*.

MODALITÄTEN (Wodurch, Wann?): Verschlimmerung: durch Kälte, feuchtkaltes Wetter, Wetterwechsel, Gewitterluft, Zugluft, Aufdecken, Geräusche, Impfung, bei Voll-/Neu-

mond; besonders morgens, auch vor-/nachmittags, nachts. Besserung: durch Wärme, warme Anwendungen, Eindecken, sonstige wärmende Umhüllungen.
HEILANZEIGEN: Nervenschwäche. Chronische Erschöpfung. Tränengangentzündung. Hornhaut: Entzündung, Trübung, Geschwür. Ohrspeicheldrüsenentzündung, chronisch. Gehörgang: Fistel, Abszeß. Zahnung/Zahnwechsel, erschwert. Zahnkaries. Zahnwurzelabszeß. Zahnfleisch: Entzündung, Geschwür. Nasennebenhöhlenentzündung, chronisch. Katarrh: Nasen, Rachen, Kehlkopf; chronisch. Bronchitis, chronisch. Asthmoide Bronchitits. Heustauballergie. Fohlendurchfall (Milchunverträglichkeit). Verstopfung. Scheidenentzündung. Rückenwirbelsäule: Schwäche, Verkrümmung, Verknöcherungsprozeß. Arthritis, chronisch. Gelenkgalle. Arthrose. Spat. Hufhornschäden. Ekzem. Mauke. Abszeß (Haut). Furunkel. Hauttumore.
DOSIERUNG: Das durch den Potenzierungsprozeß nach Dr. Hahnemann aufgeschlossene Silicea dient nicht der Kieselsäurezufuhr! Es haben sich sowohl Tiefpotenzen ab D4 bis D6 (2–3mal tägl., absetzen bei Besserung) als auch Hochpotenzen bewährt. Da das Arzneibild von Silicea vielfach chronische Erkrankungen aufweist, wären Hochpotenzen empfehlenswert: ab D30/ab C30 (1mal tägl. über 2 Tage) und gegebenenfalls nach 2–3 Wochen wiederholen oder auch D200/C200 (1malig, Wiederholung nach 2–4 Wochen. LM-Potenzen (z. B. LM 6, 1mal tägl., in Maßen) sollten nicht außer acht gelassen werden.
VERGLEICHE: Calc. carb., Graph., Hep-s., Merc., Thuja/Hekla.
GEGENMITTEL: Camph., Hep-s., Mercurius!

Spongia

Cornacusspongia; **Hornkieselschwamm** bzw. **Badeschwamm** (im Meer lebende, vielzellige Wassertiere). Aus dem vorsichtig gerösteten Skelett wird die Urtinktur gewonnen. Wesentliche Inhaltsstoffe: Jod, Brom, Kalk, Kiesel-, Schwefel-, Phosphorsäure.

ARZNEIMITTELBILD (wichtige Symptome): GEMÜT/VERHALTEN: rasch unruhig, ängstlich, schreckhaft. HALS-/KEHLKOPFBEREICH: berührungsempfindlich, Kehlgangslymphdrüsen (geschwollen). **Schilddrüse** Überfunktion, Vergrößerung. ATMUNGSORGANE: **Husten** häufig *trocken, schroff-bellend, rauh-bellend,* (klingt *als ob Holz mit einer Handsäge zersägt wird.* Zuweilen laute Sägegeräusche, mitunter auch zwischen den Hustenanfällen, die bei Tag und Nacht auftreten können (*besser durch Fressen und Wasseraufnahme;* angewärmtes Wasser bessert auffallend). Jede Aufregung kann Hustenanfälle auslösen. *Husten mit spastischer Atmung.* Asthmoide Bronchitis durch Erkältung, durch Herzleiden, bei anstrengender Bewegung. Husten, Atembeschwerden schlechter: bei *tiefer Kopfhaltung, beim Liegen,* im warmen Stall). **Atmung** kurz; unregelmäßig (langsames Ein-/Ausatmen, dann wieder beschleunigt). HERZ: rasch erreg-

bare, erheblich gesteigerte Herzfrequenz mit Atemnot, enorme Unruhe. **Puls** schnell, voll. VERDAUUNGSTRAKT: rasch hungrig, *Heißhunger*, viel Durst. *Beengung (Gurt etc.) macht Unbehagen*. GESCHLECHT (m): **Hoden** entzündet (erstreckt sich von rechts nach links), Schwellung, Verhärtung.
MODALITÄTEN (Wodurch, Wann): Verschlimmerung: durch Aufregung, anstrengende Bewegung, tiefe Kopfhaltung, Liegen, warme Stalluft, Erkältung, Diät. Besserung: durch Fressen, Trinken, warmes Wasser (Husten).
HEILANZEIGEN: Kehlkopfentzündung, akut. Luftröhrenentzündung, akut, chronisch. Husten. Bronchitis, akut, chronisch-obstruktiv. Schilddrüsenüberfunktion. Schilddrüsenvergrößerung. Herzrhythmusstörung. Herzklappenschwäche (– insuffiziens). Hodenentzündung.
DOSIERUNG: Bewährt in D4, D6, D8 (2–3mal tägl.; bis zur Besserung). Bei Schilddrüsenüberfunktion D30; C30 (1–2malig; abwarten, Tierarzt), gegebenenfalls in größeren Abständen wiederholen.
VERGLEICHE: Lach., Rumex, Hep. / Acon. (Herz).
GEGENMITTEL: Acon., Camph.

Staphisagria

Delphinium staphisagria, **Stephanskraut;** Familie der Hahnenfußgewächse. Delphinium (= Rittersporn), staphis (= getrocknete Weinbeere) und agrios (= wild, scharfschmeckend, in bezug auf den starken Geruch und scharfen, bitteren Geschmack seiner Samen). Aus den reifen und sorgsam getrockneten Samen.

ARZNEIMITTELBILD: ALLGEMEINES: »Widerstandslosigkeit«, »Erniedrigung« und »Entrüstung« ziehen sich wie ein roter Faden durch das STAPH.-Bild. Selbstverständlich können wir diese grundlegenden Gedanken von STAPHISAGRIA auch auf das Dasein des Pferdes übertragen. Zum Beispiel fehlt es einem mit Läusen befallenen Pferd an *Widerstandskraft* (Fütterung, Pflege, Stallhygiene). Das Stephanskraut, auch unter dem Namen »Läusesamen« bekannt, wurde in der Pflanzenheilkunde gegen Läusebefall angewandt (als Tinktur zur äußeren Anwendung!). In der Homöopathie ist nicht nur die Ähnlichkeitsregel von Bedeutung, sondern auch die Suche nach dem »sinnbildlichen« roten Faden einer Arznei. So half STAPH. (D6) einer ranghohen, sensiblen Stute, die bei bester Gesundheit aus dem ihr wohl vertrauten Umfeld in eine neue Pferdegemeinschaft kam, wo sie sich unterordnen mußte und prompt von Läusen befallen und geschwächt wurde (trotz sehr guter Fütterung, Pflege etc.). Anderenfalls besitzen manche Pferde nicht das Vermögen (Vorgeschichte, Veranlagung), sich ihrer Haut zu wehren bzw. sich »durchzusetzen«.
Beispielsweise wurde ein freundlicher und unterwürfiger Wallach jedesmal, wenn man ihn in den Auslauf brachte, von der artgenössischen Chefin der Pferdegruppierung schi-

kaniert und gepeinigt. STAPH. (C30) heilte nicht nur den *krankhaften Haarausfall* des wehrlosen und unterdrückten Warmblüters, sondern erwirkte sein »Aufbegehren« und letztendlich eine annehmbare Rangordnung. STAPH. ist auch eine ausgezeichnete Arznei nach *operativen Einschnitten* (Bauchhöhle, Darmtrakt) und allgemein bei *Schnittwunden*, im weitesten Sinne – bei *einschneidenden* Erlebnissen. Hierzu gehört auch die *Kastration*, das »Legen« eines Hengstes – zweifellos eine »Erniedrigung« seiner Daseinsform; auch die »Entrüstung« wäre naheliegend. Bei Folgeerscheinungen (geistig-seelische als auch körperliche) nach operativen Eingriffen sollte man STAPH. mit in Betracht ziehen. STAPH. kann auch jenen Wallachen helfen, die einem Hengst zugesellt und von diesem geschlechtlich in Anspruch genommen werden. GEMÜT/VERHALTEN: *freundlich, sensibel, eher in sich gekehrt, unterwürfig*. Auch wechselhafte Stimmung: niedergeschlagen, teilnahmslos, wütig, aggressiv. *Erschöpft, nervlich überreizt infolge von Überbeanspruchung im Deckeinsatz* (Hengst). Desinteressiertes, furchtsames Verhalten gegenüber dem anderen Geschlecht, z. B. durch traumatische Erlebnisse (Hengst, Stute). *Depressiv, gänzlich niedergedrückt*, auch *nervös, schreckhaft* oder *aufbrausend* (wie eine »Furie«) nach der Kastration. *Allgemeine Verschlimmerung durch Kummer, durch Mißhandlung, Erniedrigung, Unterdrückung.* KOPF: krustiger und schorfiger Hautausschlag (gelb; nässend), *sehr berührungsempfindlich. Ungezieferbefall* (an allen Körperbereichen möglich). *Trockene Schuppen mit Haarausfall.* AUGEN: **Lider** entzündet, geschwollen, verhärtet. *Abszeß der Liddrüsen* (häufiger links). *Knötchen, Tumore an den Lidrändern.* ZÄHNE: *Karies. Frühzeitiger Zahnzerfall.* Enorme Berührungsempfindlichkeit (allgemein) sowie im Unterkieferbereich (rechts). *Kaubeschwerden infolge von Zahnleiden, -raspeln.* **Zahnfleisch** *Geschwüre, Knötchen, Tumore*. Geschwüre mit deutlicher Abgrenzung vom gesunden Gewebe. VERDAUUNGSTRAKT: Verschlimmerung aller Magen-Darm-Symptome durch bestimmte Aufregungen/Einflüsse in bezug auf das Seelenleben: **Durchfall** *durch Ärger, Zorn, Beleidigung* (ungerechter, mißfälliger, erniedrigender Einfluß). **Blähungen** *riechen übel, wie faule Eier* (Arn., Cham., Coff., Hep., Nat-m., Sulf.). Gasbildung mit reichlichem Abgang von Gasen, mit beständigem Ansatz zum Koten und/oder zum Harnen, auch mit kolikartigen Erscheinungen. **Kolik** infolge von Ärger, Zorn (Cham., Coloc., Nux-v., Sulf.), *Kolik nach Beleidigung*. Kolik nach einem heftigen Erregungszustand des Pferdes (Acon., Cham., Ign.). Kolikartige Erscheinungen nach dem Trinken und Fressen. Anfallsweises Krampfen mit eingezogener Bauchdecke und gekrümmtem Rücken, dem Zustand von Coloc. nicht unähnlich, nur weniger stark ausgeprägt. **Verstopfung** (Erschlaffung der Darmtätigkeit) *nach einer Darmoperation. Kolik durch Darmanschoppung nach einem operativen Eingriff.* STAPH. hat sich hier sehr bewährt und kann auch vor der Operation verabreicht werden! GESCHLECHT (w): *auffallend häufiger Harndrang seit der ersten Bedeckung.* **Äußere Genitalien** sehr druckschmerzhafte Condylome (Feigwarzen), Bläschen. GESCHLECHT (m): **Sexualtrieb** *übermäßig stark* (fortbestehend bis ins hohe Alter), *gehemmt, fehlende Erektion* (durch traumatische Erlebnisse). **Hoden** Entzündung, besonders rechtsseitig, Bewegungseinschränkung (Hinterhand). *Folgezustände nach der Kastration* (STAPH. kann auch vor dem

Eingriff gegeben werden). GLIEDMASSEN: *Zittern durch Aufregung.* **Gelenke:** *Arthritis urica* (Gicht). Arthritische Knoten, besonders Vorderfußwurzel-, Fesselbereich. HAUT: *Schuppenflechte (infolge von Kummer, Streß).* Krankhafter Haarausfall (Kummer etc.). *Läusebefall* (Lyc., Merc., Psorinum, Sulf.). Pusteln, Pickeln; gelblich, nässend. *Übelriechende Hautausschläge. Schnittwunden und deren Folgen. Operative Einschnitte und deren Folgen.*

MODALITÄTEN (Wodurch, Wann?): Verschlimmerung: durch Kummer, Ärger, Zorn, durch Erniedrigung, Mißbrauch, durch ungerechte, mißfällige Behandlung/Einflüsse, durch unmäßigen Deckeinsatz (Hengst); Berührung der erkrankten Körperteile, nach dem Fressen und Trinken (Kolik). Nachmittags, nachts. Besserung: durch Ruhe bzw. fernab von Streß, Aufregung, Überbeanspruchung.

HEILANZEIGEN: Folgen von Kummer, Mißbrauch, Erniedrigung. Nervenschwäche (überbeanspruchter Hengst). Lidränder, Knötchen, Tumore. Lidrandentzündung. Zahnkaries. Zahnleiden. Zahnfleischgeschwür. Durchfall (nach Streß). Blähungen. Gaskolik (nach Streß). Krampfkolik. Verstopfung. Verdauungsbeschwerden nach Darmoperation. Operative Einschnitte und deren Folgen. Condylome. Impotenz. Hodenentzündung. Arthritis urica (Gicht). Ekzem, Schuppenflechte. Läusebefall.

DOSIERUNG: Zur Beeinflussung örtlicher Prozesse wäre die D4, D6 oder D8 empfehlenswert (2–3mal tägl.). Bei Erkrankungen, die durch Kummer, Erniedrigung etc. entstanden sind: entweder in LM 6 (1mal tägl., absetzen bei Besserung) oder D30; C30 (1mal tägl. über 1–2 Tage, Wiederholung abwarten).

VERGLEICHE: Cham., Coloc., Ign., Nat-m., Nux-v., Puls. (Kummer, Ärger, Verdauung).

GEGENMITTEL: Camphora (Kampfer).

Stramonium

Datura stramonium, **Gemeiner Stechapfel;** Familie der Nachtschattengewächse. Aus dem frischen Kraut zu Beginn der Blüte sowie aus dem reifen Samen.

ARZNEIMITTELBILD (wichtige Symptome): STRAMONIUM weist ein Verhalten auf, das von *übermäßiger Unruhe, Überaktivität,* zahlreichen *Ängsten* und von *Gewalttätigkeit* geprägt ist. Bei STRAM. findet man sehr *schwere Verhaltensstörungen.* Veranlagung, Konstitution (Ungleichgewicht des Nervensystems, Wesensart) und Erfahrungen während und nach der Geburt (Verletzung, Verhaltensstörungen der Mutterstute) spielen gewiß eine Rolle. Der STRAMONIUM-Typ ist nicht selten überaus »hellhörig«, »intelligent« und unter günstigen Bedingungen insoweit umgänglich; seine großen Ängste können mehr oder weniger zutage treten. ANGST und GEWALT stehen im Mittelpunkt von STRAMONIUM, was auch ein »Zu-Tode-erschreckt-Sein« oder »Fast-zu-Tode-gekommen-Sein« mit beinhaltet. Durch Gewalttaten bzw. Mißhandlungen des Menschen und andere

Gewalteinwirkung (Unfall etc.) kann sich bei verschiedenen Pferdetypen ein STRAMONIUM-Zustand entwickeln. In solchen Ställen, wo Pferde extrem *eingeschüchtert, mißhandelt* und/oder *enorm bedroht* werden (oder *Hungersnot* leiden), wo sie unter *gewalttätigen Reitern* zugeritten (gleichsam »eingebrochen«) oder ausgebildet werden – findet man nicht selten Pferde, die STRAM. benötigen. Mitunter zeigt das verstörte Pferd nicht sofort die ungeheuer heftigen Gewaltreaktionen von STRAM., sondern vorerst ein überaktives, ängstliches oder, sozusagen, »abwegiges« Verhalten (das schon veranlagt sein kann), das bisweilen gewalttätige Züge erkennen läßt. In Betracht kommen auch Hengste, die unter ihrer Isolation (Alleinsein) und/oder anderen Einflüssen (Umfeld, Umgang = Angst, Gewalt) derart leiden, daß sie nach und nach schwere Verhaltensstörungen entwickeln. GEMÜT/VERHALTEN: *lebhaft, hektisch, überaus betriebsam*; Pferd kann einen »gestörten« Eindruck vermitteln, wie nicht »berechenbar« (oder nicht »geheuer«) mit nervöser Überaktivität; Wut-/Gewaltreaktionen können fehlen (im Frühstadium). *Große Angst beim Alleinsein* (braucht unbedingt den Sicht- und/oder Körperkontakt zu seinen Artgenossen). *Furcht vor Wasser* (fließende Selbsttränke/Wasserhahn, Abduschen, Anblick einer glitzernden Wasseroberfläche), dadurch Auslösung oder Verschlimmerung von Beschwerden der Psyche, des Nervensystems oder/und Körpers. *Angst vor Hunden, Katzen* (heftiger Angriff oder Flucht). *Beißt und/oder schlägt* gezielt (extrem). *Gefährliches Angreifen* bis hin zu Tötungsversuchen (Mensch, Tier, Selbstzerstörung). Es scheint *schmerzunempfindlich* zu sein. *Erschreckende Erregungszustände. Gewaltsame Wutausbrüche* von größter Heftigkeit, nicht zu bändigen. In Phasen der Ruhe sehr unkonzentriert, Leistungsanforderungen führen zu Fehlreaktionen. *Niedergeschlagenheit bei sonnigem Wetter.* SCHLAF-verhalten: ruht viel, schläft lange, *Zähneknirschen im Schlaf.* AUGEN: funkelnder (auch starrer) Blick. Ausdruck wilder Angst. **Pupillen** erweitert oder verengt. KOPF: **Bewegung** hin und her, auf und ab, rucken, nach oben werfen. Hirnhautentzündung; Gehirnstörung (Leberkoller); Dummkoller sowie Beschwerden infolge dieser Leiden (auch langwährende). SCHLUND: Speichelausfluß, krampfartiges Würgen, kann kaum oder gar nicht abschlucken (Wasseraufnahme verschlimmert). ATMUNGSORGANE: **Atmung** beschleunigt; spastisch. Rasselgeräusche (bes. im Schlaf). **Husten** ausgelöst durch blendendes Licht (z. B. Flutlicht), Schreck, beim Anblick von glänzenden Gegenständen (z. B. Spiegel), Feuer. Krampfartiger Husten (auch mit Krämpfen einzelner Muskelgruppen des Körpers), besonders beim Trinken, Geräusch von fließendem Wasser. HARNWEGE: *Harnverhalten oder unwillkürliches Harnlassen, besonders nach Schreck.* GESCHLECHT (w): enorm ausgeprägter Sexualtrieb. (m): sehr heftiger Trieb, aggressives Deckverhalten. BEWEGUNGSAPPARAT: *erregte Bewegung der Vordergliedmaße* (wechselseitig; rhythmisch wie graziös). Rucken und Zucken, krampfartiges Zusammenziehen einzelner Muskelgruppen des Körpers (verschlimmert beim Anblick von Spiegeln, glänzenden Gegenständen, Lichtquellen). *Gangstörungen bzw. Unordnung von Bewegungsabläufen.* FIEBER: mit heftigen Erregungszuständen, mit **Schweiß** (fauliger Geruch).

MODALITÄTEN (Wodurch, Wann?): Verschlimmerung: beim Alleinsein, durch Einzelhaltung (z. B. Hengst), durch fließendes Wasser, beim Anblick glänzender oder leuchtender Gegenstände, durch unterdrückte Absonderungen (z. B. Ausschläge, Durchfall), nach tiefen Schlafphasen. Besserung: Sicht- oder Körperkontakt zu Stall-/Herdengenossen, durch Wärme.

HEILANZEIGEN: Angstzustände (Alleinsein, Wasser, Kleintier). Verhaltensstörungen infolge Gewalteinwirkung, Hungersnot. Aggression, gewaltsame. Beißen. Schlagen. Weben. Kopfbewegung, sonderliche. Hirnhautentzündung. Gehirnstörung (Leberkoller). Dummkoller. Kopfverletzung. Schlundkrämpfe. Chronisch-obstruktive Bronchitis (asthmoide Bronchitis). Nymphomanie. Deckverhalten, aggressiv. Vorderbeine, Bewegung (sonderlich). Muskelkrämpfe. Muskelzucken. Gangstörungen; Unordnung von Bewegungsabläufen (Ataxie).

DOSIERUNG: Ab D30; C30 (1mal tägl. über 2–3 Tage, gut abwarten) und gegebenenfalls nach mehreren Wochen D200 oder C200 (1malig) verabreichen. Bei asthmatischen Zuständen auch D12 (1mal tägl., absetzen bei Besserung).

VERGLEICHE: Aus der Familie der Nachtschattengewächse wären Belladonna und Hyoscyamus sehr ähnlich: Bell. sieht plötzlich »Rot«, explodiert, kann sich wie »toll« gebärden, auch mit heftigen Angriffen; kann sich ebenso plötzlich abregen (nicht andauernd ver(ge)stört!). Hyosc. ist Stram. am ähnlichsten, aber weniger lebhaft, überaktiv, gewalttätig und dabei auffallend durch sein Geschlechtsleben bestimmt. Bell. und Hyosc. sind Gegenmittel von Stram., wobei sie naheliegende, verträgliche Folgemittel sein können.

GEGENMITTEL: Bell., Coff., Nux-v., Op., Puls.

Sulfur

Schwefel ist ein auf der Erde häufig vorkommendes Element, z. B. gebunden in vielen Mineralien. Roh-Schwefel wird durch Schmelzen aus dem begleitenden Gestein gewonnen. Durch Destillation gewinnt man aus Roh-Schwefel den reinen Schwefel, genannt – »Schwefelblume«. Das zur Verfeinerung gebrachte gelbe Pulver dient zur Herstellung der homöopathischen Arznei.

ALLGEMEINES: SULFUR ist das am häufigsten gebrauchte Arzneimittel, was nicht bedeutet, daß es im gleichen Maße mit Erfolg angewendet wird. Leider rangiert SULF. inzwischen unter den vermeintlichen »Allheilmitteln«, z. B. bei Hautleiden, Stoffwechselstörungen und zur Einleitungstherapie nach dem Einsatz von Antibiotika. Dieses Vorgehen kann insofern verständlich sein, da das Arzneimittelbild von SULF. *ein überaus breit gefächertes Wirkungsspektrum* aufweist (die von Dr. Hahnemann aufgeführten SULFUR-Symptome füllen 77 Seiten seines Werkes »Die chronischen Erkrankungen«, Dr. Hering beschreibt SULF. auf 93 Seiten seiner »Materia Medica«). Demnach ist es sehr schwierig, die Bedeutung der Vielschichtigkeit dieser umfassenden Arznei in aller Kürze darzustellen. Bei SULFUR findet man viele Arten von *Gemütsverstimmungen*, eine ihm eigene *Beeinflussung von Stoffwechselstörungen* und unter anderem eine auffallende *Beziehung zur Haut, zum Venensystem, zur Leber, zu den Atmungs- und Verdauungsorganen.* SULF. gilt als augezeichnetes *Reaktionsmittel*, z. B. zur Einleitung chronischer Erkrankungen, wie z. B. *bei Mangel an Symptomen* (was auch nach chemotherapeutischer Anwendung der Fall sein kann). Zu berücksichtigen wäre, daß SULFUR häufig eine recht energische Wirkung – *von innen nach außen* (von inneren Organen auf die Haut) besitzt. SULF. kann auch imstande sein, durch sich widersprechende Symptome (Krankheits-/Arzneisymptome) einen nachteiligen Krankheitsverlauf zu schaffen, wie z. B. unzuträgliche Hautreaktionen, unordentliche Krankheitsabläufe. **ARZNEIMITTELBILD** (wichtige Symptome): AUGEN: **Bindehaut** *entzündet* (akut, chronisch, wiederholt auftretend), durch *Staubentwicklung, Heustaub*, nach Verletzung. **Hornhaut** *Entzündung; Trübung*, besonders links. Sehnervlähmung. **Lidränder** *entzündet*, gerötet, fühlbar heiß. ATMUNGSORGANE: *sehr geruchsempfindlich*, häufiges Flemmen bei Ausdünstungen von Mensch/Artgenosse. Subakute (weniger akut), chronische Katarrhe der Atemwege: **Schnupfen** *gelb, flockenartig, wie Klebstoff, übelriechend.* Auch wäßrig, wundmachend. *Chronische Nasennebenhöhlenentzündung*, eitrige Absonderung. **Husten** schlechter: morgens, nachts, um 1 Uhr; durch Stehtage, in der kalten Nachtluft, nach Kaltwasseranwendungen, bei feuchter/stürmischer Witterung, durch Essig (Futter/Wasser). *Husten abwechselnd mit Hautausschlägen.* Art des Hustens: *trocken, würgend; rauher, heiserer Klang*; krampfartig/*schnell aufeinanderfolgende, erschütternde Hustenstöße*. Übler Geruch aus dem Maul nach dem Husten. **Auswurf** gelb, gelbgrünlich, weißlich; klar-dünnflüssiger, häufig schleimig und übelriechend. **Atmung** *asthmoide Zustände* (z. B. chronisch-obstruktive Bronchitis) schlechter: durch leichte oder verstärkte Bewegung, kalte Luft, im Transporter, in der Box; besser: im Freien (sowohl in milder als auch kühler Luft), auch durch Bewegung. **Geräusche** Pfeifen, Rasseln, Giemen. *Asthmoide Zustände abwechelnd mit Hautausschlägen/nach unterdrückten Hautausschlägen! Asthmoide Leiden im Zusammenhang mit chronischer Hufrehe.* HERZ: **Puls** abnorm beschleunigt, voll, hart, auch unregelmäßig, zeitweise aussetzend. VERDAUUNGSTRAKT: Heißhunger, *viel Durst*, auch wenig Appetit. Rülpsendes Geräusch, *säuerlicher oder widerlicher Mundgeruch*, besonders gleich nach dem Fressen/Trinken. **Blähungen** *übelriechender Gasabgang*, verträgt Zucker/zuckerhaltige Futtersorten oder -zusätze nur schlecht, wodurch auch eine **Gaskolik** verursacht werden kann (gekrümmter Rücken, häufiges linksseitiges Umblicken, häufiges Niederlegen, überempfindlich gegen äußeren Druck). Kollernde, gärende Geräusche. **Durchfall** nach streßiger Auseinandersetzung, *nach unterdrückten Hautausschlägen*, nach Bier (z. B. im Futter), *Zucker/Zuckerhaltigem*; durch Leberstörungen, *durch Sepsis* (krankmachende Bakterien, z. B. Enterokokken, Clostridien); *bei Fohlen; bei alten, abgemagerten Pferden.* **Kot** *braun-flüssig, braun-schleimig, grünschleimig*, breiigartig, häufig *sehr übelriechend* (sauer/wie faule Eier). *Wechselhafte Kotbeschaffenheit* und Durchfall abwechselnd mit **Verstopfung** *groß/kleinkollig geform-*

ter Kot. Wiederholt mühsamer/auch erfolgloser Kotabsatz. **After** *Hautausschlag, Juckreiz*, scheuert bis zum Wundwerden. HARNWEGE: häufiges Harnen. **Harn** *übelriechend, mit fettig aussehendem Häutchen bedeckt*. Schmerzhaftes Harnen (Stöhnen etc.) nach Überanstrengung, Harn enthält Blut. GESCHLECHT (w): **äußere Genitalien** *Herpesbläschen*, Juckreiz. **Gebärmutter**-schleimhautentzündung. **Ausfluß** *gelblich, wundmachend*, übelriechend. (m): *feuchte, wunde Hautschäden des Präputialbeutels (äußere Vorhaut) an den Hoden*. **Sexualtrieb** einerseits stark ausgeprägt, andererseits schwacher Trieb, zögernde Bedeckung, bis hin zum Unvermögen. BEWEGUNGSAPPARAT: **Rücken** *ausgeprägte Muskelschwäche, Verspannungen*, bis hin zu erheblichen Bewegungsstörungen. **Hals-/Rückenwirbelsäule** *spinale Ataxie*. Verkrümmung der Rückenwirbelsäule. **Schulter** *Muskelverspannungen, Gelenkentzündung* (bes. links). **Kniebereich** Gelenkentzündung, Rheuma, *knackende Geräusche*. **Gliedmaßen** *wassersüchtige Anschwellung*. Allgemein: Arthritis, rheumatoide Arthritis, Arthritis urica (Gicht) im fortgeschrittenen Stadium. HUF: *zu Rückfällen neigende Hufgeschwüre*. **Hufhorn** dickwandig, *unförmig, gespalten*. HAUT: aufgesprungen, rissig, blutig. *Nässende Hautausschläge mit heftigem Juckreiz, häufig fühlbare Hitze*. Trockene Ausschläge, heftiger Juckreiz. *Bläschen, Pusteln, eitrig, Juckreiz*. Große entzündete Flecken, Juckreiz (gelber Belag). *Ausschläge, die nach dem Scheuern bluten*. Krustenbildung, feucht, eiternd, sich ausbreitend. Nesselsucht. *Furunkel*. Abszeß (Eitergeschwür). Aknepusteln in der Sattellage. Hautausschläge mit **Juckreiz:** *schlechter durch Wasseranwendung, Wärme, Decken/Sattelunterlagen aus Wolle*. SCHWEISS: riecht sauer, wie Schwefel, süßlich, widerlich.

MODALITÄTEN (Wodurch, Wann?): Verschlimmerung: durch Wasseranwendung (bes. kaltes Wasser), bewölktes Wetter, kalte Nachtluft, Stehtage, Wolle (Decke ect.), Hitze, auch im Winter (Haut); morgens, gegen 11 Uhr vormittags. Besserung: durch trockenes und nicht zu warmes Wetter, auch durch Wärme, Liegen auf der rechten Seite.

SEITENBEZIEHUNG: häufiger links als rechts.

HEILANZEIGEN: Reaktionsschwäche. Chronische Erschöpfung. Depression. Bindehautentzündung, akut, chronisch. Entzündung, weniger akut, chronisch: Hornhaut, Lidränder. Hornhauttrübung. Katarrh, weniger akut, chronisch: Nasen, Rachen, Kehlkopf. Nasennebenhöhlenentzündung, chronisch. Pferdegrippe. Bronchitis, weniger akut, chronisch. Asthmoide Bronchitis. Herzfunktionsstörungen. Leberfunktionsstörungen. Magenkatarrh, chronisch. Darmkatarrh, akut, chronisch. Verstopfung. Afterekzem. Harnblasenkatarrh. Gebärmutterschleimhautentzündung. Herpesbläschen, weibl. Genitalien. Lumbago. Muskelbeschwerden (Rücken, Schulter). Ataxie, spinale. Arthritis, weniger akut, chronisch. Arthritis urica (Gicht), fortgeschritten. Gelenkrheuma. Hufhornschäden. Hufgeschwür. Abszeß. Furunkel. Nesselsucht. Ekzem. Hautausschläge, heftiger Juckreiz.

DOSIERUNG: Für die Dosierung von SULF. gibt es unzählige Möglichkeiten. Da mitunter nicht unerhebliche Erstreaktionen auftreten können, wäre für Ungeübte eine vorsichtige Dosierung und gute Beobachtung des Pferdes empfehlenswert. D4; D6 oder D8 (2mal tägl.). D12 (1mal tägl., in Maßen) oder gleich D30 oder C30 (1malig oder 1mal tägl.

über 2 Tage) und gegebenenfalls nach mehreren Wochen wiederholen (eventuell in D200 oder C200; 1malig). Oder auch LM-Potenzen (z. B. LM 6; 1mal tägl. über ca. 4 Tage, Wiederholung abwarten).

VERGLEICHE: Hepar., Graph., Lyc., Puls., Sil., Sep./Sulf. sollte nicht nach Calc.-carb. gegeben werden. Die richtige Folge ist Sulf. zu Calc. zu Lyc. – zu Sulf.

GEGENMITTEL: Acon., Ars., Camph., Cham., Merc., Puls., Rhus-t, Sep., Sil., Thuja.

TYPISIERUNG VON SULFUR

Eine umfassende Typisierung der zweifellos großen Arznei SULFUR würde den Rahmen dieses Buches sprengen. Ich las tierhomöopathische Abhandlungen, in denen der SULFURIKER als ein PFERDE-Typ dargestellt wird, welcher im Auslauf häufig Schlammbäder nimmt, sich ausgiebig wälzt und immer etwas schmutzig aussieht. Dieses SULF.-Porträt (abgeleitet von dem früher typischen »verwahrlosten, schmutzigen« SULF.-Typ) ist insofern widersinnig, da SULF. *Verschlechterung durch Waschungen und kaltes Wasser* bringt, und zwar oft heftige Verschlimmerungen von Hautleiden. Das SULF.-Pferd würde sich instinktiv nicht selbst Schaden zufügen. Da die *Wärmeverteilung* im Körper dieses »warmblütigen« Typs zuweilen ein Auf und Ab erlebt (z. B. *Hitze der unteren Gliedmaßen, einzelner Körperteile*), kann man ab und an beobachten, daß ein Pferd, welches SULF. benötigen kann, im schlammigen Boden steht (sorgt für Abkühlung). SULF.-Anteile können in jedem Mensch und Tier vorhanden sein und hier und dort zutage treten. Der SULF.-Typ ist sehr komplex, so daß sich insoweit **zwei SULF.-Typen** porträtieren lassen, wobei der eine Typ auch hin und wieder Merkmale des anderen Typs aufweisen kann. Aufgrund von Konstitutionsbehandlungen unterschiedlicher Pferde möchte ich **den einen SULF.-Typ** folgendermaßen darstellen: Er ist eher von »hagerem, knochigen Körperbau« mit wenig »Muskelspannkraft«, der sich »schwierig versammeln« läßt und einen etwas »unbeholfenen« Eindruck macht. Er ist »aufmerksam« und »lernwillig«, doch häufig »zögernd in seinen Ausführungen« (unterm Sattel, Bodenarbeit etc.). Zudem wirkt dieser Typ »nachdenklich« (eine Besitzerin sagte spontan: Jetzt bekommt er wieder seinen »philosophischen Ausdruck!«), »intelligent« und »distanziert«. Er läßt beileibe nicht jeden Menschen an sich heran (beißt zuweilen), wobei er sich bei der Untersuchung »rücksichtsvoll« benimmt. Es scheint, daß er genau merkt, ob es einer »gut mit ihm meint« und reagiert dementsprechend. »Ungerechte Behandlung« kann er sehr schwer verwinden, eine lange Zeit darunter leiden, beizeiten enorm »niedergeschlagen«, »wie in sich gekehrt« und/oder auch »widersetzlich« sein. Das für SULF. typische »unerschütterliche Selbstvertrauen« ist bei diesem PFERDE-Typ häufiger nicht vorhanden. Zudem braucht er eine »vertraute Bezugsperson«, »viel Zuspruch« und ist oft sehr »anhänglich«. Seine »warme Decke« liebt er über alles, doch »Waschungen« (womöglich mit kaltem Wasser) überhaupt nicht. Mitunter nimmt er »kleinere Tiere in Augenschein« und erweist sich als »ängstlich-besorgter Beschützer« (sprang im Notfall über den Zaun zu Fohlen). Die »Lernfähigkeit« dieses Typs geht häufig mit »Bedächtigkeit« einher. Das intelligente SULF.-Pferd besitzt eine gute Auffassungsgabe, doch »ihm fehlt die Entschlußkraft« (daher kann es

etwas »faul« wirken). Letztendlich kann es sich durchaus »schön präsentieren« (typisch für Sulfur), wobei SULF. streßige Überanstrengungen nicht gut verträgt. Das »Haarkleid« des SULF.-Pferdes ist häufig weniger schön anzusehen; es kann »struppig«, »glanzlos« und voller »Wirbel« sein. Zuweilen »riecht das Pferd unangenehm«, wobei es die Ausdünstungen seiner Artgenossen und Menschen schnell wittert. Das »Flemmen beim Schweißgeruch« von Menschen kann für den Betroffenen mehr oder weniger belustigend sein. Da der Sexualtrieb von SULF. sehr ausgeprägt ist, wird man bei diesem TYP »zuverlässige Deckhengste« finden (wenngleich der hagere Typ etwas zögernd auftreten kann).
Der **zweite SULF.-Typ,** der, wie gesagt, auch einige Anteile des ersten Types aufweisen kann, ist ein »kräftiges, bodenständiges und forsches« PFERD. Haarkleid- und Hautdefekte sind nicht auszuschließen. Dieser Typ besitzt »Durchsetzungsvermögen«, ist im Auslauf nicht selten »wehrhaft« und oft der »Boß«. Aber er zeigt nicht das eher aggressive Verhalten von ARSEN (beide können sich miteinander ergänzen), sondern einen »vor Lebenslust strotzenden Spieltrieb«. Es kann ebenso »robust und gutmütig« wie CALC. Carb., gleichsam »intelligent und leistungsfähig« wie LYCOPODIUM sein, fast so »feurig-bühnenreife« Auftritte wie PHOSPHOR zeigen und sich so »unschuldig und habgierig« wie PULS. verhalten. Dieses SULF.-Pferd wirkt häufig »hastig und übereilt«, sorgt im Auslauf, am Anbinder oder/und im Stall für Unruhe. Das SULF.-Pferd neigt zu »Ungeduld« und »Eigenwilligkeit«, so daß es eine geduldig-geradlinige Ausbildung mit vielen »halsklopfenden Anerkennungen« benötigt. Man muß schon aufpassen, daß das SULF.-Pferd nicht plötzlich die »Oberhand gewinnt«, denn es besitzt unter anderem auch ein »gutes Selbstvertrauen«, möchte gerne »sein Bestes geben« bis hin zur »Erschöpfung«.

Thuja

Thuja occidentalis. **Abendländischer Lebensbaum.** Familie der Zypressengewächse. Aus den frischen Zweigen mit Blättern zu Beginn der Blütezeit.

ARZNEIMITTELBILD (wichtige Symptome): ALLGEMEINES: **Thuja** hat eine bemerkenswerte Beziehung zu den Schleimhäuten (Darm, Harnwege, Genitaltrakt) und zur äußeren Haut. Typisch für **Thuja** sind bestimmte blumenkohlartige Gewächse, Hauttumore, Warzen sowie nässende Ekzeme, Schuppenflechte und Hufhornschäden. Die Erkrankungen von **Thuja** sind nicht selten hartnäckig und besitzen ihre eigene »Vorgeschichte«: wie z. B. unterdrückte Infekte (z. B. Grippe). Folgen von Impfungen und erbliche Vorbelastungen. Auffallend bei **Thuja** ist die *allgemeine Besserung chronischer Erkrankungen während einer akuten Erkältung,* z. B. Schnupfen, Auswurf, durch das »Wiederauftreten« von Absonderungen. KOPF: **Nüstern** *Hautverhärtungen* (häufig links). *Warzen* (auch im Kopfbereich, auf den Augenlidern möglich). MAULHÖHLE: *Bläschen* (weißlich) in der Schleimhaut. ZÄHNE: *Zahnstein* (gelb-bräunliche Beläge). *Zahnkaries* (Seiten, an den

Wurzeln). ATMUNGSORGANE: Polypen (Schleimhautgeschwülste) im Naseneingang. **Schnupfen** *bräunlich, schleimig, übelriechend. Krustenbildung* (bräunlich). Fließschnupfen, wäßrig (im Freien schlechter). *Absonderungen beim Koten*. **Atmung** spastisch (Heuallergie), *nach Impfung*. Verstärkte Bauchatmung. VERDAUUNGSORGANE: **Durchfall** *heraussprudelnd* mit Abgang von Gasen; *plötzlich herausschießend* (morgens, gleich nach der ersten Fütterung oder wiederholt nach jeder Fütterung). Dünnflüssige, gelb-bräunliche Durchfälle. *Durchfall nach Impfung* (Sil.). **Verstopfung** schwer abgehender Kot, sehr feste Kotballen, die häufig *fettig-ölig* aussehen. **After** *Risse. Quaddeln. Feigwarzen* (Condylome), blumenkohlartig; flach. GESCHLECHT (w): **äußere Genitalien** *Condylome. Herpesbläschen*. Juckreiz. **Eierstöcke** Zysten (häufig links). **Muttermund** *Gewächse* (blumenkohlartig, warzenförmig; Blutungsneigung). *Polypen*. **Ausfluß** gelblich, grünlich, bräunlich. (m): **Penis** *Geschwüre*, flach, rot *Herpesbläschen* (bräunlich-gelbe Absonderung) *Feigwarzen* (Condylome), nässend (können auch an Eichel, Vorhaut vorkommen). **Hoden** Schwellung, Verhärtung (beidseitig, auch häufig links); *Hochstand* (häufiger links). HAUT: *Schuppen*, weiß, kleieartig, mehlig. *Flecken, haarlos*, weißlich-mehliger Belag. *Ekzem*, Pickel (nässend, blutend), Juckreiz. *Warzenförmige Gewächse*, glatt, rissige Partien, roter Hof. HAARKLEID: glanzlos, ungesundes Aussehen, Haarausfall (sowie Mähne, Schweif). HUF: Hufhorn: abblätternd, deformiert, Furchen, Rillen, spröde. SCHWEISS: Geruch (aasig, widerlich, süßlich, wie Honig). Mitunter trockene Hitze an den eingedeckten Körperteilen und Schweiß nur außerhalb des Deckenbereichs.

MODALITÄTEN (Wodurch, Wann?): Verschlimmerung: durch feuchte Kälte. Nachmittags, nachts, morgens. Besserung: durch Wärme, warme Anwendungen, Bewegung, das Wiederauftreten unterdrückter Absonderungen (z. B. Nasenausfluß bringt Besserung).

HEILANZEIGEN: Warzen (Nüstern, Augenlider). Maulhöhle, Bläschen (weiß). Zahnstein. Zahnkaries. Polypen, Naseneingang. Asthmoide Bronchitis (nach Impfung). Durchfall, hartnäckig. Durchfall, nach Impfung. Afterrisse, Afterekzem. Aftergewächse. Feigwarzen (Condylome), äußere weibl. Genitalien. Herpesbläschen, äußere weibl. Genitalien. Eierstockzysten. Muttermund: Gewächse, Polypen. Penis: Geschwüre, Condylome, Herpesbläschen. Entzündung: Hoden, Nebenhoden. Schuppenflechte. Hautpilz. Ekzem, nässend, blutend. Mauke. Warzen (glatt, rissig, roter Hof). Hautgeschwür (gut-/bösartig). Hufrehe, chronisch. Hufhornschäden.

DOSIERUNG: Bei Folgen von Impfung: D30, C30 (1–2malig; Wiederholung abwarten). Um örtliche Erkrankungen zu beeinflussen, wären Tiefpotenzen empfehlenswert D6, D8 (2–3mal tägl.) oder auch LM 6 (1mal tägl., etwa über 1 Woche; Wiederholung abwarten). Bei Thuja findet man vielfach chronische Leiden, so daß häufig Hochpotenzen angezeigt sind: D30; C30 (1mal tägl. über 2 Tage, Wiederholung abwarten) und evtl. nach einigen Wochen wiederholen oder D200; C200 (1malig) folgen lassen.

VERGLEICHE: Ars., Calc., Nat-s., Sil., Staph./Acidum nitricum wäre auch zu vergleichen: Maulschleimhautausschlag (Aphthen), Feigwarzen (Condylome) der äußeren Genitalien, Aftergeschwür sowie seine Verschlimmerung durch feuchte Kälte (anhand der oben genannten Dosierung).

Verzeichnis der Heilanzeigen

A

Abmagerung, bei guter Fütterung
allgemein: Abrot., Ars. alb., Calc. carb., Ign. *Lyc.,* Nat.-mur., Phos., *Sulf.*
infolge Verwurmung: Abrot.

Abszeß; Eitergeschwür
Apis, Arn., Bell., Calc. carb., Hekla., *Hep. sulf., Lach.,* Led., Lyc., *Merc.,* Phos., Rhus tox., *Sil., Sulf.*

Arthritis; Gelenkentzündung
akut: Acid. form., Acon., Apis, Bell., Bry., Led, Rhus tox.
chronisch: Calc. carb., Lach., Led., Lyc., Merc., Nat.-mur., Puls., Rhus tox., Sep., Sil., Sulf.
nach Schlag, Stoß, Überanstrengung: Arn., Rhus tox., Ruta
Ellenbogengelenk: Apis, Ars. alb., *Bell.,* Lyc., Merc., *Rhus tox., Sil.,* Sulf.
Vorderfußwurzelgelenk: Acid. form., Apis, Ars. alb., Euphr., *Lach.,* Lyc., Merc., *Rhus tox., Sil.*
Fessel-/Krongelenk, Vorhand; Apis, Bell., *Bry., Led., Lyc., Rhus tox., Sil.,* Urtica urens (ab D3)
Schultergelenk: Acon., *Apis,* Bry., Calc. carb., Coloc., Lach., Merc., *Rhus tox., Thuja*
Hüftgelenk: Apis, Arn., Bell., Bry., Calc carb., Led., Lyc., Phos., Sil., Stram., Sulf.
Lendenbereich: Bry., *Calc. carb.,* Cimicifuga (ab D6), Colchicum (ab D6), Coloc., Dulc., Lyc., *Nux vom., Rhus tox.,* Stram., Sulf.
Hüftbereich: Arn., *Ars. alb., Calc. carb.,* Colchicum (ab D6), Coloc., Hep. sulf., Led., *Lyc.,* Phos., *Puls., Rhus tox., Sep.,* Sil.
Kniegelenk (Kniescheibe/-kehle: Apis, Arn., *Bry.,* Calc. carb., Led., Nux vom., *Phos.,* Rhus tox., Ruta, *Sil.,* Sulf.
Sprunggelenk: *Apis, Arn.,* Ars. alb., *Bry., Led.,* Lyc., Phos., Puls., Ruta, Sep., *Sil.*
Fesselgelenk, Hinterhand: *Apis,* Arn., Ars. alb., Cham., *Led., Lyc., Phos.,* Puls., Rhododendron (ab D6), Rhus tox., *Ruta*

Arthrose; degenerierte Gelenkerkrankung
Acid. form., Bry., Calc. carb., Hekla., Hep sulf., Kalium carbonicum (ab D6), Led., Lyc., Nat.-sulf., Puls., Rhus tox., Sil., Sulf., Thuja

Ataxie, spinale; Gangstörungen/Unordnung von Bewegungsabläufen
Arn., Bell., Hyper., Nux. vom., Phos., Rhus tox., Sil., Stram., Sulf.

Augenerkrankung, periodische
Acon., Argentum nitricum (ab D6), Ars. alb., Bell., Calc. carb., Euphr., Kali.-bi., Merc., Sil.

Augenverletzungen
Arn., Hamamelis (ab D6), Hep. sulf., Puls., Staph.

B

Bewegungsapparat, allgemeine Beschwerden
rechtsseitig: Acid. form., Apis, Ars. alb., Bell., Bry., Calc. carb., Coloc., Lyc., Lyss., Nux vom., Puls., Sulf.
von rechts nach links wandernd: Apis, *Lyc.*
linksseitig Apis, Coloc., Euphr., Graph., Lach., Nat.-sulf., Phos., Sep., Sulf.
von links nach rechts wandernd: Acid. form., Acon., Dulc., *Lach.,* Rhus tox.
Bewegung bessert: Acon., Ars. alb., *Aurum* (ab D6), Coloc., *Dulc.,* Lach., Lyc., *Puls., Pyrog., Rhus tox.,* Sep., *Sulf.*
Bewegung verschlechtert: Acid. form., Apis, Arn., *Bell., Bry.,* Calc. carb., Coff., *Coloc, Led.,* Merc., Nat.-mur., *Nux vom., Phos., Ruta,* Sep., *Sil.,* Staph., *Sulf.*
anfängliche Bewegung verschlechtert: Calc. carb., *Euphr.,* Led., *Lyc.,* Phos., *Puls., Rhus tox., Sil.*
nach der Bewegung schlechter: *Ars. alb.,* Coff., Phos., *Puls., Rhus tox., Ruta,* Stram.
fortgesetzte Bewegung verbessert: Bry., Lyc., *Puls., Rhus tox.,* Ruta, Sep., Sil.
Wärmeanwendung verbessert: *Ars. alb., Bry.,* Dulc., *Lyc., Nux vom.,* Phos., *Rhus tox.,* Sep., *Sil.,* Sulf.
Wärmeanwendung verschlechtert: *Apis,* Arn., Dulc., Graph., *Lach., Led.,* Nat.-mur., *Puls.,* Sulf.

Bindehautentzündung; Conjunctivitis
Acon., Apis, Arn., Ars. alb., Bell., Bellis per., Calc. carb., Euphr., Merc., Nat.-mur., Puls, Rhus tox., Sep., Sulf.

Bläschen, Blasen
Dulc., Merc., Nat.-mur., Nat.-sulf., Puls., Rhus tox., Sep., Sil., Sulf., Thuja

Blähungen
Bell., Carbo vegetabilis (ab D6), Cham., Graph., Lyc., Nat.-sulf., Nux vom., Phos., Staph., Sulf., Thuja

Blasenkatarrh; Zystitis
Apis, Bell., Cantharis (ab D6), Dulc., Lach., Puls., Staph.

Blinddarmverstopfung
Bell., *Bry.,* Cham., Coloc., Lach., Pyrog., Rhus tox.

Bronchitits, ohne Spastik
siehe Husten

Bronchitits, mit Spastik; COB/asthmoide Bronchitis
allgemein: Acid form., *Ars. alb.,* Bell., Calc. carb., Dros., Dulc., Euphr., Graph., *Hep. sulf.,* Ipecacuanha (ab D4), Kalium carbonicum (ab D6), Lach., Led., Lyc., *Nat.-sulf.*, Nux vom., Rhus tox., Phos., Puls., Sep., Sil., *Spong.,* Stram., Sulf., Thuja
bei Bewegung: Apis, Ars. alb., Bry., Calc. carb., Lach., Lyc., Nat.-mur., Nat.-sulf., Phos., Puls., Sil., Spong., Sulf.
durch Heuallergie: Ars. alb., Dulc., Euphr., Lach., Nat.-sulf., Nux vom., Op., Sil.
infolge unterdrückter Hautausschläge: Apis, Ars. alb., Dulc., Hep. sulf., Puls., Sulf.

C

Condylome; Feigwarzen bzw. blumenkohlartige Gewächse
Acidum nitricum (ab D6), Calc. carb., Euphr., Hep. sulf., Lyc., Merc., Nat.-sulf., Sabina (ab D6), Staph., Thuja

D

Darmkatarrh; Enteritis
akut: Acon., Arn., Ars. alb., Bell., Cham., Coloc., Dulc., Hep. sulf., Kali.-bi., Merc., Nat.-sulf., Nux vom., Podo., Puls., Staph., Sulf., Thuja
chronisch: Ars. alb., Lach., Lyc., Magnesium carbonicum (ab D6), Nat.-mur., Nux vom., Podo., Sep., Sulf., Thuja
mit Blähungen: Carbo vegetabilis (D4, D6), Coloc., Cham., Lyc., Nux vom., Sulf.

Drucküberempfindlichkeit (Sattel, Gurt, etc.)
Apis, Arn., *Bry., Calc. carb., Hep. sulf.,* Lach., Led., *Lil.-t., Lyc.,* Merc., Nat.-mur., Nat.-sulf., Nux vom., Ruta, *Sil.*

Drüsenschwellung
Ars. alb., Calc. carb., Carbo vegetabilis (ab D6), Graph., Hep. sulf., Lyc., Merc., Phos., Sil., Sulf.

Durchfall
allgemein: Abrot., Apis, Ars. alb., Bry., Calc. carb., Cham., Dulc., Hep. sulf., Kali.-bi., Lyc., Merc., Nat.-sulf., Phos., Puls., Podo., Sil., Staph., Sulf., Thuja
herausschießend: Apis, *Ars. alb.,* Dulc., Lach., Nat.-mur., *Nat.-sulf.,* Phos., Puls., *Podo.*
bei Zahnung/Zahnwechsel: *Calc. carb., Cham.,* Coloc., *Dulc.,* Hep. sulf., Merc., Podo., *Sil.,* Sulf.
mit Krampfkolik: Bell., Cham., Coloc.
nach Erkältung: Bell., Bry., Calc. carb., Cham., *Dulc., Nat.-sulf.,* Nux vom., Rhus tox., Sulf.
nach Obst: *Ars. alb., Bry.,* Coloc., Lach., *Nat.-sulf.,* Podo., *Puls., Veratrum* (ab D6)
riecht wie Aas: *Ars. alb., Lach., Pyrog.,* Rhus tox., Sil., Stram.
riecht wie faule Eier: Ars. alb., Calc. carb., *Cham.,* Staph., Sulf.
riecht faulig: Apis, Ars. alb., Bry., Coloc., Lach., *Nat.-sulf., Podo.,* Pyrog., *Sil.,* Stram.
riecht sauer: Arn., *Calc. carb.,* Coloc., Dulc., *Hep. sulf., Merc., Sulf.*
septisch, sehr übelriechend: Ars. alb., Lach., Pyrog., Sulf.
geruchslos: Merc., Phos., Rhus tox., *Veratrum* (ab D6)
durch Ernährungsfehler: Ars. alb., Nux vom., Phos., Puls.

E

Eierstockgeschwulst
Ars. alb., Calc. carb., Graph., Lach., Lyc., Sep.

Eierstockzysten
allgemein: Apis, Ars. alb., Coloc., Phos., Thuja
rechts: *Apis,* Bell., Lyc., Podo.
links: Apis, Bell., Graph., *Lach.,* Lil.-t., Podo.

Eigenblutbehandlung
siehe Acid. form.

Eiterung
Ars. alb., Bell., Calc. carb., *Calcium sulfuricum* (ab D6), Graph., Hep. sulf., Lach., Merc., Pyrog., Sil., Sulf.

Ekzem
Abrot., Acid. form., Ars. alb., Calc. carb., Dulc., Graph., Hep. sulf., Lyc., Merc., Nat.-mur., Phos., Rhus tox., Sep., Sil., Staph., Sulf., Thuja

Erschöpfung
Ars. alb., Coff., Lach., Merc., Nat.-mur., Phos., Sil., Sulf.

Euterentzündung; Mastitis
Apis, Arn., Bell., Hep. sulf., Merc.

F

Fohlenruhr
Ars. alb., Calc. carb., Cham., *Lach.,* Merc., Nat.-sulf., *Podo., Pyrog.,* Sil., Sulf.

Furunkel
Arn., Ars. alb., Bellis per., Calc. carb., Graph., Hep. sulf., Lach., Merc., Phos., Pyrog., Sil., Sulf.

G

Gebärmutterentzündung; Endometritis
akut: Acidum nitricum (ab D6), Acon., Bell., Hep. sulf., Merc., Puls.
drohende Sepsis: Ars. alb., Lach., Pyrog.
chronisch: Calc. carb., Hep. sulf., Lil.-t., Lyc., Merc., Sep., Sulf., Thuja

Geburt, Nachsorge (der Mutterstute)
Wundverheilung: Arn., Calend., Bellis per.
der Geburtsrehe vorbeugend: Arn., Lach., Pyrog. (je C30)
übelriechender Ausfluß mit Fieber: Ars. alb., Lach., Pyrog., (sofort)
Verhaltensstörungen nach der Geburt: Bell., Lach., Puls., Stram.

Gelenke, Knacken bei Bewegung
Calc. carb., Cham., *Led.,* Lyc., Lyss., Merc., Nat.-mur., Nat.-sulf., *Nux vom.,* Phos., Puls., *Rhus tox.,* Sep., Sulf., Thuja

Gelenkschwellung, ödematös
Bug-/Schultergelenk: *Apis, Bry.,* Calc. carb., Lach., Merc., *Rhus tox.,* Thuja
Ellenbogengelenk: *Bry.,* Calc. carb., Coloc., *Merc.,* Lyc.
Vorderfußwurzelgelenk: *Apis, Bell., Bry.,* Lyc., *Rhus tox.,* Phos.
Fesselgelenk, Vorhand: Apis, Arn., Bry., Hep. sulf., Lyc., Merc., Rhus tox., Ruta, Thuja
Kniescheibengelenk: Apis, Arn., Bell., Bry., Calc. carb., *Led., Puls.,* Rhus tox., Sep.
Kniekehlgelenk: Apis, Arn., Ars. alb., Puls., Rhus tox.
Sprunggelenk: Apis, Arn., Ars. alb., *Bry., Led.,* Puls., Phos., *Rhododendron* (ab D6), Rhus tox.
Fesselgelenk, Hinterhand: *Apis,* Arn., Bry., *Led.,* Merc., Phos., Ruta, Sulf.

Genickbeule, Bursitis
Apis, Bry., Rhus tox., Ruta, Sulf.

H

Haarausfall, krankhafter; Alopecia
Graph., Lach., Lyc., Nat.-mur., Phos., Sep., Sil., Sulf., Thuja

Hahnentritt
Calc. carb., Coloc., Ign., Lyc.

Harnwegsinfekt
Acid. form., Acon., Apis, Bell., *Cantharis* (ab D4), Coloc., Hep. sulf., Lil.-t., Lyc., Merc., Puls., Sil., Sulf.

Hasenhacke
Apis, Arn., Ars. alb., Belli per., Bry., Calend., Rhus tox., Ruta

Hautgeschwür, gut/bösartiges
Acidum nitricum (ab D6), Ars. alb., Calc. carb., Graph., Kali.-bi., Lach., Lyc., Merc., Phos., Sil., Thuja

Hautpilz
Ars. alb., Lach., Lyc., Merc., Nat.-mur., Rhus tox., Sulf., Thuja

Herpesbläschen, äußere Genitalien
Ars. alb., Culc., Graph., Merc., *Nat.-mur., Rhus tox., Sep.,* Thuja

Herzrhythmusstörungen
Arn., Ars. alb., Camph., Carbo vegetabilis (ab D6), Kalium carbonicum (ab D6), Lach., Lil.-t., Nat.-mur., Spong.

Hodenentzündung; Orchitis
Bell., Merc., Puls., Spong., Staph., Sulf., Thuja

Hoden, verborgen; Kryptorchismus
Calc. carb., Cantharis (ab D6), Nux vom., Phos., *Puls.,* Stram., *Thuja*

Hornhautentzündung; Keratitis
Acon., Apis, Ars. alb., Bell., Calc. carb., Euphr., Hep. sulf., Merc., Phos., Puls., Rhus tox., Sil., Sulf., Thuja

Hornhautgeschwür; Ulcus corneae
Apis, Calc. carb., Euphr., Hep. sulf., Kali.-bi., Merc., Puls., Sil.

Hornhauttrübung
Calc. carb., Hep. sulf., Kali.-bi., Lyc., Merc., Phos., Puls., Sil., Sulf.

Hufgeschwür
Apis, Ars. alb., Bell., Calc. carb., Calcium sulfuricum (ab D6), Hep. sulf., Lach., Merc., Sil., Sulf., Thuja

Hufhornschäden
<u>Abblättern:</u> Acid. form., Ars. alb., *Calc. carb., Graph.,* Merc., Sep., *Sil.,* Sulf., Thuja
<u>Gerillt:</u> Ars. alb., Sil., Sulf., Thuja
<u>Gespalten:</u> Antimonium crudum (ab D6), Calc. carb., *Sil.,* Sulf.

Hufkrebs
Acidum nitricum (ab D6), Ars. Alb., Arsenicum jodatum (ab D6), Calc. carb., Carbo animalis (ab D6), Conium (ab D6), Graph., Kalium arsenicum (ab D6), Lach., *Lyc.,* Nat.-mur., Phos., Platinum (ab D6), Sulf., Thuja

Hufrehe

Abrot., Acid. form., Acon., Apis, Bell., Colchicum (ab D6), Hep. sulf., Led., Lyc., Merc., Nat.-sulf., Sil., Staph., Thuja

Husten

morgens schlechter: Ars. alb., Calc. carb., Euphr., Kali.-bi., Lach., Nat.-mur., Nux vom., Phos., Puls., Rumx., Sil., Sulf.
tagsüber schlechter: Euphr., Lach., Nat.-sulf., Phos.
mittags schlechter: Ars. alb., Bell., Euphr., Hep. sulf., Nat.-sulf., Sil., Sulf.
abends schlechter: Acon., Ars. alb., Bry., Calc. carb., Hep. sulf., Ign., Lyc., Merc., Nat.-mur., Phos., Puls., Rumx., Sep., Sil.
nachts schlechter: Acon, Arn., Bell., Calc. carb., Cham., Graph., Hep. sulf., Lach., Lyc., Merc., Puls., Sep., Sil., Sulf.
um Mitternacht schlechter: Apis, Ars. alb., Bell., Cham., Coff., Dros., Hep. sulf., Lach., Nux vom., Phos., Puls., Rhus tox., Rumx., Sep., Sulf.
anfallsweise: Ars. alb., Bell., Dros., Hep. sulf., Lach., Nux vom., Phos., Puls., Rumx., Sep., Spong., Sulf.
krampfartig, keuchend, erschütternd: Dros.
bei feuchter Witterung schlechter: Calc. carb., Dulc., Lach., Nat.-sulf., Rhus tox., Spong., Sil., Sulf.
bei Wetterwechsel schlechter: Dulc., Lach., Phos., Rumx., Sil., Spong.
bei kaltem Wind schlechter: Acon., Cham., Euphr., Hep. sulf., Lyc., Sep., Spong., Stram.
im warmen Stall schlechter: Bry., Lach., Nat.-mur., Puls., Spong.
beim Kaltwerden schlechter: Ars. alb., Bry., Calc carb., Dulc., Hep. sulf., Kali.-bi., Nux vom., Phos., Rhus tox., Rumx., Sil., Staph., Sulf.

Husten mit Auswurf

durchsichtig: Apis, Ars. alb., Kali.-bi., Nat.-mur., Phos., Sil., Spong., Sulf.
weiß: Ars. Alb., Calc. carb., Kali.-bi., Lyc., Nat.-mur., Phos., Puls., Sep., Spong., Sulf.
gelb: Arx. alb., Calc. carb., Hep. sulf., Lyc., Merc., Phos., Puls., Sep., Sil., Sulf.
grün: Ars. alb., Dulc., Lyc., Merc., Nat.-sulf., Phos., Puls., Sil., Sulf.
blutgestreift: Acon., Apis, Arn., Ars. alb., Bell., Bry., Dulc., Lach., Lyc., Phos., Rhus tox.
klebrig: Kali.-bi.
aasiger Geruch: Arn., Ars. alb., Bell., Calc. carb., Lyc., Merc., Puls.
riecht wie alter Käse: Hep. sulf., Merc.
saurer Geruch: Calc. carb., Cham., Dulc., Merc., Nux vom., Sulf.
riecht wie Milch: Dros., Phos., Sep., Spong.
übelriechend: Apis, Ars. alb., Bell., Calc. carb., Graph., Hep. sulf., Kali.-bi., Lyc., Merc., Phos., Puls., Rhus tox., Sep., Sil., Stram., Sulf.

I

Impfung (Überreaktion, Schwächung), Folgen von –
Hep. sulf., Lyss., Merc., Rhus tox., Sil., Sulf., Thuja

Impotenz
Agnus castus (ab D6), Calc. carb., Graph., Lyc., Nat.-mur., Nux vom., Phos., Sep., Staph., Sulf.

Insektenstich
Apis, Arn., Bell., Hyper., Lach., *Led.,* Staph., *Urtica urens* (ab D4)

K

Karpalbeule
Apis, Arn., Bellis per., Bry., Calend., Ruta

Karpalgelenkentzündung; Carpitis
Apis, Arn., Bell., Bry., Hep. sulf., Lach., Pyrog., Rhus tox., Ruta

Kastration (Nachbehandlung)
Arn., Puls., Staph.

Kehlkopfentzündung; Laryngitis
Acid. form., Acon., Apis, Ars. alb., Bell., Caust., Euphr., Hep. sulf., Kali.-bi., Lyc., Phos., Rumx., Spong.

Kehlkopfpfeifen, Stimmbandlähmung
Argentum nitricum (ab D6), Arn., Bell., Causticum (ab D6), Lach., Lyss., Nux vom., Op., Phos.

Knochenbrüche, schlecht verheilende
Calc. carb., Sil., Symphytum (ab D6)

Knochenhautentzündung; Periostitis
Bell., Calend., Hekla., Merc., Ruta

Kolik
Acon., Ars. alb., Bell., Cham., Coloc., Dulc., Lyc., Nux vom., Op., Phos., Plumbum metallicum (ab D6), Puls., Staph.

Kreislaufschwäche
Arn., Ars. alb., Camph., Carbo vegetabilis (ab D6), Coff., Kalium carbonicum (ab D6), Lach., Phos., Podo.

Kreuzverschlag; paralytische Myoglobinurie
Acon., Arn., Bell., Phos.

L

Lähmung
Acon., Arn., Causticum (ab D6), Graph., Hep. sulf., Hyper., Lach., Merc., Nux vom., Rhus tox., Phos., Sil.

Lidkrankheiten
Graph., Hep. sulf., Kali.-bi., Lyc., Merc., Puls., Rhus tox., Sil., *Staph.,* Sulf.

Liegebeule
Apis, Arn., Bellis per., Bry., Calend.

Luftsackvereiterung
Ars. alb., Hep. sulf., Kali.-bi., Merc., Sil., Sulf.

M

Magenkatarrh; Gastritis
allgemein: Abrot., Acon., Apis, Arn., Ars. alb., Bell., Bry., Coloc., Dulc., Graph., Lyc., Nux vom., Phos., Puls.
durch Erkältung: Acon., Ars. alb., Dulc., Nat.-sulf., Puls.
durch Schreck: Acon., Cham., Ign., Nux vom., Staph.

Magenüberladung, Folgen von – (sofort festgestelltes Überfressen)
Bry., *Coff.,* Nux vom., Op., *Puls.,* Sep., Spong., Stram.

Mauke
Ars. alb., *Calc. carb., Graph., Hep. sulf.,* Led., Merc., Nat.-mur., Rhus tox., *Sep., Sil.,* Thuja

Maulschleimhautentzündung; Stomatitis
Acidum nitricum (ab D6), Acon., Apis, Bell., Hep. sulf., Kali.-bi., *Merc.*

Melanom; Hauttumor
Acidum nitricum (ab D6), Ars. alb., Kali.-bi., Lyc., Sil., Thuja

Milchfluß, mangelhaft
Agnus castus (ab D4), Cham., Puls., Urtica urens (ab D1-D3), Sulf.

Muskelüberanstrengung
Abrot., Arn., Ars. alb., Bry., Cham., Lyc., Phos., Rhus tox., Ruta

N

Nasenbluten
Arn., Bell., Bry., Carbo vegetabilis (ab D6), Lach., Merc., Nux vom., *Phos., Puls.,* Sep., Sulf.

Nasenkatarrh; Rhinitis
Acon., Ars. alb., Bell., Bellis per., Bry., Calc. carb., Euphr., Graph., Hep. sulf., Kali.-bi., Lach., Lyc., Merc., Nux vom., Phos., Puls., Sil., Sulf.

Nasennebenhöhlenkatarrh; Sinusitis
Arn., Ars. alb., Bell., Calc. carb., Calcium fluratum (ab D6), Cinnabaris (ab D3), Hep. sulf., Kali.-bi., Kalium jodatum (ab D4), Lyc., Merc., Phos., Puls., Sil., Sulf., Thuja

Nesselsucht; Urticaria
Acid. form., Apis, *Calc. carb.,* Dulc., Nat.-mur., Rhus tox., Rumx., Sulf., *Urtica urens* (ab D6)

Nierenstein
Acidum nitricum (ab D6), Coloc., Lyc., Nux vom., Sep.

Nymphomanie
Lil.-t., Lyc., Murex (ab D6), Phos., Stram.

O

Ödeme
Apis, Arn., Ars. alb., Bry., Graph., Led., Lil.-t., Lyc., Merc., Phos., Puls., Rhus tox.

Ohrspeicheldrüsenentzündung; Parotitis
Bell., Cham., Hep. sulf., Kali.-bi., Lach., Lyc., Merc., Puls., Rhus tox.

P

Pferdegrippe
Acon., Ars. alb., Bell., Bry., Lach., Nux vom., Rhus tox.

Phlegmone
allgemein: Ars. alb., Bell., Hep. sulf., Merc., Pyrog., Sil., Sulf., Thuja
akutes Stadium: Acon., Apis, Bell.
hochakutes Stadium: Acon.
bei drohender Eiterung: Merc.
bei Beginn der Eiterung: Hep. sulf.
chronisch, rückfällig: Ars. alb., Calc. carb., Phos., Sil., Sulf.
Stadium der Fäulnis: Ars. alb., Lach., Merc., Phos., Pyrog., Rhus tox.

Piephacke
Apis, Arn., Bellis per., Bry., Calc. carb., Calend., Hep. sulf., Rhus tox., Ruta, Sil., Sulf., Symphitum (ab D6)

R

Rachenkatarrh; Pharyngitis
Acon., Bell., Bry., Hep. sulf., Lyc., Merc., Spong.

Rheuma, Muskel-, Gelenk-
Folgen von Durchnässung, feuchtkalter Witterung: Acon., Cham., Dulc., Gelsemium (ab D6), Led., Merc., Nat.-sulf., Puls., Rhus tox.
Halsbereich: Bell., Bry., Lyc., Nux vom., Puls.

Schulterbereich: Bry., Calc. carb., Dulc., Hamamelis (ab D6), Kali.-bi., Led., Lyc., Merc., Nat.-mur., Phos., Puls., Rhus tox., Staph.
Oberarmbereich: Ars. alb., Bry., Calc. carb., Dulc., Ferrum (ab D6), Phos., Rhus tox., Urtica urens (ab D4)
Ellenbogenbereich: Ars. alb., Bell., Bry., Led., Lyc., Rhus tox., Ruta, Sep., Sulf.
Unterarmbereich: Acid. form., Arn., Led., Merc., Phos., Rhus tox., Sil.
Rückenbereich: Ars. alb., Bry., Calc. carb., Colchicum (ab D6), Dulc., Hep. sulf., Lyc., Nux vom., Puls., Rhus tox., Ruta, Sulf.
Lendenbereich: Bry., Calc. carb., Cimicifuga (ab D6), Colchicum (ab D6), Coloc., Dulc., Lyc., Nux vom., Rhus tox., Stram., Sulf.
Hüftbereich: Arn., Ars. alb., Calc. carb., Colchicum (ab D6), Coloc., Hep. sulf., Led., Lyc., Phos., Puls., Rhus tox., Sep., Sil., Stram.
Oberschenkelbereich: Abrot., Ars. alb., Bell., Dulc., Kali.-bi., Lach., Lyc., Puls., Rhus tox., Ruta, Sep., Sulf.
Kniebereich: Acon., Ars. alb., Bry., Calc. carb., Kali.-bi., Lach., Led., Lyc., Nux vom., Phos., Puls., Rhus tox., Sep.
Unterschenkelbereich: Apis, Ars. alb., Bell., Coff., Dulc., Lach., Led., Lyc., Nux vom., Phos., Puls., Rhus tox., Ruta, Sep., Sulf.

Rückenverspannungen
Bewegung verschlechtert: Arn., *Bell., Bry., Calc. carb.,* Graph., *Led., Nux vom.,* Phos., *Sulf.*
im Beginn der Bewegung schlechter: Bry., *Lyc.,* Phos., *Puls., Rhus tox.,* Sep., Sil.
Bewegung bessert: *Dulc.,* Ign., *Lyc.,* Nat.-sulf., Puls., *Rhus tox.,* Sep., Staph.
leichte Bewegung bessert: Bell., *Puls.*
Kälte, feuchtes Wetter verschlechtert: *Calc. carb., Calcium phosphoricum* (ab D6), *Dulc.,* Rhus tox., Sep.

S

Satteldruck
Acon., Apis, Arn., Calc. carb., Calend., Graph., Hep. sulf., Lach., Led., Lil.-t., Lyc., Merc., Nat.-mur., Nat.-sulf., Nux vom., Ruta, Sil.

Schleimbeutelentzündung; Bursitis
Apis, *Arn.,* Ars. alb., Bell., Belli per., Calend., Hep. sulf., Merc., Nat.-mur., Rhus tox., *Ruta,* Sil., Sulf.

Schlundkrampf
Bell., Hep. sulf., *Hyoscyamus* (ab D6), Ign., Stram.

Schuppen (–flechte)
Calc. carb., Graph., Kali.-bi., Lyc., Nat.-mur., Rhus tox., Sil., Staph., Thuja

Sehnen-/Sehnenscheidenentzündung; Tenditis/Tendovaginitis
akut: Acon., *Arn.,* Apis, Bry., Calend., Rhododendron (ab D6), *Rhus tox.,* Ruta
chronisch: Graph., Hep. sulf., Merc., Rhus tox., Sil., Sulf.

Septische Prozesse, allgemein
Arn., *Ars. alb., Lach.,* Merc., Pyrog.

Spat; chronisch-deformierte Entzündung des Sprunggelenks
Calc. carb., Hekla., Rhus tox., Ruta, Sil.

Sterilität; Fruchtbarkeitsstörungen
Apis, Calc. carb., Lach., Lil.-t., Lyc., Nat.-mur., Phos., Puls., Sep.

Stollbeule
Apis, Arn., Bellis per., Bry., Calend., Hep. sulf., Ruta, Sil.

Strahlfäule
Ars. alb., Graph., Hep. sulf., Lach., Merc., Pyrog.

T

Tränenfluß, vermehrt
Allium Cepa (ab D4), Ars. alb., Bell., Calc. carb., Euphr., Merc., Nat.-mur., Puls., Staph., Sulf.

V

Verfohlen, Neigung zum Abort
Acon., *Apis,* Calc. carb., Ign., Kalium carbonicum (ab D4), Puls., Op., *Sep.,* Sulf.

Verhalten
aggresiv: Bell., Hyoscyamus (ab D6), Nux vom., Stram.
Angstzustände, allgemein: Argentum nitricum (ab D6), Ars. alb., Calc. carb., Lyss., Phos., Stram.

Angst beim Alleinsein: Apis, *Ars. alb.*, Bell., Calc. carb., Gelsemium (ab D6), *Hyoscyamus* (ab D6), Lyc., Lyss., *Phos.*, Puls., Sep., Stram.
Angst vor Berührung, Annäherung: *Arn., Cham.*, Coff., *Ign.*, Lach., Lyc., Phos., Sep., Stram., Thuja
Beißen: Ars. alb., Bell., Lyss., Stram.
dominant, anmaßend: *Aurum* (ab D6), Bry., Hep. sulf., Lach., *Lyc.*, Nux vom., *Sep.*
Durchgehen; Neigung zu flüchten: Ars. alb., *Bell., Bry., Hyoscyamus* (ab D6), *Lyc.*, Nux vom., *Op.*, Phos., Rhus tox., Stram.
Heimweh, Beschwerden dadurch: Bell., *Calc. carb., Ign.*, Lach., Merc., *Nat.-mur.*, Puls., Sep., *Sil.*, Staph.
Kleben: Bell., *Bry., Calc. carb., Lach., Op.*, Rhus tox.
Kopfbewegung, sonderliche: Ars. alb., Bell., Bry., Cham., Lyc., Nat.-mur., Puls., Sep., Op., Stram.
Kopfnicken, krampfhaft: Arn., Ars. alb., Dulc., Lyc., Nux vom., Phos., Rhus tox., Sil., Stram.
Koppen: Apis, *Ars. alb.*, Coff., Coloc., Dros., Lyc., Lyss., *Phos.*, Spong., *Stram.*
Kummer, Folgen von –: Acidum phosphoricum (ab D6), Ars. alb., Ign., Nat.-mur., Staph.
Nervenschwäche: Ars. *alb., Aurum* (ab D6), Bry., Calc. carb., Graph., Hep. sulf., Ign., *Lach., Lyc., Nat.-mur., Nux vom., Phos.*, Puls., Sep., Sil., Staph., Sulf.
Reserviertheit: Hep. sulf., *Nat.-mur.*, Lyc., Phos., Plat., *Sep.*, Staph.
Schlagen: Bell., Hyoscyamus (ab D6), Stram.
Schock, Schreck, Unfall; Folgen von –: Acon., Apis, Bell., Calc. carb., Ign., Lach., Lyc., Nat.-mur., Nux vom., Op., Phos., Plat., Puls., Rhus tox., Sep., Sil., Stram.
Selbstzerstörungstendenz: Ars. alb., Apis, Bell., Lach., Stram.
Steigen: Ars. alb., Stram.
Weben: *Acon., Ars. alb., Bell., Cham., Hyoscyamus* (ab D6), Phos., *Puls., Rhus tox.*, Stram.
Zähneknirschen, bei wütigem Verhalten: *Apis*, Ars. alb., *Bell., Hyoscyamus* (ab D6), Lyc., *Stram.*
Zaghaftigkeit: *Calc. carb., Graph.*, Ign., Lyc., *Nat.-mur.*, Phos., Puls., Sep., Sil., Sulf.

Verletzungen infolge Quetschung, Zerrung
Arn., Calend., Led., Rhus tox.

Vernagelung; Nageltritt
Arn., Bellis per., Calend., *Led.*

Verstauchung, der Gelenke; Distorsion
Arn., Bellis per., Rhus tox., Ruta, Symphytum (ab D6)

Verstopfung; Obstipation

allgemein: Alumina (ab D6), Bry., Calc. carb., Graph., Ign., Lyc., Magnesium carbonicum (ab D6), Nat.-mur., Nux vom., Op., Phos., Plumbum metallicum (ab D8), Ruta, Sep., Sil., Staph., Sulf.
spastische: Alumina (ab D6), Cham., Coloc., Graph., Lyc., Nux vom., Op., Plumbum metallicum (ab D8)
abwechselnd mit Durchfall: *Ars. alb.*, Bry., *Hep. sulf.*, Lach., Lyc., Nat.-mur., Nux vom., Op., Podo., Phos., *Puls.*, Sulf.
nach Arzneimittel-Mißbrauch: Bry., *Coloc.*, *Nux vom.*, Op., Sulf.

W

Warzen
Calc. carb., Dulc., Nat.-sulf., Sep., Sulf., Thuja

Wunden, Biß-, Riß-, Schnitt-
Arn., Bellis per., Calc. carb., Calend., Cham., Hep. sulf., Led., Lyss., Merc., Staph., Thuja

Z

Zahnfleischentzündung; Gingivitis
Ars. alb., Lyc., Hep. sulf., Merc., Staph.

Zahnkaries
Ars. alb., Calc. carb., Hekla., Merc., Phos., Sep., Sil., Staph., Thuja

Zahnung, Zahnwechsel
langsam: Calc. carb., Calcium phosphoricum (ab D6), Sil.
reizbar; mit Durchfall, Kolik, Fieber: Acon., Apis, Bell., *Calc. carb.*, *Cham.*, Coff., Coloc., *Dulc.*, Hep. sulf., Merc., Podo., Sep., *Sil.*, Sulf.
schwierig: *Bell.*, *Calc carb.*, *Calcium phosphoricum* (ab D6), *Cham.*, Hekla., Ign., Podo., *Sil.*

(1) Kehlgang
(2) Drosselrinne
(3) Widerrist
(4) Schulter
(5) Bugspitze, Schultergelenk
(6) Oberarm
(7) Ellenbogen
(8) Unterarm
(9) Vorderfußwurzelgelenk
(10) Mittelfuß, Röhrbein
(11) Fesselkopf
(12) Fessel
(13) Hufkrone
(14) Sprunggelenk
(15) Unterschenkel
(16) Kniegelenk
(17) Oberschenkel
(18) Hinterbacke
(19) Kruppe
(20) Hüfthöcker
(21) Lende
(22) Rücken
(23) Brustwand
(24) Flanke und Bauchwand
(25) Unterbauch
(26) Unterbrust
(27) Vorderbrust
(28) Huf

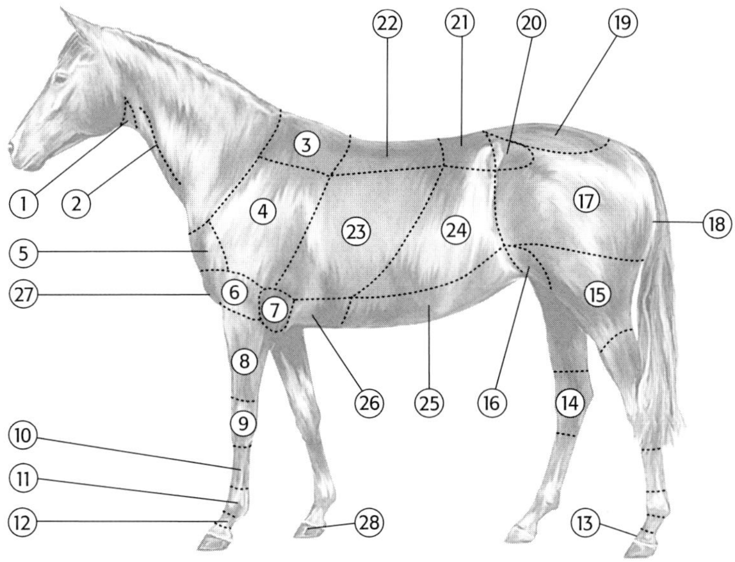

Die homöopathische Taschenapotheke

In zahlreichen Haushalten hat sich der Gebrauch einer homöopathischen Taschenapotheke bewährt. Diesbezüglich erhalten Sie unterschiedlich umfangreiche und zusammengestellte Sortimente von homöopathischen Einzelmitteln. Manche Hersteller berücksichtigen Ihre persönliche Arznei- und Potenzwahl. Darüber hinaus werden Taschenapotheken mit leeren, verschließbaren Glasröhrchen angeboten, die Sie nach Ihren Vorstellungen mit handelsüblichen Arzneien der Homöopathie füllen und demgemäß beschriften können. Jeder Hersteller einer homöopathischen Taschenapotheke weist auf den gut durchdachten Gebrauch der Arzneien hin.
Zur Zeit existiert noch keine spezielle Taschenapotheke für Pferde, wobei ein kleines oder großes Sortiment für den »Hausgebrauch« (auch Reise, Sport oder Praxis) durchaus zu empfehlen ist. **Homöopathische Taschenapotheken oder Koffer können Sie entweder nur über Ihre Apotheke beim Hersteller oder direkt beim Hersteller bestellen. Homöopathische Arzneien behalten viele Jahre ihre Wirksamkeit, doch müssen sie vor Lichteinfall, Feuchtigkeit, Hitze oder Frost geschützt werden! Zudem sollten Sie die Arzneimittel für Kinder unzugänglich aufbewahren!**

Bezugsquellen

- Deutsche Homöopathische-Union
Postfach 410280
76202 Karlsruhe
Fax: 0721/4093210 oder 0721/4093113
Über Ihre Apotheke oder Ihren Hausarzt bei der DHU zu bestellen.

- Homöopathie-Taschen-Vertrieb
Gisela Holle
Dr.-Carl-von-Linde-Straße 21
81369 München
Fax: 089/7911771
Über Ihre Apotheke oder direkt bei der Herstellerin zu bestellen.

- Staufen-Pharma GmbH & Co.
Postfach 1143
73011 Göppingen
Fax: 07161/676298
Über Ihre Apotheke beim Hersteller zu bestellen.

- Apotheke zum Goldenen Engel
Taendlergasse 22
93047 Regensburg
Fax: 0941/5563

Direkt beim Hersteller zu bestellen.

Mit herzlichem Dank der Markt-Apotheke, 25421 Pinneberg

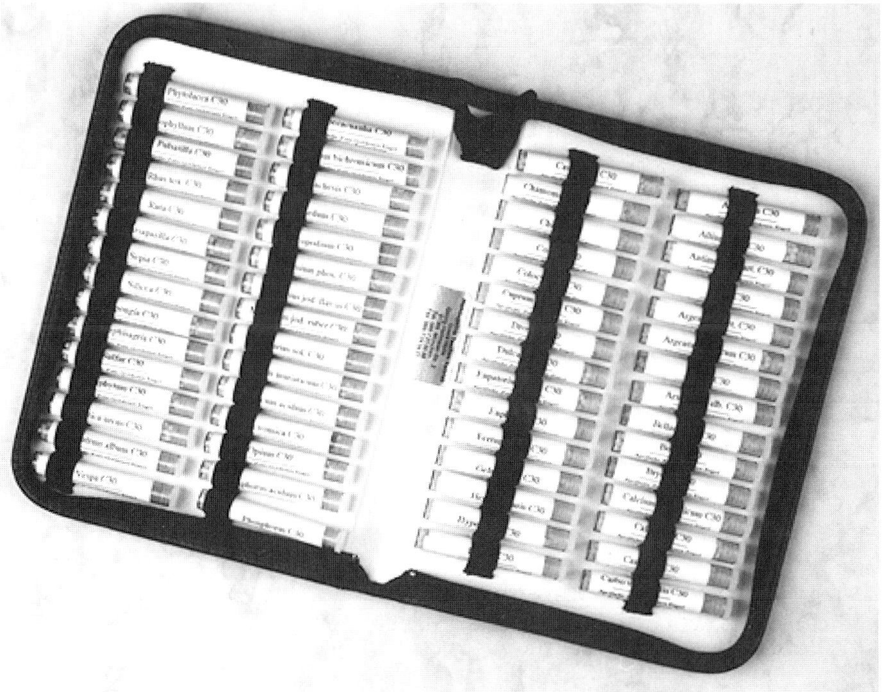

Literaturverzeichnis

DR. R. R. ASCHDOWN DR. STANLEY	Topographische Anatomie des Pferdes F. Enke Verlag, Stuttgart.
C. R. COULTER	Portraits homöopathischer Arzneimittel Band 1 und 2, Haug Verlag, Heidelberg.
DR. W. GAWLIK	Arzneimittelbild/Persönlichkeitsportrait Hippokrates Verlag, Stuttgart.
DR. C. HERING	Kurzgefaßte Arzneimittellehre (563 Seiten) Ulrich Burgdorf Verlag, Göttingen.
DR. S. HAHNEMANN	Organon der Heilkunst (Ausgabe 6 B) Haug Verlag, Heidelberg. Die chronischen Krankheiten (5 Bände) Haug Verlag, Heidelberg.
DR. J. K. KENT	Repertorium der homöopathischen Arzneimittel Band 1 bis 3, Haug Verlag, Heidelberg.
DR. G. KÖHLER	Lehrbuch der Homöopathie Hippokrates Verlag, Stuttgart.
DR. K. LÖFFLER	Anatomie und Physiologie der Haustiere Eugen Ulmer Verlag, Stuttgart.
DR. J. MEZGER	Gesichtete homöopathische Arzneimittellehre Band 1 und 2, Haug Verlag, Stuttgart.
MITGLIEDERVERZEICHNIS	Deutscher Zentralverein homöopathischer Ärzte e. V., (Stand 1997).
ROGER MORRISION	Homöopathische Leitsymptome Kai Kröger Verlag, Groß Wittensee
DR. G. VITHOULKAS	Seminarauslese, Band 1 und 2

DR. H. J. WINTZER — Krankheiten des Pferdes
Verlag Paul Parey, Berlin und Hamburg.

DR. H. WOLTER — Klinische Homöopathie der Veterinärmedizin
Haug Verlag, Stuttgart.
Kompendium der tierärztlichen Homöopathie
F. Enke Verlag, Stuttgart.
Homöopathie für Tierärzte (Band 1)
Schlütersche Verlagsanstalt, Hannover.